D1568642

Fernando Véliz Montero

RESILIENCIA ORGANIZACIONAL

El desafío de cuidar a las personas, mejorando la calidad de vida en las empresas del siglo XXI

2ª edición actualizada

Prólogo de Ismael Cala

Editor: Juan Roberto Chapple
Diseño de cubierta: Daniela de la Fuente
Preimpresión: ebc, serveis editorials
Fotocomposición: Montserrat Gómez Lao

Primera edición: 2014
Segunda edición: 2021

www.gedisa.com

ISBN: 978-84-18525-00-1
Depósito legal: B 2884-2021

Impreso por Sagrafic

Impreso en España
Printed in Spain

A Diana Victoria y a María Paz, mis manantiales de vida, mis compañeras de ruta.

A todas las personas y familias que han sufrido con esta pandemia... a toda la gente que ha perdido sus trabajos... a todos los fallecidos que hoy nos acompañan con sus recuerdos amorosos, con sus legados significativos.

"La resiliencia es el arte de navegar en los torrentes, el arte de metamorfosear el dolor para darle sentido; la capacidad de ser feliz incluso cuando tienes heridas en el alma."

—Boris Cyrulnik

"Resiliencia Organizacional es una invitación a imaginar empresas más cuidadas, colaborativas y alineadas a valores trascendentes. Definitivamente en estos tiempos de incertidumbre los desafíos son mayores, por tanto, obras como estas suman nuevas distinciones e interrogantes para así repensar la organización que deseamos construir. Es importante destacar la textura narrativa que genera esta obra desde el uso de recursos tan disímiles como son las preguntas, los casos, la teoría académica, los modelos... todas instancias que en forma sistémica, generan un mapa organizacional fácil de comprender."

JUAN JOSÉ LARREA, PhD © en Comunicación,
Director Grupo DIRCOM Latinoamérica

"El autor nos lleva de la mano con agilidad y paso firme sobre un tema central para las organizaciones: cómo cuidarlas. Esto, que tiene importancia de toda la vida, aparece hoy más imprescindible anta las reiteradas fragilidades que muestran los sistemas económicos y sociales del siglo XXI. De igual forma, Fernando Véliz Montero desde el entusiasmo de la lectura, nos introduce en una ruta que de seguro el lector sabrá apreciar, pues nos abre ventanas a los mundos desde donde siempre debimos partir: colocando a las personas en el centro de las decisiones directivas y empresariales en general."

PhD FRANCISCO JAVIER GARRIDO,
Fundador del Harvard Business School Corporate Level Strategy Group

"El gran tema de este libro, es el símil existente entre las patologías que puede sufrir una persona, y su equivalente al interior de las empresas. Este texto se ve altamente favorecido por el apoyo que generan los casos, muchos de estos, experiencias laborales del propio autor que le dan un gran sentido de humanidad a la obra. Otro elemento relevante de 'Resiliencia Organizacional' es el modelo creado por Fernando Véliz (MAR, Modelo de Acción Resiliente), un recurso relevante de intervención para el mundo empresarial en general."

ROBERTO DÍAZ,
PhD © in Management y Gerente General de
Mitsubishi Corporation Inversiones Ltda.

"Fernando nos invita a fluir con una atenta y entretenida lectura, en la que presenta la necesaria humanidad que las empresas tienen el desafío de hacer propia: convertirse en espacios cuidadosos, conectados y cariñosos que permitan potenciar lo mejor de cada colaborador/a para, con ello, entregar servicios de excelencia a sus Clientes. Cariño, Amor, Espiritualidad, Liderazgo Apreciativo, Participación y la propia Resilencia, todos temas que nos invitan a reflexionar y re-pensarnos y sentirnos en nuestros roles en las empresas del siglo XXI."

RODRIGO ROJAS,
Psicólogo y Coach Ontológico,
Gerente de Felicidad en BancoEstado Microempresas

ÍNDICE

INTRODUCCIÓN

Tiempos de pandemia: cuando la realidad supera la ficción

> "En las profundidades del invierno finalmente aprendí que en mi interior habitaba un verano invencible." Albert Camus

Vivimos tiempos inciertos. Sin llegar a sospecharlo, iniciamos el 2020 con una crisis insólita. Una enfermedad infecciosa se instaló en la salud del mundo entero y, con esto, el miedo se apoderó de nuestra existencia. Hoy la COVID-19 es parte del hacer humano, y su accionar roza con una incertidumbre crónica, que nos inmoviliza, remeciendo nuestras certezas y, poco a poco, resignificando y rediseñando nuestros propios proyectos de vida. Ya nada será igual.

Como escritor, dedico parte de mi tiempo a escuchar y a observar. Y desde el fenómeno sanitario que hoy nos toca vivir, me impacta tanta necesidad de transformación y plasticidad para adaptarnos a esta nueva realidad. A modo de ejemplo, durante esta mañana hablé telefónicamente con un amigo que me contó que, gracias a esta cuarentena, se ha podido reconciliar con su ex esposa e hijo, después de décadas de desencuentro familiar. En contraposición a este caso, supe de un colega que perdió a su padre, y otra gran amiga perdió a su cuñado debido a la COVID-19. En ambos casos no hubo despedidas ni duelos. A la vez, mi madre de 81 años me cuenta vía WhatsApp que, en su encierro de meses (sola), ella está tranquila "viajando" por diversos países, recorriendo múltiples museos, y todo esto lo hace gracias a los videos de Google. Y enfatiza que solo saldrá de su departamento cuando se implemente la añorada vacuna. A la vez, la Radio Bio Bío de Chile, después de décadas de ausencia, retomó el género del radio teatro para los días domingo, transmitiendo la obra *Los Invasores* del dramaturgo chileno y Premio Nacional de Artes (2013), Egon Wolff. Esta iniciativa busca acompañar a los radioescuchas actualmente confinados por la pandemia. Sumo a estos giros insospechados de la vida, el caso de un conocido dentista que, al no poder trabajar en su consulta por razones sanitarias, actualmente está incursionando en la distribución de alimentos a domicilio, ya que necesita reinventarse sí o sí frente a esta debacle económica. Concluyo estos ejemplos con una noticia verdaderamente inverosímil para la cultura económica chilena: Las administradoras de fondos de pensiones (AFP), actualmente están devolviendo el 10% de los fondos acumulados (futuras jubilaciones), para que las personas puedan subsistir unos pocos meses frente a la alta tasa de cesantía que hoy experimenta el país. Esta decisión (AFP) era impensable en otro momento de nuestra historia, pero con la COVID-19 pareciera que todo es posible.

Este virus nos cambió la vida. Algo tendremos que aprender de todo esto, y asumir que el impacto no sólo se manifiesta en lo externo a nosotros (economía, convivencia, salud, etc.), sino también en nosotros mismos desde el SER.

Preguntas posibles para un escenario adverso como éste: ¿cuán flexible soy para sostener esta crisis?, ¿qué me pasa con la tolerancia a la frustración?, ¿cómo me reinvento frente a este momento adverso?, ¿qué me mantiene fuerte frente a la crisis?, ¿qué oportunidades veo con esta pandemia?, ¿qué deseo aprender de esta experiencia?, ¿cómo quiero que sea mi vida en lo que resta de ella?, ¿qué aporte puedo hacer a la sociedad, y qué forma quiero que ella -la sociedad en que vivo- adopte? Por último, ¿qué me gustaría desafiar en mí, en este preciso momento de la historia humana?

En estos tiempos de cuarentena, cuando converso con amigos y conocidos, siempre les pregunto lo mismo: ¿qué esperan que ocurra con este momento que hoy estamos viviendo? Por lo general la gran mayoría concluye en lo mismo: "Darle humanidad a esta existencia" ... Lo que, entre otras cosas, obliga a preguntarse "qué es tener humanidad".

Soy de la idea, y en especial en la región, que hemos vivido bajo una atomización social que nos heredó una cultura exageradamente competitiva; cultura que en un momento invisibilizó la desigualdad potenciando la pobreza; que enmudeció la colaboración y el respeto por la vida digna y que hizo de la indolencia, un estado natural de existencia. Y todo esto impactó también, en el mundo del trabajo y en su sistema de relaciones.

Preguntas posibles: ¿qué nos pasó que, en un momento dado, naturalizamos tanta falencia humana?, ¿qué dejamos de escuchar en nosotros mismos y en nuestro entorno?, ¿en qué minuto dejamos de ser un colectivo vivo -como sociedad- y nos fabricamos una vida ensimismada y enamorada de nuestra propia voz y de nuestras propias historias e intereses?

Hoy las sociedades en su conjunto, y el mundo del trabajo en lo específico, están buscando lo auténtico en todo. El conjunto de las empresas que sobrevivan a este proceso demoledor de la pandemia volverá con otros valores a retomar sus desafíos laborales y empresariales. Nada será igual, y esto en sí resultará una oportunidad de mejoras para nuestra vida laboral.

La realidad actual nos hace aplaudir a tanta gente que en estos momentos se está reinventando, soltando décadas de trabajo, y asumiendo bajo este contexto "líquido", que hay que volver a partir, y a emprender desde el coraje. Personas y empresas que están luchando por mantener a sus familias, aprovechando al máximo sus propias capacidades y su propia creatividad. Y es bajo el contexto de autenticidad en la que se expanden al máximo los diálogos cruzados al interior de las sociedades y sus organizaciones.

Nuestro gran aprendizaje: no hay tiempo para habitar una imagen falsa o un discurso inverosímil. La vida es aquí y ahora, y merece ser vivida en forma transparente, consciente y consistente. Por lo mismo, urge transformarnos y resignificar en forma humilde, y con sabiduría, esta experiencia que hoy estamos viviendo, para así habitar una existencia plena y coherente.

En 2014 se lanzó la primera edición de *Resiliencia Organizacional* en las oficinas de la Organización Internacional del Trabajo (OIT). Seis años después surge esta segunda edición que espero, bajo el actual contexto sanitario, sume con nuevas distinciones para sostener vidas laborales dignas y al servicio de propósitos mayores.

Concluyo esta introducción, afirmando que desde que lancé *Resiliencia Organizacional*, el desafío de esta obra sigue intacto: "Co-crear empresas fuertes, flexibles, adaptativas y conscientes para tiempos de incertidumbre".

Bajo este propósito, ¡está todo por hacer!

> "Cuando no podemos cambiar la situación, estamos desafiados a cambiarnos a nosotros mismos." Viktor Frankl

Fernando Véliz Montero

PRÓLOGO

Hablar de resiliencia en las organizaciones, justo cuando enfrentamos el mayor de los retos a nivel empresarial de nuestra historia, es toda una aventura.

Se hace necesario e imprescindible, entender que el mundo cambió y con él, la forma de relacionarnos en el ámbito de los negocios.

Es por ello que celebro enormemente la iniciativa de Fernando de publicar una segunda edición de su libro *Resiliencia Organizacional* pues definitivamente, los tiempos que corren lo ameritan.

Si partimos de lo general a lo particular, las empresas son seres vivos que a su vez están conformadas por personas cuyo trabajo de elevación de nivel de consciencia es vital para poder hablar de una elevación de consciencia a mayor escala.

Esto quiere decir que individuos resilientes, conforman empresas resilientes.

De hecho, a nivel empresarial, algunas consultoras como McKinsey, KPMG y Forbes afirman que entre 40% y 70% de todas las iniciativas de cambio empresariales terminan fracasando.

Entre otras cosas, estos estudios afirman que esto ocurre debido a la mala planificación, el poco realismo en los objetivos planteados, la pobre ejecución de planes, la falta de recursos, etc. Pero, ¿saben cuál es la verdad? Que, aunque muchas de estas empresas no se atrevan a mencionarlo, la realidad es que a sus líderes les cuesta cambiar de paradigmas, hay muy poca cabida para una nueva forma de pensar y de colaborar. En pocas palabras, muchos proyectos fracasan no por las ideas en las que se basan, sino porque a las personas generalmente no nos gusta el cambio, ¡nos resistimos a él!

¿Y qué mayor necesidad de cambio que el que nos ha planteado este año 2020 que quedará para la historia por lo retador?

Hoy, más que nunca, debemos asegurarnos de tener las herramientas para adaptarnos al cambio y no quedarnos como dinosaurios extintos.

Si no estamos conscientes de los cambios del entorno y la rapidez del crecimiento exponencial, nos extinguiremos como Blockbuster o Kodak, que sucumbieron antes Netflix y la tecnología de cámaras digitales, respectivamente. Aparte de nuestra contribución como líderes, necesitamos hacer un cambio en la forma de dar dirección a nuestros colaboradores, y entender que el recurso más importante de las organizaciones es el recurso humano. Siempre utilizamos esas frases como "cliché" pero igual continuamos olvidando en invertir en su formación como líderes, tanto en sus competencias blandas como en su bienestar integral.

Fernando, tal y como él mismo señala, tuvo la firme intención de escribir este libro para que fuera una obra que te hiciera preguntarte el por qué de las cosas y que más que darte respuestas, te invitara a la reflexión y a cuestionarte acerca de si las maneras que vienes aplicando son las que te pueden dar mejores resultados.

En este libro encontrarás el valioso recurso de los casos de estudio que, a mi manera de ver, son la forma más cercana y pedagógica que un autor puede usar para pasar de la teoría a la práctica.

A lo largo de estos capítulos, Fernando te acompañará por esta fascinante travesía de la resiliencia organizacional, sin dejar de incluir un glosario que ha llamado Diccionario Organizacional Resiliente, dando cuenta de que no dejó ningún detalle sin atender.

Sin ánimo de adelantar contenido, espero que esta aventura por el MAR (al leer el libro lo entenderás), te lleve a ti y a tu organización a buen puerto con los mejores resultados que se puedan tener, en este mundo actual tan volátil, complejo, ambiguo e incierto.

Ismael Cala

1.
LA VIDA, NUESTRO GRAN ESCENARIO

Incertidumbre, la historia de nunca acabar

> "Los hombres no serían nunca supersticiosos si pudieran gobernar todas sus circunstancias con normas fijas, o si siempre se viesen favorecidos por la fortuna; pero al ser a menudo impulsados hacia situaciones dificultosas, en las que las normas resultan inútiles, y al estar también fluctuando de manera lamentable entre la esperanza y el temor, por la incertidumbre de los favores de la fortuna tan vorazmente codiciados, la mayor parte de ellos se sienten, en consecuencia, muy inclinados a la credulidad." Spinoza, *Tratado teológico-político*

A mediados del año 2000, en Colombia, me tocó participar en un encuentro académico en el que el tema de discusión era la sociedad de la incertidumbre. Recuerdo que eran más de dos mil personas las que participaron en los múltiples paneles que se ofrecían en esta actividad académica. En este espacio reflexivo tuve la posibilidad de presentar una ponencia que hablaba del sobreendeudamiento en Chile. Recuerdo que, tras mi presentación, un docente peruano se acercó y muy serio me dijo: "...usted es muy crítico con su país, no estoy para nada de acuerdo con lo que expuso". Yo, sorprendido, le contesté: "He ahí el punto, todo es más incómodo cuando nuestras afirmaciones se transforman en preguntas". La incertidumbre se respiró en todo momento durante esos días de congreso. Fueron muchos los que concluyeron el evento con la convicción de que la incertidumbre resulta un espacio posible de dominar, desde una aceptación atenta.

El endeudamiento en aquel tiempo me llamó profundamente la atención. Me impactaba cómo las personas lo vivían de forma consciente, muy sabedoras de sus consecuencias, pero también entregadas a sus falsas promesas. Ni bienestar, ni felicidad, ni tranquilidad podían surgir de esas miles de familias endeudadas que auscultaban los estudios, sólo nuevas preocupaciones que sumar a la incertidumbre de la vida diaria. Así, el control se volvía una quimera.

De este modo, la historia del género humano ha transitado a través de los siglos por la obsesión de querer controlarlo todo. Las ciencias y la ingeniería han avanzado, es verdad, han construido ciudades en pantanos, han impulsado las nubes para que generen lluvia artificial en los campos secos. De igual forma, la genética significa, aún hoy, un mundo todavía insospechado para la imaginación del hombre de la calle. Por su parte, la NASA actualmente nos plantea que ir a la Luna ya no es una meta, y que fotografiar cráteres a millones de años luz se ha convertido casi en una rutina. Es decir, el hombre ha incrementado sus conocimientos, erradicando plagas y enfermedades, asegurando su entorno... pero eso no basta. En el campo de los fenómenos naturales, por ejemplo, el mundo científico se está acercando poco a poco a anticipar posibles catástrofes, pero si, supuestamente, llegaran a ser verosímiles estas mediciones, ¿cómo se evitarían estas crisis naturales?, ¿qué haríamos con los volcanes a punto de erupcionar?, ¿cómo frenaríamos los avasalladores *tsunamis* en las costas del mundo?, ¿podríamos detener los movimientos de la Tierra frente a los intensos terremotos?, ¿estaríamos capacitados para erradicar sequías de años y años?... Obviamente, la respuesta es no.

Sin embargo, es verdad, surgen espacios de control. En un momento se planteó que si todos los países se pusieran de acuerdo, se podría abordar el cambio climático con otros resultados. El objetivo está claro, las acciones también, pero cada nación aplica sus propias políticas de "crecimiento" y esta coordinación de acciones no ocurre; es decir, nuevamente no hay control. Aunque sabemos cuál es la salida, aunque tenemos claridad sobre cuál es el camino cuerdo que debemos seguir, los seres humanos aún no somos capaces de ponernos de acuerdo. No hay control, ni siquiera con las conductas de otros, y a ratos tampoco con las propias.

Marcelo Manucci, investigador de la teoría del caos, en su libro *La estrategia de los cuatro círculos* plantea que "somos alquimistas de símbolos y percepciones que procuramos agrupar, contener y definir la incertidumbre de nuestra mirada con herramientas, creencias, teorías e intuiciones" (Manucci, 2006). Por su parte, Gustav Jahoda (*Psicología de la superstición*) refuerza esta idea al plantear que "el hombre recurre a la magia sólo cuando la suerte y las circunstancias no quedan plenamente controladas con el conocimiento" (Jahoda, 1976).

En nuestros días, la incertidumbre sigue siendo un gran tema; pese al conocimiento, a los instrumentos, el ser humano sigue viviendo en la duda existencial de sentirse vulnerable a mucho de lo que lo rodea (naturaleza, economía, salud, etc.). Y, por otro lado, pareciera que las grandes amenazas ya no estuviesen fuera de nosotros, sino que se abalanzara sobre el hombre la amenaza interna (en nosotros), peligro latente que dinamita muchas veces nuestras certezas, nuestras búsquedas, nuestros proyectos: el negativismo, la inseguridad, la resignación aprendida, la baja autoestima, la autocrítica permanente... Así, pareciera que, muchas veces, nuestra gran amenaza somos nosotros mismos.

La incertidumbre nos ronda, y lo que aún no hemos logrado comprender es que más que dar una batalla contra la incertidumbre, el desafío es saber vivir con ella. Ya tenemos la certeza de que no moriremos de hambre, o de que un animal salvaje no nos atacará, pero aún no sabemos qué ocurrirá con el cáncer o el empobrecimiento. Tampoco tenemos seguridad sobre nuestra estabilidad laboral, y, todavía menos, si podremos terminar de pagar la hipoteca. El ser humano hoy sufre por lo que aún no ha vivido, y, desde esa dimensión, las dudas deterioran su calidad de vida todos los días. El hombre contemporáneo no vive en el presente, sino en el futuro. No vive para lo que está experimentando hoy, todo lo hace para lo que vendrá, para lo posible,[1] olvidándonos preguntarnos, muchas veces, por el sentido de la vida.

Esta sociedad de la incertidumbre es la que nos desafía todos los días con nuestras propias experiencias de vida, como, de igual forma, con una cultura apocalíptica a ratos difícil de revertir desde nuestras emociones. Friedrich Nietzsche en su libro *El caminante y su sombra* analiza con detenimiento el origen del pesimismo frente a la incertidumbre. El filósofo alemán aborda la historia de nuestros antepasados (ancestralidad) como una memoria activa frente al presente y el futuro de la humanidad. Para Nietzsche, la humanidad representa la suma de generaciones forjadas en el hambre y el dolor humanos. "Hasta en nuestros artistas y nuestros poetas se observa muchas veces que, a pesar de su vida opulenta, no son de buen origen, que su sangre y su cerebro contienen restos del pasado, recuerdos de antepasados desnutridos y oprimidos durante toda su vida, lo que se manifiesta en sus obras y en el color que confieren éstas" (Nietzsche, 1994). El autor alemán nos habla del presente, irradiando desde nuestra memoria arquetípica, memoria que acumula nuestra historia y la proyecta muchas veces a lo que somos, a nuestras conductas.

1. Pensemos en lo bien que les va a las compañías de seguros en estos tiempos.

Por su lado, el mundo del trabajo es otra dimensión cargada de incertidumbres para el hombre moderno. En este espacio no existen tampoco certezas. Un producto puede ser un éxito en el mercado, pero a corto plazo aparece el mismo producto con otra marca, igual de efectivo y con un precio menor. Para los líderes tampoco resulta fácil; ellos viven en la incertidumbre de cumplir las metas, de emprender tareas y adelantarse a las futuras crisis. La incertidumbre en el campo de las organizaciones surge en todo momento, a toda hora, segundo a segundo. La gran pregunta que todos nos hacemos es: ¿y cómo vivir con esa incertidumbre?, ¿cómo vivir con esa presión sin sentirse abatido o superado?, ¿cómo resignificar la incertidumbre, para cargarla con una emocionalidad más optimista y resolutiva? Esta misma incertidumbre se vive a diario también en la base organizacional de las empresas, materializándose a través de contratos informales, climas organizacionales tensos y, a ratos, maltratadores. La incertidumbre para muchos trabajadores es sinónimo de "ir a la deriva" o vivir "colgados de un hilo". No hay claridad, no hay estructuras tan formales para sostener acuerdos laborales extensos, serios, fundados en un ganar-ganar (gana la empresa y ganan los trabajadores). Y es entonces, desde esta incertidumbre, cuando las personas habitan sus vidas muchas veces con temor.

Es importante afirmar que la incertidumbre puede también llegar a ser un estado emocional aprendido, lo que podríamos expresar con la máxima "vivimos como hablamos". La siguiente definición nos da una pista de aquello: "La vida no es más que un valle de lágrimas" (Schopenhauer, 2012). Desde esta declaración lo más seguro es que la vida de Schopenhauer debe de haber experimentado múltiples escenarios y prácticas de dolor. Este filósofo aprendió a vivir la vida desde el dolor, y desde ese aprendizaje, lo reafirma por medio del lenguaje y los actos. Desde la ontología (estudio del ser) del lenguaje se plantea que nuestras narrativas construyen realidad, y a la vez, generan acción.

"¡Viviré como hablo!", una máxima que jamás hay que olvidar

En el caso organizacional no es diferente. Enquistadas en nuestras organizaciones existen emociones que, desde el lenguaje, en muchas ocasiones, restan posibilidades al accionamiento interno de las empresas (se fomenta la incertidumbre):

- Resignación: "Siempre es lo mismo, ¡me agoto!, acá nada va a cambiar".
- Indignación: "Se capacitan los mismos, y yo nada, ¡qué injusto!".
- Reticencia: "No creo nada de lo que dice mi jefe, él es un chiste".
- Desgano: "Es mucho el trabajo, me superó, no veo salida, ¡no más!".
- Desconcierto: "Nadie es claro en esta empresa, no entiendo nada".
- Arrogancia: "Aquí los cursos son básicos, se aprende poco o nada".
- Celos: "¿Por qué el ascenso fue para Pedro?, ¡yo sí que lo merezco!".

De forma inversa, el lenguaje también puede dar visualidad y presencia a emociones que generan apertura y ciertamente a acciones positivas dentro de la organización, con lo cual se atenúa o disipa la incertidumbre:

- Aspiración: "Está todo para que cumplamos las metas, ¡lo lograremos!".
- Resolución: "En 2 años seré jefe, en 5 estaré de gerente, lo tengo clarísimo".
- Serenidad: "Nos falta como equipo, pero con calma lo lograremos".
- Certeza: "Confío absolutamente en los consejos de mis compañeros".
- Aprobación: "No es lo que esperaba, aunque igual lo dimos todo por la meta".
- Apertura: "No sé nada de tecnología, pero es hora de aprender sí o sí".
- Asombro: "Me impacta la creatividad de este equipo, hay que imitarla".
- Flexibilidad: "Me aterra cambiarme de área, pero es hora de crecer".
- Convicción: "Siempre hemos salido adelante, ¿por qué ahora no?".

Por último, podemos decir entonces que ¡desde el lenguaje vivimos y actuamos! Y esto sí que constituye una certeza. Es decir, en la medida en que las organizaciones evalúen cómo hablan, los resultados en el campo de la incertidumbre claramente serán otros, indudablemente mejores.

Conclusiones:

- Se hace necesario aprender a vivir en estos tiempos de incertidumbre.
- Urge dar certezas y confianza al mundo interno de las organizaciones.
- Nuestra amenaza no es externa, nuestra amenaza somos nosotros mismos.
- El lenguaje construye realidad, el lenguaje genera acción.

Crisis, el desafío es resignificar este concepto en nosotros

> "Los chinos utilizan dos pinceladas para escribir la palabra 'crisis'. Una pincelada significa 'peligro', la otra 'oportunidad'. En una crisis se toma conciencia del peligro, pero también se reconoce la oportunidad." John F. Kennedy

En Micenas, en el período clásico, los soldados se vestían con corsés y polainas de cuero duro. El reto era aguantar los embates de la batalla. La sofisticación llegó sólo en el siglo VII a.C. con las armaduras metálicas de la infantería griega. El bronce y el hierro cubrían el torso, la espalda y los muslos de los ejércitos de la época. De esta forma las armaduras protegieron a los guerreros de aquel tiempo. Como vemos, en el pasado cuidarse era un tema importante, y, en un nuevo contexto, en los actuales tiempos lo sigue siendo: Los antivirus (protección del computador), el diván del analista (protección de nuestra emocionalidad), etc. Cuidarse, protegerse y preservarse para así poder vivir, he ahí el gran desafío del ser vivo.

Uno de los grandes pensadores de estas últimas décadas, Edgar Morin (*Mis demonios*, *Pensar Europa*, etc.), escribió junto con Jean Baudrillard *La violencia del mundo*. Esta publicación no fue un acto gratuito ni azaroso, sino el resultado de una certeza. Morin escribe sobre el género humano y define así sus crisis: "Lo que sucede con el planeta se sitúa en la interferencia entre procesos económicos, sociales, religiosos, nacionales, mitológicos y demográficos" (Morin, 2003). El autor asume como necesaria la tarea de repensar la actual condición humana. Implica una verdadera urgencia saber qué hacer, cómo salir, cómo revertir la situación de las actuales crisis.

Algunas definiciones de crisis:

- "Momento en que se produce un cambio muy marcado en algo; por ejemplo, en una enfermedad o en la naturaleza o la vida de una persona" (Moliner, 2007).
- "Decisión, separar, decidir, juzgar" (Coromines, 1996).
- "Situación de un asunto o proceso cuando está en duda la continuación, modificación o cese" (DRAE, 2001).
- "Combate, esfuerzo, juicio" (Monlau, 1944).

Las crisis[2] surgen porque la vida es incierta. Desde esta premisa es factible que una multitud de cosas puedan ocurrir, más allá de nuestra protección y nuestros cuidados. Las crisis nos desafían día a día a planificar, pero siempre debemos estar atentos a adaptarnos, ya que nada es inamovible o exacto. La crisis se diferencia de la incertidumbre en la medida en que la primera exige una decisión, una acción precisa para abordarla. En cambio, la incertidumbre es un estado emocional que se muestra atento y temeroso ante el futuro. Por otro lado, son diversas las causas que generan una crisis dentro de una organización (catástrofes, fallos funcionales graves, crisis éticas, amenazas financieras y crisis internas); pero todas tienen dimensiones comunes: el factor sorpresa, el sentido de urgencia y la inestabilidad propia que genera una crisis. De igual forma, un elemento que se hace trasversal a todos estos procesos es que las crisis aparecen sin fecha ni hora de aviso: "Por ello, el método más seguro para solucionar una situación de crisis es prevenirla" (Lozada, 2005).

2. Crisis significa en una acepción clásica, "una mutación grave que sobreviene en una enfermedad para mejoría o empeoramiento" (ya vemos aquí la doble militancia, el efecto de bisagra que tiene el concepto). En griego *krisis* se refiere a "decisión", y deriva de *krino:* yo "decido, separo, juzgo". Veáse diccionario etimológico de Joan Coromines.

Las crisis, más que fundarse en estados especulativos, son escenarios de acción. En el mundo de las empresas, las crisis por lo general se convierten en un caos; esto es debido a la baja planificación y a no comprender que el "factor sorpresa" es algo habitual en sistemas altamente complejos, como son las organizaciones. También es cierto que al igual que la incertidumbre, las crisis son sinónimos de problemas, tensiones, pérdidas, etc. Es decir, el lenguaje estigmatiza las posibilidades, y ya con eso, nuestras reacciones vienen predispuestas. Desde esta perspectiva, tal vez resulte extraño pensar que detrás de una crisis pueda surgir una verdadera oportunidad. Los conocidos "comités de crisis" muchas veces se instalan en la idea de que casi debemos prepararnos para la guerra, cubrirnos y blindarnos para así experimentar el menor daño posible. Algunas de estas ideas, no todas obviamente, ocurren dentro de organizaciones poco flexibles, claramente con complicaciones para adaptarse a escenarios diversos. Esta inmovilidad, que puede llegar a generar dificultades de envergadura, también imposibilita la toma de decisiones de mayor alcance.

Como todo concepto, el significado de "crisis" estará íntimamente ligado con nuestras propias experiencias. Como yo ya he vivido anteriormente otras crisis, desde mis reacciones, desde esas creencias y emociones personales, entonces, abordaré las que vengan en el futuro. Asimismo, puedo llegar a pensar: ya tengo experiencia y buenos resultados en momentos de estrés, ¡sé cómo abordar las crisis!

Visto desde una perspectiva organizacional, es importante plantear que una crisis resulta fácil de resolver cuando internamente la institución está alineada, coordinada y atenta a la globalidad de los contextos. Muchas veces, las empresas caen en la inacción, no actúan, generándose con esto una profundización de la crisis. Los daños también aumentan cuando se toman decisiones apresuradas, sin una reflexión previa. Es así como saber sostener contextos adversos para posteriormente desplegar acciones eficaces resulta básico a la hora de salir airosos de una crisis. Los consultores David Rhodes y Daniel Stelter (*Harvard Business Review*) plantean que "una respuesta desorganizada también puede generar una sensación de pánico en la organización. Y eso impedirá que las personas vean lo que es crucialmente importante: las oportunidades encubiertas pero significativas que se ocultan entre las malas noticias económicas", concluyen los expertos (Rhodes y Stelter, 2009).

Por lo mismo, en los momentos de crisis, la confianza resulta un factor crítico de éxito, al hacer fluir el conjunto de las decisiones y acciones dentro de la organización. Confiar en las decisiones de los líderes, en la reacción de los equipos, en la sinergia entre los propios grupos de trabajo, confiar en el rol de los mandos medios y sus esfuerzos por articular objetivos comunes..., en resumen, instalar la confianza como la columna vertebral en la coordinación de acciones es fundamental en los momentos críticos de todo grupo humano. "Incluso las malas noticias son buenas cuando se comparten, porque así se abre un diálogo que puede llevar a resolver el problema y mejorar la confianza entre los líderes y los miembros del equipo" (Blanchard, Randolph, Grazier, 2005).

La confianza se construye día a día. Ésta basa su poder en la coherencia de las conductas de quienes componen la organización. Cuando se trabaja en una institución en la que todas las personas cumplen con lo que declaran, obviamente, el estándar de exigencia interna es mayor. Las inconsistencias, las promesas sin cumplir, por ejemplo, no tienen cabida. Al ver una consecución de actos sostenidos en el tiempo, las personas llevan adelante un compromiso real. Es así como las crisis logran diversos resultados, dependiendo de la calidad humana y profesional de la organización que la experimente. Es por eso que urge que las empresas tengan una mirada introspectiva permanente, con un conocimiento profundo sobre sus fortalezas y capacidades de reacción reales frente a los momentos adversos. Esta perspectiva ontológica (quién soy yo como organización) persigue tener claridad sobre la vida laboral y emocional de la institución, tanto a escala grupal como individual. Por eso son pertinentes las siguientes preguntas: ¿cómo trabajan las personas? ¿Qué nivel de compromiso poseen con la organización? ¿Cuál es el nivel de rigor en la gestión diaria? ¿Qué nivel de sinergia hay entre sus equipos de trabajo?... Las respuestas a estos cuestionamientos son todas ellas factores críticos de éxito que nos dan una perspectiva sobre la organización y sus posibilidades internas reales para reaccionar con flexibilidad frente a una crisis repentina.

Teresa Amabile (*El principio del progreso*) desarrolla el concepto de la "vida laboral Interior", cruzando la dimensión de la emoción con las percepciones y las motivaciones que viven día a día los funcionarios de una institución. Aún existen los liderazgos antiguos, estilo capataz (autoritarios, verticales, etc.), que están convencidos de que con un trato hostil y basado en la presión sobre el otro (funcionario), éste dará mayores y mejores resultados. Al contrario, la vida laboral incierta, sin felicidad, con miedo y estrés, genera resultados menores, esto tanto a escala cualitativa como cuantitativa. Amabile, docente de la Universidad de Harvard, plantea que "una vida laboral interior negativa tiene un efecto negativo en las cuatro dimensiones del desempeño: la gente es menos creativa, menos productiva, está menos profundamente comprometida con su trabajo y tiene menos espíritu de equipo cuando su vida laboral ensombrece" (Amabile, 2012).

Así, las crisis en las organizaciones tendrán resultados positivos o negativos dependiendo de los protocolos internos, de la calidad de sus líderes, de sus comunicaciones internas, de sus grados de confianza y, definitivamente, de la actitud grupal e individual de sus funcionarios. Por ende, esta actitud colectiva será el elemento transformador que hará que los problemas se conviertan en solución, o que crezcan para ser problemas aún mayores.

Conclusiones:

- Se debe resignificar el concepto crisis (ver sus posibilidades y aportes).
- Frente a las crisis hay que articular organizaciones unidas y coordinadas.
- La confianza es básica para construir una identidad organizacional eficaz.
- Las crisis invitan a la acción, coordinadamente, pero a la acción.

Miedo, una emoción que puede llegar a paralizarnos

> "El hombre que tiene miedo busca refugio en los montes, en los bosques sagrados o en los templos. Sin embargo tales refugios no sirven, pues allí donde vaya, sus pasiones y sus sufrimientos lo acompañarán." Buda

El miedo siempre se ha tomado como una emoción que, junto con la rabia y la resignación, por lo general, detienen los procesos de desarrollo de las personas, los paralizan. Esto no es siempre así, ya que es importante decir que las emociones no son ni buenas ni malas. Por ejemplo, si subo una montaña y no experimento un poco de miedo, definitivamente mi autocuidado será menor y con esto mis posibilidades de experimentar un accidente aumentarán con creces. "El miedo es una emoción de advertencia frente a los peligros y su función es alejarnos y protegernos de ellos, contribuyendo así a nuestra supervivencia y a nuestro bienestar físico y psicológico" (Ibáñez, 2011). Sin embargo, el miedo también es utilizado en muchos momentos como un recurso de control y coerción social. Gobiernos, empresas y colectivos humanos en general, en diversas ocasiones, desde la aplicación del miedo, administran cuotas de poder y sostienen el silencio y la baja participación de las personas.

Thomas Hobbes, un destacado filósofo inglés del siglo XVII, siempre narró a sus amigos que hubo una época en la que sus compatriotas vivían el terror diario de sentir la invasión de la Armada Invencible española en las costas británicas. En particular, hacía especial hincapié en su madre, que, ya embarazada de él, estaba superada por el pánico y a punto de dar a luz. Hobbes siempre repetía la misma frase: "Mi madre tenía tal miedo que dio a luz gemelos: a mí y, conmigo, al miedo" (Robin, 2004).

Cuando el miedo nos habla...

- "El miedo es nerviosismo; el miedo es inquietud; el miedo es una sensación de incapacidad, el sentimiento de que podemos ser incapaces de enfrentarnos a los desafíos de la vida diaria" (Trungpa, 2011).
- "A veces aparece un miedo especial: el miedo a que la sociedad en que vivimos se desplome, la sensación de hundimiento de una cultura, la pérdida de identidad nacional o religiosa" (Marina, 2007).
- "El miedo cotidiano a perder esa 'certeza de la vida' podría a la larga significar un paréntesis en los ciclos de la historia, una historia que deja de reconocerse como tal cuando la única certidumbre a la que se aspira llegar es a despertar al día siguiente" (Vásconez, 2005).
- "Sé que da miedo, la libertad da miedo, si no, ¿por qué tendría que haber tantas prisiones en el mundo? ¿Por qué la gente habría de llevar consigo una prisión invisible en torno a su vida?" (Osho, 2013).

Se educa en el miedo, se crece con miedo, el miedo, como el viento, cruza las culturas y las creencias, sabe cohibir y generar silencios en los actos de las personas, y es por eso que a ratos hay que desafiarlo con nuevas prácticas, con nuevas emociones, de forma más proactiva y basada en la confianza personal y del entorno.

El miedo, que en el mundo antiguo se dirigió a los dioses, hoy se analiza desde nuestros propios estilos de vida. Por su parte, la angustia (del latín *angustio*, "estrecho, angosto") es un sentimiento que aparece ante el miedo a la vida o a asumir decisiones. Karen Horney (*La personalidad neurótica de nuestro tiempo*) afirma que "el miedo y la angustia son, ambos, reacciones proporcionales al peligro, pero en el caso del miedo, el peligro es evidente y objetivo, en tanto que en el de la angustia es oculto y subjetivo" (Horney, 1988).

Diversas dimensiones sobre la angustia:

- "Es como la señal que previene al yo ante el peligro" (Wyss, 1975).
- "Es el producto de una retención imaginativa del temor" (Diel, 1993).
- "Constituye un estado semejante a la expectación del peligro y preparación para el mismo, aunque no sea desconocido" (Freud, 1997).
- "No se refiere a nada preciso: es el puro sentimiento de la posibilidad. El hombre en el mundo vive de posibilidades, es la dimensión del futuro, y el hombre vive proyectado continuamente hacia el futuro" (Abbagnano, 1996).
- "Según los psicólogos clínicos, independientemente de toda escuela o teoría, la angustia parece ser el denominador común de la enfermedad común" (Lieury, 1992).

Trabajadores poco creativos, sumisos, con baja iniciativa, escasamente proactivos y altamente desconfiados concluyen con resultados mediocres a la hora de evaluar su gestión. De esta forma, se percibe que una organización de estructura temerosa en su identidad (quién soy yo como empresa) es una compañía frágil y desprovista de herramientas humanas para revertir crisis, emprender en momentos complejos y mantener una calidad de vida mínima. Estos miedos también paralizan la participación, el sentimiento de pertenencia y la motivación por sentirse parte de ese grupo humano. Por eso el reto de toda empresa en este nuevo siglo es construir culturas organizacionales altamente comunicativas, donde el diálogo desprejuiciado genere un tránsito en los argumentos, valores, criterios y sueños del grupo. Esta perspectiva enunciadora es abordada por Leonardo Schvarstein (*Psicología social de las organizaciones*): "De esta manera la organización se constituye en sujeto enunciador, esto por medio de sus inclusiones y omisiones, sus alumbramientos y ocultamientos, sus acciones; en definitiva, exhibe un discurso que la identifica" (Schvarstein, 2002). Se suma a esta valoración de la comunicación en el proceso organizacional J. J. Ader (*Organizaciones*), que plantea que la comunicación "es el eje a partir del cual se desarrollan el resto de los procesos organizacionales" (Ader, 2000).

Por su parte, Eduardo Galeano (*Las palabras andantes*) visualiza el tema del miedo de forma clara y directa. En el capítulo "Ventana sobre el miedo" escribe que "el miedo amenaza: si usted ama, tendrá sida. Si usted fuma, tendrá cáncer. Si usted respira, tendrá contaminación. Si bebe, tendrá accidentes. Si come, tendrá colesterol. Si habla, tendrá desempleo..." (Galeano, 2005). El miedo, que en un minuto nos puede proteger con la prudencia y el autocuidado, si no es controlado, se puede transformar en una cárcel para nuestras iniciativas, para nuestra creatividad e interacciones.

El miedo siempre rondará por los muros y esquinas del género humano. Nuestro desafío está en apostar a lo que somos como individuos y grupo, y creer en la posibilidad real de empoderarnos, y así, podremos cambiar el paradigma de que todo lo desconocido nos tiene que generar miedo. Se trata de pasar del control férreo a la participación colaborativa, y en este contexto ocurren las grandes cosas (logros colectivos, sueños compartidos, etc.), donde nuestros temores más profundos se disipan. El miedo se transformará entonces en una emoción inclusiva, generando compromiso, confianza y acciones resueltas hacia el entorno.

Pilar Jericó, psicóloga española y autora del libro *NoMiedo*, texto que analiza los miedos del mundo empresarial, cuenta que los temores más recurrentes dentro de las oficinas son el miedo al error (a equivocarse), a no cumplir las metas, a no ser aceptados por el equipo, al fracaso, al cambio dentro de la misma compañía, a perder el empleo, a perder el poder, entre otros tantos. Jericó, en una parte de su obra, verbaliza un juicio que se comparte ampliamente en el mundo de los consultores e investigadores frente a la realidad organizacional en general: "Nadie lo reconocerá abiertamente, pero el miedo ha sido empleado como método de gestión en las empresas durante siglos, y se continúa empleando" (Jericó, 2006).

Conclusiones:

- El miedo tiene su perspectiva positiva (genera autocuidado en nosotros).
- En las empresas el miedo se usa muchas veces para controlar a la gente.
- El exceso de miedo genera angustia (miedo al futuro) en las personas.
- Las emociones no son ni buenas ni malas, cómo vivirlas resulta una opción.

Tiempos dinámicos, tiempos de cambios... ¡es hora de aprender!

> "Quizá sorprenda, pero diré que nunca pretendí ser más astuto que los demás. Sí pensé por mi cuenta siempre e intenté explicitarme a mí mismo y a mis ideas en la práctica. El principio es que tengo una mente organizada. Soy un autodidacta, pero soy muy curioso, todo me interesa." Le Corbusier

Estamos viviendo tiempos altamente cambiantes, los nuevos paradigmas a veces corren delante de nosotros, y no nos dan respiro para reaccionar de la mejor forma. La incertidumbre, las crisis y los miedos transforman nuestras prácticas, desde un imaginario que atesora juicios sobre las cosas más que referirse a realidades concretas. Resignificar estos conceptos desde perspectivas más proactivas, sin tanto resguardo y freno se hace relevante para, así, optar por un rediseño mayor dentro de nuestras organizaciones y para el futuro de éstas. Como señala Paola Rioseco (*Miedo, el enemigo que hemos creado*), "al tomar conciencia del miedo, gradualmente, nos damos cuenta de que es sólo producto de nuestra imaginación". De esta forma, según el autor, serían las experiencias negativas las que fundamentan el miedo, lo corporizan, agregando que "si es heredado o impuesto por el sistema, al final también es originado en nuestro cerebro" (Rioseco, 2011).

Por su parte, podríamos definir el siglo XXI como el siglo del conocer, del aprender, del reflexionar y compartir conocimiento. Es más, ya se habla de que las empresas, más que entenderse como equipos de trabajo, deberían transformarse en "comunidades de aprendizaje". Así pues, aprender y construir conocimiento resulta en estos tiempos una posibilidad real por parte de una organización con el fin de alcanzar una flexibilidad mayor, y, a partir de ésta, generar una óptima adaptación a los permanentes cambios que se dan en el mundo. Definitivamente, el concepto de aprendizaje hay que refrescarlo. Desde esta perspectiva, Peter Senge, en su obra *La quinta disciplina*, plantea que "la gente también aprende de manera cíclica. Va de la acción a la reflexión, de la actividad al reposo. Para lograr cambios duraderos, los ejecutivos deben hallar un modo de explotar este ritmo, de crear no sólo tiempo para pensar, sino también para distintos tipos de pensamiento y discusión colectiva", concluye el experto (Senge, 1995). Senge, hace ya más de una década, se dio cuenta de que el futuro iría de la mano no sólo de conocimientos duros, sino también, de acciones, emocionalidades y conductas que harían que este nuevo conocimiento se transformase en un recurso nutritivo de todos y para todos.

Debemos aprender y desaprender, desafiar nuestras prácticas y experiencias y asumir que para los nuevos desafíos organizacionales las acciones serán otras. Para alcanzar esa nueva coherencia, este nuevo aprendizaje, se requerirá de un proceso transformacional ontológico, en el que el cuerpo, el lenguaje y la emoción estén al servicio de los nuevos desafíos, de las nuevas creencias, de las nuevas preguntas. "Aprender a responsabilizarnos de la realidad en la que estamos y a posicionarnos en ella, pues es el espacio-tiempo-naturaleza-historia de nuestra existencia" (Guerra, 2004). Desde esta óptica, los procesos de aprendizajes organizacionales jamás ocurrirán por decreto, obviamente. El trabajo de aprender, crecer y desarrollarse como seres humanos es, en primera instancia, un desafío personal.

Hoy las empresas requieren líderes que validen el conocimiento, líderes que reconozcan en el aprendizaje una ventana posible para el mejoramiento de la gestión. Este desaprender y aprender se iniciará desde una necesidad individual mayor, necesidad que definitivamente comprenda que el actual estilo "enciclopedista" de la educación se ha colapsado, y que hoy se precisarán nuevas modalidades para alcanzar una reflexión diferente, más crítica, más creativa, más autónoma y siempre atenta a no olvidar el sentido, en cada una de sus búsquedas.

Así, una empresa que se compromete con un nuevo modelo de aprendizaje:

- Genera espacios de conversación transversal (líderes, mandos medios y base organizacional).
- Escucha cada una de las inquietudes de sus funcionarios, jamás descarta ideas, sino más bien agradece las iniciativas.
- Acepta las búsquedas personales de sus trabajadores en los diversos procesos formativos que éstos deseen emprender.
- Valida más el pensar que el actuar, y reconoce en las preguntas un valor agregado a la hora de construir alternativas posibles.
- Promueve el pensamiento ecléctico (de diversas fuentes), pensamiento compartido, diverso, colaborativo e inclusivo.
- Articula nuevas redes internas con prácticas nutritivas (conversar más, debatir más, escuchar más, reflexionar más, crear más, etc.).
- No promueve la sanción frente al error, lo asume como parte del aprendizaje, del crecimiento, de la búsqueda.
- Reconoce en la experiencia un poder especial a la hora de aprender. Todo proceso transformacional también debe ser experiencial.

Cuando una organización está dispuesta a transformarse en comunidad de aprendizaje, lo primero que debe hacer es fomentar las conversaciones, ya que el conocimiento fluye desde el uso del lenguaje. La empatía se transforma en esta dimensión (la conversación) en un recurso trascendental. "Empaticemos con el silencio de alguien intentando conectarnos con los sentimientos y necesidades que esconde", dice Rosenberg (2008). Qué importante. Conversar, aprender a conversar, dedicar tiempo a la conversación interna resulta un factor crítico de éxito para el desarrollo de una empresa. Que conversen los gerentes (entre ellos), que conversen con sus equipos, que entre estos mismos equipos también conversen. Que las diferencias no se transformen en un freno para así generar un círculo virtuoso de ideas.

Ahora, sumar a este proceso una actitud abierta, colaborativa y generosa para que así el nuevo conocimiento se enriquezca con nuevas perspectivas es un desafío interesante de abordar. Que el miedo no se apodere del silencio, que se multipliquen las preguntas, que la asertividad fluya y que con esto se sumen nuevas distinciones. Con estas prácticas, los aprendizajes, claramente, serán otros, serán aprendizajes compartidos, de todos, surgiendo por esta vía un nuevo conocimiento. O como dicen Nonaka y Takeuchi (*La organización creadora de conocimiento*): "La organización que desee enfrentarse dinámicamente con un ambiente cambiante necesita crear información y conocimiento, no sólo procesarlos con eficiencia" (Nonaka y Takeuchi, 1999).

Es así como este nuevo conocimiento, surgido de la conversación saludable y creativa, estará fuertemente conectado con la idiosincrasia de la organización y, de esta forma, con mayor validación frente al conjunto de quienes lo llevarán a la práctica. Definitivamente, estarán más compenetrados con espacios teóricos y experienciales también. Lo anterior tiene relevancia porque las conversaciones poseen un poder transformador que Rafael Echeverría (*La ontología del lenguaje*) describe afirmando "que nuestras conversaciones generan el tejido en el que nuestras relaciones viven. Mantendremos una relación con alguien mientras estemos en una conversación abierta y continua con esa persona. Es eso lo que define una relación" (Echeverría, 2008). Por ende, una organización dispuesta a democratizar sus oficinas con conversaciones expeditas y honestas se transforma en un colectivo cargado de vida y altamente sinérgico. Será esta participación interna la llave del éxito para toda empresa que hoy aspire a co-construir su futuro desde espacios transparentes e interactivos.

También ocurre que, en muchas ocasiones, las conversaciones nos llevan a escenarios de alta complejidad; por eso un equipo de consultores en el texto *Conversaciones cruciales* plantea que una "conversación crucial es una conversación donde (1) hay importantes factores en juego, (2) las opiniones difieren y (3) las emociones son intensas" (Patterson, Grenny, McMillan y Switzler, 2004).

Entonces, es fundamental comprender que la esencia del ser humano es absolutamente interactiva, es decir, se realiza con otros. Desde esta dimensión se entiende por qué son tan importantes las conversaciones en el desarrollo diario de las personas. Por otro lado, es necesario insistir en que la primera conversación que debo tener no es con otro (interpersonal), sino conmigo mismo (intrapersonal). Celso Antunes (*El desarrollo de la personalidad y la inteligencia emocional*) es enfático en este tema cuando dice que "toda persona con baja inteligencia intrapersonal no está contenta consigo misma y no tiene estímulos para crecer, porque se siente prisionera de sus límites. Vive pensando, por ejemplo, ¡jamás seré capaz de aprender otro idioma!..." (Antunes, 2000). Cuando yo me conozco, cuando me desafío y acepto... cuando yo logro reconocer mis conversaciones privadas (personales), claramente en ese momento se darán los recursos para poder entablar diálogos con otros.

Algunas conclusiones:

- Las empresas hoy deben transformarse en comunidades de aprendizaje.
- La conversación es un espacio transformador dentro de un grupo humano.
- El desafío debe ser crear un nuevo conocimiento, más colectivo, de todos.
- Antes de las relaciones interpersonales, está la relación intrapersonal.

Resiliencia organizacional, el desafío de crecer (sí o sí)

> "La resiliencia distingue dos componentes: la resistencia frente a la destrucción, es decir, la capacidad de proteger la propia integridad, bajo presión y, por otra parte, más allá de la resistencia, la capacidad de forjar un comportamiento vital positivo pese a las circunstancias difíciles" (Vanistendael, 1994).

Hace muchos años, estando en el colegio, un profesor me dijo: "Existen películas, libros, canciones y palabras que definitivamente te pueden cambiar la vida". Y bueno, ese profesor tenía razón: hubo películas, libros, canciones y palabras que me cambiaron la vida, y doy gracias por eso. Dentro de las palabras transformadoras con las que me fui topando a lo largo de los años, hubo una que definitivamente mantiene y mantendrá siempre un liderazgo absoluto, se trata de la *resiliencia*. Esta palabra mágica y poderosa la he visto escrita y reflexionando en temas tan disímiles como es la adopción, los duelos, la pobreza, la escolaridad, las catástrofes, las enfermedades, entre otras tantas situaciones de la vida. La resiliencia resulta hoy una tinta posible de utilizar, no importando la pluma ni el papel, sólo validando una historia verosímil que contar, un relato cargado de propósitos y alineado a dimensiones transformadoras como la mitigación de una crisis, la adaptación al nuevo contexto y la transformación efectiva de la realidad para el presente y el futuro. En el caso de la adaptación, es importante hacer una referencia a lo que María Gabriela Simpson (*Resiliencia sociocultural*) describe muy bien cuando señala que la "adaptación resiliente o activa no es resignación, no es entrega: implica un hacer, una acción sobre la realidad. Aunque no la pudo modificar, el sujeto ya no es el mismo: halló nuevas herramientas para encontrar nuevas soluciones o también nuevos problemas" (Simpson, 2010). Esta adaptación centra sus esfuerzos y ve más allá de los propios sistemas de creencias que en muchas ocasiones nos mantienen sujetos y casi prisioneros de prácticas y metas. Ser adaptativo es tener una mirada a mediano y largo plazo, desafiándose de modo agudo para así acceder al poder del cambio.

Desafiar los sistemas de creencias y las estructuras culturales con otros ojos es el resultado de una identidad clara, basada en una autoimagen serena y autónoma. Edith Henderson (*La resiliencia en el mundo de hoy*) lo ejemplifica con la identidad adolescente: "Las preguntas más importantes que uno se formula durante estos años son: ¿quién soy yo?, ¿cómo me veo con respecto a los otros de mi edad?, ¿cómo son mis nuevas relaciones con mis padres?, ¿qué he logrado?, a partir de aquí, ¿hacia dónde continúo mi camino?" (Henderson, 2003). Ahora, esos emprendimientos, esas actitudes certeras son el resultado de una autopercepción clara y profunda, donde la autoestima, o "la manera como nos sentimos con nosotros mismos" (Siebert, 2007) es de gran relevancia para el emprendimiento de acciones futuras. Serán nuestras ideas (sobre el ser humano que somos) lo que generará mayor profundidad para imaginar, soñar y emprender. Serán nuestros relatos y el uso de nuestras palabras los caminos que harán que las cosas ocurran. En forma nítida, será nuestra capacidad narradora un eje central en la vida que deseamos vivir, ¡definitivamente! Robert Brooks y Sam Goldstein, autores de *El poder de la resiliencia*, hacen un énfasis en esta dimensión: "Ser resiliente significa reconocer que si no estás satisfecho con ciertos aspectos de tu vida, o si te encuentras constantemente atrapado en pensamientos y comportamientos que te provocan frustración, ira e infelicidad, es tu responsabilidad tomar la iniciativa para reescribir los guiones negativos que mantienen esos problemas" (Brooks y Goldstein, 2010). Es importante destacar que esta claridad ontológica para abordar las complicaciones de la vida no sólo responde a una individualidad resuelta y adaptativa, sino también a una interacción atenta frente a un entorno dinámico y colectivo.

Desde la identidad, la adaptación, la interacción... desde estos y otros conceptos, la resiliencia transita hacia un saber cada vez más dialogante con su entorno, construyendo nuevas teorías. Todos estos conceptos fusionados concluyen en una poderosa historia: la de la mítica ave fénix.

CASOS Historias de vida resilientes

(Apostando por la fuerza interior)

Daniela García (*Elegí vivir*): En 1992, esta estudiante universitaria de medicina de 22 años, en medio de un viaje en tren con sus compañeros de curso, cayó por accidente a la línea ferroviaria. Su caída ocurrió entre las junturas de los vagones, sufriendo la mutilación de sus brazos y piernas. El tren no se detuvo y ella quedó sola en medio de la noche, sin poder moverse, en un erial, semiinconsciente y amenazada por unos perros callejeros. En medio de esa dramática escena, Daniela pedía ayuda y a la vez imaginaba cuál sería su nuevo futuro. "Traté de calmarme, algo tenía que hacer, y pensé en mi padre. ¡Él es médico! Él me va a ayudar a recuperarme si esto es real. Ahora la medicina está muy avanzada, ¡me pondrán mis piernas y manos otra vez! Aferrada a ese pensamiento, con todas mis esperanzas puestas en él, decidí luchar por mi vida. No quería morir, aún tenía muchas cosas que hacer, metas que cumplir, justo comenzaba a vivir" (García, 2012).

El testimonio de Daniela nos habla de una dimensión personal atenta a la realidad; dispuesta, ya que se conectó con un hacer resuelto y cargada de resiliencia para revertir un momento extremo, y, consecuentemente, mantener la vida ¡como fuera!

Ya ha pasado más de una década desde aquel nefasto accidente. Tiempo atrás una familiar de Daniela, contó en una entrevista a un medio escrito que ésta ya era madre de dos niños, que se había titulado en medicina (con posgrado incluido), que andaba en bicicleta y que viajaba por el mundo con su marido.

Y así fue: después de la crisis, la estudiante de medicina se fijó nuevos propósitos y con el paso de los años los alcanzó. "Sé que los caminos que deba recorrer serán distintos a los que tenía planeados, probablemente más largos, pero eso no significa que no llegue adonde me proponga. Sólo tengo que esforzarme" (García, 2012).

Nick Vujicic (*Una vida sin límites*): Este joven australiano nació en 1982 sin brazos ni piernas. Su historia es una sucesión de luchas, búsquedas y preguntas para darle un sentido mayor a la vida. Su batalla en estos años ha sido tanto física como emocional, así lo ha expresado enfáticamente en su libro: "Durante mucho tiempo, en la soledad, me preguntaba si había alguien en el mundo como yo; me preguntaba si había otro propósito para mí en este planeta que sólo sufrir y ser humillado". Desde esta emocionalidad, con los años Nick fue buscando su camino. Actualmente, es un reconocido motivador internacional que inspira a otros para emprender una vida más plena y cargada de sentido.

Este joven australiano no tiene límites, sólo un ejemplo: en su vida diaria práctica todo tipo de deportes (*skate*, *surf*, natación, fútbol, etc.), y se ha convertido para muchos en un icono de la resiliencia. Nick cuenta que lo hace todo a su manera (incluso lo más difícil), se ha transformado en su sello personal, generándose con esto una adaptabilidad mayor frente a los desafíos del vivir diario. "El primer paso trascendental para vivir una vida sin límites es encontrar un propósito. Conservar la esperanza para el futuro y tener fe en las posibilidades, incluso en los tiempos difíciles, será lo que te mantenga en movimiento hacia tu objetivo" (Vujicic, 2013).

Estas dos historias de vida son complejas. Son relatos que fundan su poder en la complicación de vivir en cuerpos distintos a los "normales". Frente a esta realidad sólo queda la voluntad, la pasión y el desafío personal por resignificar ese presente y así imaginar otro futuro. En estos dos casos, como decimos los *coach* ontológicos, primaron las conversaciones privadas (mentales), en las que imaginar un estado mayor de bienestar y certezas sostuvo las posteriores decisiones y prácticas. Obviamente, estos casos son excepcionales, atípicos, ejemplificadores. Estas dos historias de vida nos muestran las luces de quienes desean transformar su realidad, más allá de los diagnósticos y los "no se puede". Casos como éstos nos invitan a reflexionar sobre las luces (creatividad, actitud, coraje, etc.) que todos poseemos, luces que muchas veces nos desafían, motivan y que nos generan espacios de confianza y esperanza. Y a la vez, estos dos casos también nos ejemplifican cómo vivir con nuestras sombras (derrotismo, poca fe, resentimiento, etc.), que son instancias igual de válidas para aprender y mejorar la vida que llevamos. Nuestras sombras son un recordatorio permanente de lo humanos y lo frágiles que somos... y de lo fuertes y poderosos que podemos llegar a ser.

Las similitudes de estas historias de vida:

- No hubo límites para soñar la vida que se deseaba para el futuro.
- Hubo una red de apoyo y colaboración (familia) permanente.
- Surgieron propósitos para resignificar el dolor y, desde ahí, transformarlo en un sentido sanador para otros (Daniela es doctora, y Nick, motivador).
- También existió una fuerza interior superior, carismática, propia, que se puso al servicio de una voluntad resuelta.
- La creatividad resulta en estos casos un recurso dinamizador para modelar el nuevo mapa que significa vivir dignamente. Crear prácticas para desenvolverse en el medio laboral, afectivo, individual... todo un desafío frente a casos tan extremos como los de Daniela y Nick. Boris Cyrulnik (*La maravilla del dolor*) refuerza la creatividad, la valida y observa sus posibilidades para concluir con una reflexión: "La creatividad vendría a ser hija del sufrimiento. Lo cual no quiere decir que el sufrimiento sea madre de todas las creatividades" (Cyrulnik, 2007).

Sobre la resiliencia (del latín *salire* y del término *resilio*, que significa "volver atrás, resaltar o rebotar"), podríamos decir que se basa en las zonas iluminadas del ser humano. Es decir, se valida desde las fortalezas, certezas y potencialidades que todos poseemos de una u otra forma. Frente al estrés inminente y demoledor que para muchos puede significar una derrota, para otros es una experiencia de fortalecimiento y desarrollo. De este modo, la resiliencia nos invita a pensar en la flexibilidad que todos tenemos como un elemento básico de adaptación a un entorno incierto. La resiliencia (o resilencia), esta capacidad para revertir la adversidad, es hoy un tema de estudio en los diversos campos del conocimiento en el mundo entero (salud, educación, economía, ciencias, entre otros). Actualmente, este concepto transformador es tamb definido como un proceso psicológico, biológico y social que permite el des rrollo en las personas, más allá de las experiencias extremas de vida.

Para entender la resiliencia con mayor profundidad, nada mejor que pensar en estas preguntas: ¿a qué se debe que, frente a desastres naturales (inundaciones, terremotos, incendios, etc.) y no naturales (guerras y matanzas), existan territorios humanos (pueblos, ciudades, países) que poseen una mayor recuperación económica, arquitectónica y social que otros? ¿Cómo es posible que Japón, pese a haber sufrido la bomba atómica, hoy sea una nación desarrollada y líder en la industria tecnológica? ¿Será gratuito que Europa, después de quedar devastada con la Segunda Guerra Mundial, hoy posea el encanto y la belleza de una región que no conoció bombas y balas? Es decir, los seres humanos, solos o acompañados, pueden en algún momento de sus vidas emprender un camino de sanación que los desafíe a asumir historias de dolor y después, con el tiempo, transformarlas en nuevos contextos para acceder a una mejor vida.

Diversos aspectos que hacen de la resiliencia un concepto poderoso y transformador en la vida de las personas:

- Surge de la física (metal que frente a un impacto vuelve a su origen).
- Aplica acción frente a escenarios de adversidad.
- Todo ser humano puede expresar resiliencia.
- Se basa en la autoestima y la autoconfianza.
- No es absoluta ni estable, es episódica, hay que cultivarla.
- Se forja en la interacción con el entorno, con el otro, con los otros.
- Se puede experimentar individual y grupalmente.
- Usa factores protectores que fortalecen los procesos de cambio.
- No tiene relación con la condición económica.
- Surge desde la comprensión real de las causas de la crisis.
- Desafía las fortalezas, certezas y potencialidades de los individuos.
- Convoca a la flexibilidad y a la adaptación en procesos complejos.
- Altamente interactiva y dinámica en los momentos de transformación.

- Planifica y precisa nuevos objetivos para la vida, aplica un rediseño.
- Transforma el dolor y la pérdida en un estado mayor de bienestar.
- Basa su poder en el amor.
- Busca resignificar el concepto "crisis" (o pérdida, o posibilidad, etc.).
- Componentes claves: humor, creatividad, esperanza y voluntad.
- Empoderamiento para llevar a cabo: yo tengo, yo soy, yo estoy y yo puedo.

En décadas pasadas ocurrió muchas veces que se narraban historias de personas que, tras una crisis importante (pérdidas familiares, debacles económicas, violentos accidentes, inesperadas catástrofes naturales, etc.), con el tiempo volvían a emprender el vuelo. En esa época, como no había un concepto neurálgico que aglutinara tanta información, todo quedaba reducido al ejemplo del "ave fénix" (emprender desde las cenizas). Con los años, las terminologías han ido mutando. Antes se hablaba de voluntad, esfuerzo y carácter, hoy se habla de resiliencia. Para María Angélica Kotliarenco, experta en resiliencia y directora de Ceanim (Centro de Estudios y Atención del Niño y la Mujer), el poder de este concepto está centrado en dos grandes dimensiones: "el amor y la interacción social". Esta doctora en filosofía (Universidad de Londres) también enfatiza que la gran aportación de la resiliencia recae en "poder comprender lo que pasó (crisis, pérdida, etc.), tener la capacidad de entender el escenario de dolor, elaborar ese dolor y transformarlo en un comportamiento conducente a un mayor bienestar" (Kotliarenco, 2013). O como diría Boris Cyrulnik (*Los patitos feos*): "Comprender lo que nos ha hecho sufrir", porque "los factores de adaptación [Cyrulnik se refiere a factores de mera supervivencia frente a circunstancias traumáticas] no son factores de resiliencia, ya que permiten una supervivencia inmediata pero frenan el desarrollo". Por eso señala, con preclara verdad, que se trataría entonces de "una victoria miserable en lo inmediato", agregando que "hay que comprender y actuar para desencadenar un proceso de resiliencia. Cuando falta alguno de estos factores la resiliencia no se teje y el trastorno se instala. Comprender sin actuar da pie a la angustia. Y actuar sin comprender produce delincuentes" (Cyrulnik, 2008).

De ese modo, el desafío de este análisis introspectivo es asumir la experiencia de adversidad, aceptarla y a partir de este punto, reiniciar el proceso de sanación con la vida, proceso obviamente inspirado en la aceptación, la comprensión y la esperanza.

De esta manera, con posterioridad a una experiencia adversa, cuando las heridas están aún abiertas, a partir de un silencio honesto, se comienza un proceso lento, pausado y profundo. Poco a poco aparece la esperanza. Ésta no se alinea con una metodología, tampoco fundamenta sus bases en pensamientos de gran complejidad... La esperanza se constituye como un acompañamiento en la vida, donde la sabiduría, la templanza y el silencio marcan un sendero sin fechas ni recorridos claros. La esperanza instala en el sentir de las personas una luz que colabora, sin pronunciarse. *Esperanza* significa "esperar". En un primer momento puede sonar a pasividad y resignación, pero, definitivamente, la esperanza busca dar un salto mayor (claramente, en el momento adecuado). Esperanza es creer más allá de las certezas, y sin esta palabra sería muy difícil emprender y aspirar a desafíos mayores. En el caso de la resiliencia, la esperanza nos conecta con el futuro, con lo que vendrá, con los sueños posibles. El sentido de la vida carga con nuestras creencias, emocionalidades e historia. Desde esta perspectiva, Francesco Alberoni (*La esperanza*) plantea que "si deseamos fundamentar nuestra esperanza en sólidas bases, entonces, deberemos preguntarnos: ¿cuáles son las fuerzas positivas en las que siempre podremos confiar?" (Alberoni, 2001). Cuando Alberoni formula esta pregunta, convoca el amor a la vida como un eje central en todo proceso esperanzador. Y así surge la biofilia.

En su libro *El corazón del hombre*, Erich Fromm (*El arte de amar*, *Miedo a la libertad*, entre otros) plantea que la esencia de la biofilia es el amor a la vida. El autor expone que la biofilia no se constituye por un solo rasgo, sino que se levanta desde una perspectiva integral. Desde la corporalidad, las emociones, los pensamientos, los gestos..., dimensiones diversas, todas con una tendencia definida: generar vida desde todos los organismos vivos. "En contraste con el supuesto de Freud relativo a la 'pulsión de muerte', estoy de acuerdo con el supuesto de muchos biólogos y filósofos de que es una cualidad inherente a toda materia viva el vivir, el conservar la existencia" (Fromm, 1992). El también autor de *Anatomía de la destructividad humana* hace énfasis sobre la biofilia afirmando que ésta se origina desde el deseo por crecer que tiene toda persona, vegetal, idea o grupo. Argumenta que esta dimensión opta más por la construcción que por la conservación; por el ser más que por el tener; por el hacerse preguntas desde el desconocimiento a lo opuesto que resultan las certezas absolutas. Concluye precisando que la biofilia "quiere moldear e influir por el amor, la razón y el ejemplo, no por la fuerza, la separación de las cosas, por el modo burocrático de administrar a la gente como si fueran cosas" (Fromm, 1991). Es así como este amor a la vida (biofilia), elemento fundamental de la condición humana, se transforma con el tiempo en uno de los pilares fundamentales de la resiliencia.

Se ha escrito mucho sobre la resiliencia en estas últimas dos décadas; esta palabra y concepto que nace para estar al servicio del conjunto de los seres humanos, con el tiempo ha experimentado diversos espacios de aplicación: salud y educación, entre otros. En este libro, la resiliencia se pondrá al servicio del mundo de las empresas y las organizaciones, ya que son en estos lugares donde las personas del mundo entero depositan, por lo menos, un tercio de sus horas diarias y porque creo firmemente que estos lugares se deben transformar cada vez más, pensando en las personas, en espacios de reconstrucción humana, creatividad y, por qué no, de felicidad. Pero previamente a conectarnos con el mundo de las empresas, deseo vincular este concepto de la resiliencia con una experiencia humana, vergonzosamente única, el holocausto nazi.

El holocausto nazi ha sido una de las mayores vergüenzas del género humano. Millones de vidas fueron silenciadas en los hornos de Hitler. Partiendo de este imperdonable horror (y error) humano deseo exponer cuatro historias de vida que resumen, con creces, el valor y el poder que la resiliencia abre frente a escenarios de desgracia. Aprender a partir de nuestras heridas para profundizar hacia un sentido mayor son recursos posibles para la reconstrucción de un presente y un futuro diferente, atento y consciente.

LA LIBERTAD INDIVIDUAL COMO UN RECURSO PARA LA VIDA

"El hombre nace libre, responsable y sin excusas." Jean-Paul Sartre

El sentido de la resiliencia lo usó certeramente Viktor Frankl al narrar su gran obra *El hombre en busca de sentido*, cuando cuenta su supervivencia en los campos de concentración nazis. Este catedrático en neurología y psiquiatría de la Universidad de Viena planteó que la búsqueda del hombre del sentido de la vida es el resultado del impulso de una fuerza primaria: "Este sentido es único y específico en cuanto es uno mismo y uno solo quien tiene que encontrarlo; únicamente así logra alcanzar el hombre un significado que satisfaga su propia voluntad de sentido" (Frankl, 1986).

Frankl, con el tiempo, tuvo que sanarse para así sanar a otros. Muchas veces ocurrió que llegaban a su consulta atribulados pacientes y él al verlos entregados y resignados, les decía en tono desafiante: "¿Usted por qué mejor no se suicida?". Las razones del porqué eran diversas (familiares, habilidades sin desarrollar...). Claramente, había una atadura con la vida, atadura que Frankl había cortado décadas atrás con su familia (padres, hermano y esposa), todos exterminados en cámaras de gases en Auschwitz, Polonia.

La pregunta de Frankl acerca del suicidio era brutal y reveladora, pero a la vez era honesta y clara, y lo que por lo general se aprendía de ese ejercicio era que la libertad era un activo a la hora de modelar la vida que deseábamos alcanzar. En el mismo libro, el autor expresó muy bien esta filosofía, relatando una experiencia límite de libertad individual: "Los que estuvimos en campos de concentración recordamos a los hombres que iban de barrancón en barrancón consolando a los demás, dándoles el último trozo de pan que les quedaba". Frankl cuenta que esta actitud no era masiva, pero sí añade que cada uno de estos gestos demostraba que a un ser humano le podían arrebatar todo, salvo su libertad individual. El autor valida la libertad desde el optar, tomar decisiones, encausar una actitud como símbolo de autonomía humana, como un campo de experimentación, de interpelación y acción diaria. En otro escrito fundamental (*Ante el vacío existencial*), Frankl afirma que se hace evidente que el hombre está permanentemente sometido a múltiples condicionamientos (biológicos, sociológicos, psicológicos), condicionamientos que reducen sus instancias de libertad. Pero el autor hace un énfasis al decir que el hombre sí es "libre para adoptar su propia postura frente a todos los mencionados condicionamientos" (Frankl, 1990). Esta idea la reitera en *El hombre en busca de sentido* al afirmar que al ser humano "se le puede arrebatar todo salvo una cosa: la última de las libertades humanas —la elección de la actitud personal ante un conjunto de circunstancias— para decidir su propio destino" (Frankl, 1986).

Aprendizajes:

- La resiliencia articula el sentido, y con esto, todo sueño es alcanzable.
- La resiliencia busca, desde la libertad, emprender una vida digna.
- La capacidad de resiliencia que se encuentra en todos nosotros también es una opción, una posibilidad que puede ser articulada o congelada.

LA ESPERANZA COMO UN RECURSO PARA LA VIDA

"Donde no hay esperanza no puede haber esfuerzo." Jonson

Auschwitz (Polonia) fue también el campo de concentración donde Ana Frank perdió su larga cabellera (materia prima para la confección de correas de transmisión), paso obligatorio para concluir sus últimos días en el campo de concentración de Bergen-Belsen (Alemania). Desde el 6 de julio de 1942 hasta el primero de agosto de 1944, Ana, junto con su familia, se refugió en el "anexo secreto", un escondite habilitado dentro de su hogar. Una denuncia maliciosa desveló este secreto, entrando la Gestapo a detener a toda la familia. Diez personas habitaban el inmueble y sólo el padre de Ana sobrevivió. Ella murió en marzo de 1945, con 15 años de edad. Su legado fue un diario de vida (*El diario de Ana Frank*), documento histórico escrito por ella en holandés, un texto que por décadas ha resultado una memoria activa de la época para todos quienes lo han leído. Otro de sus grandes legados fue su capacidad para resistir y siempre optar por la vida. Pese a los múltiples escenarios de amenaza que experimentó, Ana Frank siempre estuvo atenta y dispuesta a generar ventanas de luz y espacios de vida en contextos altamente mortíferos. El miércoles 19 de abril de 1944, ella escribió en su diario: "¿Hay algo mejor en el mundo que mirar la naturaleza por una ventana abierta, oír gorjear los pájaros, las mejillas calentadas por el sol y tener en los brazos a un muchacho que se quiere? Con un brazo alrededor de mi cintura me siento muy bien y segura, pegada a él, sin decir palabra" (Frank, 2002). Con estas frases, Ana Frank nos deja como legado el poder que genera una actitud positiva. Actitud atenta a la adversidad, actitud enamorada de la vida misma, actitud articuladora de flexibilidad frente a un estrés extremo. Ana Frank literalmente vivió esos años en una cárcel autoimpuesta (por supervivencia obviamente), y a la vez, supo construir interiormente llanuras de esperanza donde vivir, crecer y buscar nuevos alientos para la vida. Para ella la esperanza ("confianza en lograr una cosa", Díez, 1968) estaba en su relato, en su imaginación, en su discurso, emoción y palabras. Era la esperanza la que la mantenía viva, concepto que, según el filósofo y premio Nobel (1950) Bertrand Russell, la ha validado por décadas, "... con esta esperanza, aunque la vida siga siendo triste, no será carente de finalidad" (Russell, 1963).

Aprendizajes:

- La resiliencia está aliada con emocionalidades cargadas de esperanza.
- La resiliencia fomenta diálogos internos, diálogos transformadores.
- La resiliencia busca la creatividad y los espacios posibles de desarrollo.

LA MEMORIA COMO UN RECURSO PARA LA VIDA

"Lo que ocurre en el pasado vuelve a ser vivido en la memoria." Dewey

A Auschwitz también fueron deportados los padres de Boris Cyrulnik, psicoanalista y uno de los grandes artífices en el desarrollo de la resiliencia en el mundo. Cyrulnik fundó la etología humana y es profesor de la Universidad de Var (Francia). Autor de múltiples libros en estas materias (*Los patitos feos*, *Me acuerdo*, *El niño abandonado*, entre otros), a partir de sus propias heridas ha podido, a lo largo de estas décadas, acompañar procesos de cura en otros. Los padres de Cyrulnik participaron activamente en la resistencia contra los nazis; en 1942 fueron deportados a Auschwitz y desaparecieron. Del resto de su familia, también perteneciente a la resistencia, nunca más se supo. Con sólo 5 años, Boris Cyrulnik se quedó solo en el mundo. En su libro *Me acuerdo*, surge la memoria como el gran tema a estudiar. Ésta se analiza desde una generosidad inédita por parte del autor, ya que, en cada una de las páginas, se narra su experiencia frente al holocausto alemán. A partir de un relato lejano-cercano surgen sus pérdidas (padres y familia), fugas, persecuciones y supervivencia, narración que se basa en la resistencia como un símil de la vida misma. En 1985, Cyrulnik vuelve nuevamente a Burdeos, y en 1998 a Pondaurat (donde se ocultó por un tiempo). Y es aquí donde nos deja claro el autor que la memoria surge como un campo de aprendizaje: "Los traumatismos de la primera infancia, por tanto, aunque puedan ser de una formidable destructividad, también pueden despertar estrategias de supervivencia que poseemos en nuestra memoria ancestral", concluye el psicoanalista.

En enero de 1944 Cyrulnik se escapó una vez más del acecho nazi, y esta vehemencia por la vida fue reforzada posteriormente todos los días de su existencia diciéndose a sí mismo: "Si puedes escalar, siempre podrás cambiar tu suerte. La libertad está al final de tu esfuerzo [...] no podrán conmigo, siempre hay una solución", pensaba Boris en sus momentos de huida (Cyrulnik, 2010).

Podemos afirmar que este reconocido psiquiatra definitivamente cambió su destino. Una muerte segura fue sustituida por una vida dedicada a la creación de ideas y a la colaboración permanente frente a los requerimientos de otros. Su memoria articula acciones biófilas ("La conciencia biófila es movida por la atracción de la vida y de la alegría", Fromm, 1992), ya que ésta se ha nutrido de diversas victorias frente a los retos de la vida. Cuando surge el recuerdo positivo de haber controlado una situación límite (no ser apresado, por ejemplo), en ese preciso instante aparece una confianza mayor en uno mismo, afirma Cyrulnik.

Aprendizajes:

- La resiliencia da presencia y acción a los recuerdos positivos.
- La resiliencia es sinónimo de biofilia, es decir, de amor a la vida.
- La resiliencia se sostiene en aprendizajes arquetípicos.

LA DIGNIDAD COMO UN RECURSO PARA LA VIDA

> "Un hombre tiene que tener siempre el nivel de la dignidad por encima del nivel del miedo." Juantegui

Por su parte, Stanislas Tomkiewcz (*La adolescencia robada*), psiquiatra polaco, es parte de estos fuegos incendiarios de los que habla Galeano. A los 16 años ya había sobrevivido al infierno del Ghetto de Varsovia. Sus dos intentos de suicidio, su milagrosa huida, en la que sólo él salió con vida —su familia desapareció en los campos de concentración— y su estancia como prisionero en Bergen-Belsen nos hablan de esta llama de vida resiliente. Fueron la muerte, el dolor y la pérdida las únicas compañeras de viaje para este niño, que con los años se transformaría en uno de los psiquiatras más renombrados internacionalmente por lo que respecta a trabajo con niños autistas, discapacitados y jóvenes delincuentes. En su libro *La adolescencia robada: una vida de resistencia, resiliencia frente a la adversidad*, el autor expone cómo se sobrepuso al horror nazi y, lo más importante, cómo sigue hoy, aún vivo y felizmente sanando a otros (Tomkiewcz, 2001).

Tomkiewcz es un curador de heridas, pero antes de curar, tuvo que sanarse él. Tuvo que levantarse de sus propias cenizas, para posteriormente crease un futuro... Nada de lo que hoy es este psiquiatra se justifica con la suerte o el azar. La resiliencia fue su camino y la dignidad su herramienta de acción. "Pese a todo, tengo un muy buen recuerdo de ese mes de junio de 1945 en la Salpetrière (posnazismo). Estaba bastante orgulloso de encontrarme ahí, aun en calidad de desahuciado, y por lo demás, no creí ni por un segundo que ahí moriría; la muerte, eso es para los otros. En voz baja, sentado a lo indio a los pies de mi cama, me decía: un día volveré de otro modo" (Tomkiewcz, 2001).

Aprendizajes:

- La resiliencia se basa en la convicción de las decisiones tomadas.
- La resiliencia se gesta desde una autoestima y un amor propio relevantes.
- La resiliencia surge cuando me hago cargo de mi historia (me sano).

De esta forma, revertir una crisis es un desafío no menor. Cada uno de los relatos expuestos traspasa una experiencia de vida, en donde no sólo se visualiza una acción decidida, sino también una razón poderosa de por qué se debe salir adelante. Frankl, Tomkiewcz y Cyrulnik han colaborado en el mundo entero con sus terapias y prácticas psicológicas que han fortalecido a quienes han vivido en algún momento de la vida contextos de adversidad. Vemos cómo estos tres candidatos a morir en manos de los nazis en algún momento de sus existencias, hoy trabajan para fortalecer al mundo entero gracias a sus experiencias de vida desde su dolor. Por su parte, Ana Frank no logró sobrevivir al holocausto nazi, pero su gran legado a la vida fue su diario. El poder resiliente de esta obra se refleja en cada una de esas páginas, en las que con candidez y optimismo supo construir un marco de esperanza para las futuras generaciones que leerían con avidez sus palabras. Ana, con un coraje extremo, con un relato honesto y cargado de ternura, pudo construir un mundo en paralelo, para así, con los años, dar sentido y ejemplo de vida a muchos jóvenes del mundo entero.

El Holocausto nazi representa un espacio de intervención mayor desde donde poder aprender sobre resiliencia. Y este aprendizaje es mayor en la medida en que se basa en la experiencia. Sin embargo, la resiliencia también ha saltado a otros sectores del desarrollo humano (educación, salud, etc.), y ha llegado también, con una presencia a mi juicio menor, aún insuficiente, pero sí con acciones concretas, al mundo organizacional.

Cuando una organización accede al fundamento teórico de la resiliencia, no sólo se sorprende del universo que ahí se despliega, sino que también descubre un mar de posibilidades para crecer y florecer más allá de lo imaginado. La resiliencia, veremos más adelante, dialoga con el cuidado de las personas, con la flexibilidad que ofrece la adaptación y con la sabiduría ontológica de buscar en el interior de nosotros mismos el poder y la sabiduría para construir e ir más allá en la vida. La resiliencia representa para el mundo de las empresas una llave que abrirá una serie de puertas (liderazgo, equipos, identidad, valores, etc.), y será desde esta apertura desde donde las compañías se enfrentarán al desafío de conocerse, reconocerse y retarse para, de esta forma, construir identidades organizacionales fuertes, afianzadas y con valores definidos. Y esta forma de mirar desde la resiliencia, por ejemplo, en el momento de una crisis, se transforma en un blindaje eficaz para el cuidado integral de las personas, del negocio, de las políticas internas, entre otras variables neurálgicas de la organización.

CASOS La resiliencia para un antes, un durante y un después de una crisis

En estos tres casos surge el cuidado que hace que cada experiencia laboral se transforme en una oportunidad, en un capital acumulativo de energía para emprender, resistir y resignificar una situación de alta complejidad.

Empresa de Ingeniería y su documento *Lecciones aprendidas* (antes). La empresa RA Ingenieros (Chile) es una organización que valida el aprendizaje permanente como el gran recurso que le permitirá evitar tropiezos y posibles crisis en el futuro. En 2009 esta compañía creó un documento de políticas internas llamado *Lecciones aprendidas*. Este cuaderno nació para dejar por escrito los errores que ha cometido la compañía en diversos momentos de su existencia. Estas “malas experiencias”, como las denominan sus dueños, son prácticas erradas que con el tiempo se han sistematizado para ayudar a la siguiente toma de decisiones. Para esta destacada empresa —actividad minera—, el aprendizaje permanente es un valor agregado a la hora de tomar decisiones relevantes; por eso "*Lecciones aprendidas* representa una ayuda para crecer como organización, ya que este documento interno aspira a generar mejoras efectivas en el campo operacional, optimizando con esto su calidad en la gestión diaria", concluye Rodrigo Asenjo, gerente general de esta compañía. Algunos ejemplos de *Lecciones aprendidas*:

- Lección veintitrés: Negociación de precios.
  Motivo: La empresa XXX (Sr. XXX) bajó mucho el valor del Cuariproyecto 30242 XXX: Filtros, Monorriel/pipe rack/Centrífuga. R. Asenjo aceptó el valor sin negociar, valor que por lo demás ya estaba disminuido.
  Fecha del suceso: Octubre de 2011.
  Lección aprendida: En caso de que se produzca una contraoferta para el valor del proyecto de parte del mandante, el monto razonable y estándar de cierre es la mitad entre el valor ofertado y lo contraofertado.
  Responsable: Gerente.
- Lección veinticinco: Las decisiones importantes como una compra de departamento o el alcance y valorización de una cotización de un proyecto importante no deben ser apresuradas ni "en caliente".
  Motivo: Ésta fue una compra abortada en la que se dio un paso para asegurar el departamento y se pagó al abogado para evitar problemas. Fue abortada debido a varios motivos, entre los principales se mencionan: el alto costo de la inversión; el emplazamiento no favorece el funcionamiento de la empresa; fue una decisión rápida, sin haberla pensado lo suficiente; se decidió mantener la oficina anterior (calle Santa Magdalena, Providencia, Chile), pero hacer una adecuación de ella, lo que se llevó a cabo posteriormente.
  Fecha del suceso: 2012.
  Lección aprendida: Las decisiones relevantes como una compra de departamento o el alcance y valorización de una cotización de un proyecto importante no deben ser apresuradas ni "en caliente".
  Responsable: El gerente de operaciones, gerente general y el gerente de administración.

Un organismo policial y su autocuidado interno (durante). Este organismo, con más de cinco mil funcionarios en todo el país, tiene la función de proteger a la población de la delincuencia diaria. Es una institución altamente especializada en el campo de los delitos y sostiene una gestión de permanente desgaste humano. Los rigores y las complejidades diarias obligan a organizaciones con estas características a emprender políticas de autocuidado organizacional. En este caso, el autocuidado se encausó con la implementación de jornadas de fortalecimiento interno. Durante el segundo semestre de 2013 conduje como conferencista cuatro jornadas de resiliencia organizacional, donde equipos completos de líderes de esta institución se formaron en el campo del cuidado interno. Hubo múltiples aprendizajes con esta experiencia:

- Se capacitaron más de 450 personas en cuatro localidades del país (Iquique, La Serena, Frutillar y Santiago).
- Cada jornada (de un día) concluía con un testimonio resiliente. El caso emblemático para todos los encuentros fue el de un funcionario que hace más de una década sufrió una agresión delictual, recibiendo cuatro impactos de bala en el cuerpo. Su recuperación fue lenta y compleja. Pese a todo lo vivido, este destacado funcionario emprendió un mejoramiento continuo, retomando con el tiempo el conjunto de sus funciones. En estas jornadas de resiliencia organizacional, él fue galardonado con el premio a la Resiliencia por su capacidad para revertir la adversidad y retomar su vida laboral y familiar, con todo el esfuerzo y la voluntad que esto implica. A esta persona nada le resultó fácil, y desde su historia de vida traspasó a sus compañeros valores trascendentales como la capacidad de soñar, la justicia, la esperanza, la dignidad, el agradecimiento, la voluntad, entre otros. Una de las cosas interesantes de esta experiencia es que, en cada una de las jornadas realizadas, este funcionario entregó su testimonio no sólo narrando las sombras que vivió con esta experiencia (daño físico, laboral, familiar), sino que casi la totalidad de su participación se basó en cómo emprendió una nueva vida: qué prácticas acometió, cómo sostuvo una emocionalidad positiva, qué reflexiones hizo con respecto a sus reales posibilidades, entre otros.
- Este funcionario es hoy un orgullo para esta organización. Su historia de vida, su ejemplo, se han transformado en un recurso motivador y articulador de sentido para el conjunto de sus compañeros. En cada una de estas jornadas fue interesante observar cómo su testimonio de vida terminaba con una conversación colectiva sobre la experiencia, durante la cual sus compañeros consultaban y validaban este diálogo como un

proceso de sanación tanto para quien lo contaba como para el conjunto de quienes estábamos participando en la sala.

- Al recibir este funcionario el galardón entregado por los responsables de recursos humanos de esta institución, se confirma el poder que genera en las personas tener ritos, mitos e hitos que hagan de las historias de vida verdaderos espacios transformacionales en otros. El premio a la Resiliencia no se creó para reconocer el valor y el compromiso de estos equipos de trabajo, sino para destacar los recursos que transforman a las personas en candidatas a revertir sus experiencias adversas en espacio de aprendizaje y vida. Este premio, este testimonio y las jornadas en sí son sinónimo de una actitud de fortalecimiento interno, iniciativa que ayuda a sostener el trabajo desde el rigor, el compromiso y el autocuidado.
- Es importante destacar que esta jornada, que duró un día completo, fue un espacio donde se aprendió y experimentó un discurso cargado de vida como es la resiliencia. Lo que hicieron estos cursos finalmente fue articular el sentido (por qué y para qué), para así sostener el desafío de cuidarse ellos como institución (si cuidan a otros por qué no cuidarse ellos mismos). Con estas jornadas, este organismo de seguridad no sólo asistió a un proceso formativo diferente, sino que también intervino su propia agenda de conversaciones para darle un valor mayor al cuidado interno, al cuidado de cada una de las personas que a través del amor a su organización son partícipes orgullosos de la institución de excelencia que hoy se configuró.

Las empresas que enfrentaron el megaterremoto del 27 de febrero en Chile (después). Esta experiencia fue narrada por una destacada colega, Carmen Parraguez (*coach* corporal y psicóloga), quien, con posterioridad al terremoto del 27 de febrero de 2010, fue solicitada para asesorar a empresas impactadas emocionalmente por este fenómeno telúrico (uno de los más intensos en la historia de Chile). En el caso de las empresas grandes, muchas de éstas (sobre todo las que cuentan con sucursales en las áreas afectadas, como la ciudad de Concepción) debieron desarrollar un trabajo de envergadura para fortalecer el autocuidado. El foco de este esfuerzo se llevó a cabo con el conjunto de los empleados, no importando la estructura organizacional de cada una de estas compañías. El terremoto había afectado emocional, física, cognitiva y socialmente a muchas de estas organizaciones, por tanto, los esfuerzos eran urgentes en el epicentro mismo del terremoto.

Fueron dos las empresas que implementaron los servicios ofrecidos por Carmen; la primera fue una institución líder en el campo de los seguros, la segunda compañía fue una organización especializada en el negocio del acero. Con estas dos instituciones se llevaron a cabo tres niveles de intervención:

- Nivel cognitivo: elaboración lingüística de la experiencia traumática.
- Nivel emocional: espacio de reconocimiento, expresión, validación y generación de una comunidad de apoyo.
- Nivel corporal: trabajo focalizado en la generación de un cuerpo flexible y a la vez estable, que permitiera sostener las emociones de vulnerabilidad e incertidumbre crecientes.

Los logros alcanzados con esta experiencia fueron:

- Las personas recobraron la confianza en sus recursos y entorno.
- Poco a poco retomaron sus rutinas personales y laborales.
- Se crearon espacios comunitarios de colaboración (cadenas de apoyo).
- Se generó una cultura de autocuidado colectivo y transversal.

Carmen concluye esta experiencia afirmando que "muchas veces al estar en el epicentro del terremoto, trabajábamos bajo réplicas (diarias) permanentes y fue en este escenario en donde la labor corporal constituyó la mayor aportación, dado que el trabajo con técnicas de movimiento corporal, contacto y conexión desde el cuerpo, generación de soportes corporales y trabajo con la flexibilidad no fue únicamente de carácter simbólico, sino una experiencia externa, inmediata y 'real', puesto que el movimiento de la tierra era constante" (Parraguez, 2013). Claramente, este testimonio valida también el cuerpo como un espacio de cuidado y autocuidado organizacional, aprobándolo como una memoria activa que requiere de nuevos estímulos para resignificar el hecho generador del trauma. Desde esta dimensión surge la resiliencia.

Por último, el dolor experimentado por una catástrofe natural (terremoto del 27 de febrero) resulta una dimensión distinta a la hora de comenzar un proceso de sanación. El factor "catástrofe natural" posee un valor de impacto distinto a lo que podría ser una catástrofe generada por una persona en contra de otra (crimen, violación, etc.). Boris Cyrulnik (*Autobiografía de un espantapájaros*) enfatiza este punto al afirmar: "Las personas perdonan a la naturaleza, pues se juzga que ésta es inocente, mientras que se sufre durante mucho más tiempo cuando se trata de una herida infligida por otra persona" (Cyrulnik, 2009).

2.
CUERPO ORGANIZACIONAL, UNA FORMA DE ENTENDER A LAS EMPRESAS

Símil entre el cuerpo humano y una organización (Un ejercicio posible)[3]

"El cuerpo humano es el carruaje; el yo, el hombre que lo conduce; el pensamiento son las riendas, y los sentimientos, los caballos." Platón

Cuando el mundo de la filosofía comenzó a estudiar el cuerpo (del latín *corpus*), con el tiempo lo definió como un "instrumento del alma". Para Platón este instrumento se entendía como una "tumba o prisión del alma"; Nietzsche, por su parte, expuso: "El que está despierto y consciente dice: soy todo cuerpo y nada fuera de él". Por su parte, Aristóteles argumenta que "el cuerpo es cierto instrumento del alma como el hacha lo es del cortar, si bien el cuerpo no es similar al hacha, ya que tiene en sí mismo el principio del movimiento y del reposo". A su vez Schopenhauer integra en el cuerpo una dimensión cargada de acción: la voluntad. "Mi cuerpo y mi voluntad son una misma cosa. O bien: lo que yo denomino mi cuerpo como mi representación intuitiva lo denomino mi voluntad en cuanto consciente de manera totalmente diferente, no parangonable con ninguna otra. O bien: mi cuerpo es la objetividad de mi voluntad" (Abbagnano, 1996). Por otro lado, desde la cultura egipcia el cuerpo humano es percibido como una suma de dimensiones, algunas materiales y otras sin materialidad. Para esta civilización, el cuerpo físico es un estado mayor, sumamente relevante, para alcanzar la trascendencia. "Los egipcios dedicaron tanta (o más) atención al culto de sus difuntos como al de sus dioses. Y ello basándose en el convencimiento de que el hombre, por una serie de razones espirituales y materiales, seguía viviendo más allá de la muerte [...] [este culto de ultratumba], cuya finalidad no era otra cosa que devolver la vida al alma, estuvo lógicamente mediatizado por la conservación del cuerpo —pues se pensaba que el alma habitaba en él aun después de la

3. Del mismo vocablo *corpus* (cuerpo) deriva *corporación*, *corporativo*, *corporativismo*.

muerte— y por la creencia de una nueva vida incluso tras la desaparición material del cuerpo. La muerte [...] era el estadio en el que todos los componentes del ser humano se dispersaban, si bien seguían conservando su integridad individual. Si se podía volverlos a reunir en el cuerpo, era factible disfrutar de una nueva vida en el otro mundo, muy parecida a la vivida con anterioridad a la muerte. Para alcanzar esta segunda vida era preciso preservar el componente más frágil del ser humano, el cuerpo (*det*)" (*Libro de los muertos*. Estudio Preliminar, Lara, 1989). Como vemos, el cuerpo para los egipcios no era únicamente una vasija donde residía la vida, sino que, al mismo tiempo, era el enlace fundamental con el más allá, la reconstitución del sujeto en un nuevo plano.

Así también, por siglos el cuerpo ha constituido en la historia humana el gran soporte donde poder escribir y narrar el desarrollo de las múltiples civilizaciones del mundo entero. Los cuerpos se han transformado con el paso de los siglos, sus biologías se han adaptado a los diversos climas y a los múltiples territorios (distintas alimentaciones, temperaturas, etc.). El cuerpo dialoga con las culturas y sus conocimientos, este diálogo transcurre en paralelo con procesos adaptativos y emprendimientos por una mejor existencia.

Nuestro cuerpo, una máquina natural basada en una biología perfecta, múltiple y diversa, desde una coordinación única, por lo general logra sostener un desarrollo sistémico ("causar una unión") a lo largo del tiempo. El cuerpo humano es, en alguna medida, un sistema dinámico, tal como pudiese serlo una organización. Comprendiendo el perfil exageradamente imperfecto —a ratos— de los colectivos humanos, obviamente, sabemos también que se generan espacios de encuentro. Frente a esta dimensión, Peter Senge (*La quinta disciplina*) afirma: "Como ejemplos de sistemas podemos citar los organismos vivos (incluidos los cuerpos humanos), la atmósfera, las enfermedades, los nichos ecológicos, las fábricas, las reacciones químicas, las entidades políticas, las comunidades, las industrias, las familias, los equipos y todas las organizaciones. Usted y su trabajo son elementos de muchos sistemas diferentes" (Senge, 1995).

Un sistema es una totalidad, un conjunto de elementos aglomerados que se relacionan e impactan de forma sostenida en el tiempo, operando desde un propósito común, desde una dimensión autopoiética. Así visto, Darío Rodríguez (*Comunicaciones de la organización*), inspirado en la teoría biológica del conocimiento de Humberto Maturana, plantea que "Los sistemas autopoiéticos[4] son

4. Sistemas autopoiéticos: sistemas capaces de reproducirse y mantenerse por sí mismos.

cerrados operacionalmente y, porque lo son, son abiertos al intercambio de energía. Un ser vivo come y bebe, porque está vivo y para mantenerse vivo. Esto no implica, sin embargo, que incorpore células de comida a su propia red celular. Las nuevas células que pasarán a formar parte de esta red deberán ser producidas por la misma red" (Rodríguez, 2007). Para Humberto Maturana los procesos adaptativos representan una constante y no una variable. Desde esta perspectiva, Rodríguez, en su obra *Sociedad y teoría de sistemas*, hace un énfasis: "La historia de un ser vivo es su ontogenia (formación y desarrollo del individuo con independencia de la especie), y ocurre bajo condiciones de cambio estructural continuo, conservando la organización y la relación de correspondencia con el medio" (Rodríguez, 2007).

Los cuerpos humanos están vivos, al igual que los cuerpos organizacionales, y ambos tienen un elemento en común: la respiración. "Respirar es vivir y no hay vida sin respiración. No solamente los animales superiores basan la vida y la salud en respirar, sino que hasta las formas más inferiores, incluso las plantas, deben al aire su asistencia" (Ramacharaka, 1922). Las empresas también respiran, y este ejercicio ocurre cuando fluyen. Fluir es navegar por la felicidad, la eficiencia y la realización colectiva. Parece fácil, pero definitivamente resulta un desafío que las organizaciones fluyan[5] en sus procesos, en sus comunicaciones y liderazgos. Que el cuerpo humano respire oxígeno y que los cuerpos organizacionales respiren desde un fluir sostenido. En su decimoquinta edición, el libro *Fluir* (*Flow*) de Mihaly Csikszentmihalyi nos plantea que "flujo es la manera en que la gente describe su estado mental cuando la conciencia está ordenada armoniosamente; gente que desea dedicarse a lo que hace por lo que le satisface en sí". Es decir, nuestro reto organizacional sería conseguir cómo construir un espacio laboral donde la gestión diaria se transforme en un estado de gozo constante, sin tensiones o agotamientos, fluyendo en una emocionalidad optimista, entusiasta, en apertura con la vida misma. Desde esta dimensión, la felicidad se transforma en un espacio posible para sumar al mundo de las organizaciones: "La felicidad es una condición vital que cada persona debe preparar, cultivar y defender individualmente" (Csikszentmihalyi, 2011). Respirar, para las personas; fluir, para las empresas, dos acciones para un mismo fin: el desafío de vivir y trabajar en plenitud.

5. Reuma: en latín y griego: *flujo*, "yo, mano, fluyo".

Semejanzas entre un cuerpo humano y un cuerpo organizacional:

- Los dos poseen una multiplicidad de órganos y acciones, que finalmente los transforman en sistemas de alta complejidad.
- Los dos son cuerpos con posibilidades de enfermar, son cuerpos que si no se ejercitan pueden generar desgastes y complicaciones.
- Los dos maduran con el tiempo, y por esta razón requieren de un cuidado especial (hábitos de autocuidado).
- Los dos utilizan las emociones como un motor transformador. Pueden aprender a habitar en una emoción (miedo, resignación, etc.).
- Los dos, a lo largo de la vida, quedan con marcas (cicatrices o aprendizajes), como resultado de épocas y procesos particulares.
- Los dos pueden optar por ser cuerpos cuidados y ágiles, o tomar el camino del descuido y el cansancio.
- Los dos basan su desarrollo en procesos de aprendizaje continuo, donde el concepto de adaptación se convierte en un elemento básico.
- Los dos centran su conducta en una identidad definida y basada en valores, principios, prácticas, creencias, etc.

EJES COMUNES ENTRE EL CUERPO HUMANO Y EL CUERPO ORGANIZACIONAL

CUERPO HUMANO (PERSONA)	CUERPO ORGANIZACIONAL (EMPRESA)
Tiene nombre y apellido, desde ahí se relaciona con el entorno.	Tiene marca, desde ahí se relaciona comercialmente con el entorno.
Tiene una experiencia, ésta basada en diversos momentos de la vida.	Tiene un currículo profesional (suma de experiencias laborales).
Tiene hábitos individuales, iniciados a partir de aprendizajes y experiencias.	Tienes prácticas institucionales basadas en directrices estratégicas.
Tiene problemas que le complican la actuación diaria.	Tiene crisis que la desafían a diario, en diversos ámbitos.
Tiene sueños, verdaderas búsquedas que generan crecimiento con el transcurso del tiempo.	Tiene una misión y una visión, desafíos mayores que debe convocar.
Tiene una personalidad reconocible y forjada a lo largo de la vida.	Tiene una cultura organizacional que es una suma de prácticas y creencias.

Tiene una iniciativa personal, es decir, pensada para su propio bienestar.	Tiene un liderazgo colectivo, es decir, pensado para el bienestar colectivo.

La doctora Adriana Schnake (*Los diálogos del cuerpo*) reflexiona sobre el cuerpo y las enfermedades, analizando estas dos dimensiones desde una perspectiva científica y cargada de un sentido altamente humanista. En relación con las enfermedades, afirma que éstas aparecen y "que nos detienen, nos obligan a recurrir a otro y a acordarnos de este cuerpo que somos" (Schnake, 1995). De esta forma, cuando asumimos que una organización es un cuerpo, comprendemos que éste muchas veces pueda enfermar. Este cuerpo organizacional, al igual que un cuerpo humano, si está mal alimentado, poco entrenado, si percibimos que sus heridas no han sido sanadas, si comprendemos que su deterioro pasa por un nulo autocuidado..., definitivamente podremos comprender con claridad el porqué de sus crisis permanentes.

Los cuerpos humanos y los cuerpos organizacionales se fundamentan en la fragilidad humana. Es la condición humana su gran motor transformador, como a la vez su gran fisura existencial para sostener y proyectar la vida. Carlos Alberto Benavente (*La rebelión contra el cuerpo*) reflexiona sobre el cuerpo abordando su condición finita (que se acaba). "El cuerpo representa en nosotros lo perecible, la debilidad constitutiva del ser humano. Como soporte es inigualable, pero está condenado al daño, al deterioro, a la consumición y al dolor" (Benavente, 2006). Cuando percibimos que la condición humana es en sí un campo incierto y desconocido, a partir de esa sola emoción debemos comprender la importancia y la necesidad de cuidarla y sostenerla a lo largo del tiempo con prácticas efectivas. Muchas veces, por ejemplo, tanto los cuerpos humanos como los organizacionales resultan espacios altamente invisibles para el cuidado y el autocuidado. Como lo plantea la misma ontología del lenguaje, vivimos en la transparencia (inercia de la vida) frente a las enfermedades, y desde esta dimensión resulta imposible percibir los escenarios o prácticas que nos pueden generar crisis y daños a lo largo del tiempo. Es decir, vivimos —en los dos cuerpos— pensando que nuestra condición humana saludable perdurará eternamente, y es entonces, desde esta confianza absoluta —a ratos arrogante—, cuando la biología prosigue sus procesos en forma silenciosa. "Hay un poder de la enfermedad que consiste en 'presentificar' el cuerpo, en devolverle el estatuto de su pura materialidad. Desde la perspectiva del enfermo, el cuerpo se constituye en sede de inspección posible" (Vaggione, 2009).

Por tanto, surge una enfermedad y accedemos a la toma de conciencia, nos volvemos responsables y con esta visibilidad del cuerpo, desaprendemos y aprendemos a habitarlo a partir de una conciencia alerta. En el campo organizacional, por ejemplo, a posteriori de una mala negociación sindicato-empresa, surge un aprendizaje compartido que, en muchas ocasiones, se utiliza como insumo para la preparación de nuevas negociaciones, evitando así heridas y enfermedades internas. De esta manera, más que tomar conciencia del cuerpo en momentos complejos, resulta mejor vivir siempre conscientes y proactivos como cuerpos organizacionales.

Potenciales enfermedades de un cuerpo organizacional:

- Desconfianza dentro de la organización (entre los líderes, entre los equipos, con los productos, con los líderes, con la marca, etc.).
- Estrés en el día a día laboral. Cansancio individual y colectivo. Agobio frente a estilos de liderazgo, cantidad de trabajo, nuevos desafíos, etc.
- Maltrato interno de los líderes con sus equipos. Escasez de respeto y de valores internos. Bajo reconocimiento y carencia de agradecimientos.
- Trabajo sin sentido, altamente focalizado en el proceso más que en la integralidad de la gestión. Baja sinergia organizacional interna.
- Desconexión entre los equipos, entre los líderes. Trabajo realizado desde los feudos, es decir, a partir de parcelas. Nula retroalimentación organizacional.
- Resignación como emoción entregada a la desmotivación. La resignación surge del agotamiento y la pérdida de esperanza para generar cambios.
- Desinformación como un estado de desencuentro. La desinformación desencadena descoordinación, desencuentros y rumores permanentes.
- Indiferencia frente a las iniciativas, a los desafíos, a las tareas, con lo que se entrega lo mínimo a la organización. Resta creatividad, iniciativa, etc.
- Bajo reconocimiento: sinónimo de no reconocer, no agradecer, no valorar, no dar visibilidad al otro, que lo merece con creces.
- Exclusión a participar, a sumar, a incluir, a integrar y desde ahí a conformar equipos. Se erradica la participación, se genera desmotivación.
- Miedo interno, provocado por culturas sancionadoras y controladoras.

El miedo en las empresas cohíbe y silencia a las personas. Las detiene.

- Baja innovación, costo para toda organización que emprenda tareas. La creatividad es un capital para toda compañía que piense en crecer.
- Alta rotación, signo de un descontento interno y de un salir a buscar una mejor oferta laboral. La gente se va cuando no logra proyectarse.
- Inconsistencia ética, es decir, habitar en una organización que no sostiene sus creencias, que no es coherente ni consistente con sus discursos y actos.
- Información más que comunicación, dónde encontrar información es lo importante, no que la gente se entienda. Comunicar es escuchar.
- Exceso de jerarquía, que resulta de la visión de antiguas empresas altamente verticales. Hoy se busca horizontalidad, organigramas planos y de alto dinamismo.
- Mala gestión como resultado del desinterés. El mal trabajo, su baja calidad, la pérdida del oficio son una constante en equipos que están desmotivados.
- Sin claridad, es decir, una organización sin un norte claro, sin objetivos compartidos, certezas para emprender, pensando el futuro con poquísima claridad.
- Competitividad interna como resultado de egos intensos, frenando con esto sinergias transformadoras y espacios de colaboración.
- Injusticias como signo de una crisis ética. La justicia organizacional debe hallarse en todos los procesos y prácticas: políticas de ascenso, posibilidades de capacitación, sueldos, transparencia, etc.

Bajo los mismos parámetros, un órgano imprescindible tanto para el cuerpo humano como para el cuerpo organizacional es el corazón. Este músculo biológicamente perfecto tiene un latido cercano a cien mil palpitaciones por día, dinamizando de esta forma entre cinco a seis litros de sangre por minuto. Visto desde una dimensión cultural, el corazón representa tanto el campo energético como afectivo de las personas. La energía centrada en corazones fuertes, capaces de vencer megadesafíos físicos, altamente fortalecidos, representa la validación del rol del corazón en el imaginario colectivo del conjunto de las sociedades. Algunos filósofos en tiempos pasados consideraban el corazón "la residencia de la vida y el alma, y algunos como el alma misma" (Monlau, 1944). Para Aristóteles el corazón era la sede de las sensaciones y las emociones. Con los siglos las investigaciones han avanzado, y muchas de estas certezas para el mundo científico se han transformado en responsabilidades del cerebro. Contrariamente, Annie Marquier, matemática e investigadora de la conciencia, afirmó en una entrevista reveladora que el corazón tiene cerebro: "Se ha descubierto que el corazón contiene un sistema nervioso independiente y bien desarrollado, con más de 40.000 neuronas y una compleja y tupida red de neurotransmisores, proteínas y células de apoyo". La experta concluyó que "gracias a los circuitos tan elaborados, parece que el corazón puede tomar decisiones y pasar a la acción independientemente del cerebro, y que puede aprender, recordar e incluso percibir" (Amela, Sanchís y Amiguet, 2012). Sin duda se trataría de una condición sorprendente, muchísimo más compleja, dinámica y potente, y que redefiniría su visualización clásica como fuente de vida.

Así, en esta última década las ciencias sociales y la biología han dialogado, cada vez más, en terrenos colaborativos y altamente interconectados. La biología del cuerpo es hoy un campo de representaciones para la cultura, y viceversa.

Esta disputa filosófica, afectiva, médica y cultural valida aún más al corazón como un factor relevante en la vida de un cuerpo humano. En el campo de una organización, el corazón está representado por sus funcionarios, el gran hilo conductor de acciones, aprendizajes y sueños compartidos. Actualmente, el 90% del valor de una marca es su intangible. No son las máquinas o los edificios, el valor real de las marcas es su reputación. El prestigio, la confianza, la credibilidad... el conjunto de estas dimensiones está centrado en la calidad y la excelencia del servicio. Y esto está en relación, de manera inapelable, con el valor asignado a su gente, con las capacidades desplegadas por los trabajadores de este cuerpo corporativo, para sostener desafíos mayores y un compromiso de alta impecabilidad en la gestión. Este corazón, conformado por muchos funcionarios, empleados, trabajadores y colaboradores (el conjunto de seres humanos que se encuentra en una organización), representa el sector interno de la compañía, un público de interés que busca la coherencia constante de la reputación corporativa. "Si la reputación corporativa es el reconocimiento que los *stakeholders* de una empresa hacen del comportamiento corporativo de ésta, la reputación interna es, simple y llanamente, el reconocimiento por parte de los empleados de la empresa de ese comportamiento" (Villafañe, 2006). Es decir, la coherencia y la consistencia deben ser internas y externas, deben representar un solo concepto... la marca en su globalidad (*branding*).

El ser humano habita las tierras del mundo con la finalidad de buscar una buena vida, una vida que genere certezas, afectos e instancias posibles de vivir dichosamente. Sólo ahí el hombre comprende el sentido de las cosas. Seguramente, lo anterior se articula desde una felicidad episódica, momentánea, pero siempre cargada de nuevas preguntas y aprendizajes. Por su lado, las organizaciones, cada vez más, asumen que el trabajo de este nuevo siglo alcanza mayores logros cuando sus trabajadores ponen el corazón en cada una de sus acciones.

De esta forma, resulta una opción lúcida levantar un cuerpo organizacional afectuoso, dinámico, creativo, carismático, proactivo y productivo. Como a la vez, también resulta una opción habitar una organización fría, estática, conservadora, monótona, predecible y errática. También estarán las empresas intermedias, que cruzarán dimensiones y modelarán desde ahí sus propios procesos de desarrollo. El actual desafío de todo cuerpo organizacional verosímil y centrado en la acción busca intervenir de forma directa y eficaz en los actuales desafíos del conjunto de los temas relevantes de las organizaciones (clima, capacitación, liderazgo, cultura, aprendizajes y cambio, entre otros).

Este diálogo constante entre el cuerpo humano y las estructuras sociales en general (organizaciones, sociedades, etc.) tiene orígenes insospechados. Teresa Porzecanski (*El cuerpo y sus espejos*) narra que en los siglos XVI y XVII la obesidad ya era interpretada como una manifestación de la flacidez del sistema social, símbolo que representaba la inconsistencia más brutal de la estructura social. "La solución a la patología social y fisiológica debía buscarse en el gobierno del cuerpo por medio de la dieta y la disciplina" (Porzecanski, 2008).

DIMENSIONES DE ENCUENTRO ENTRE EL CUERPO HUMANO
Y EL CUERPO ORGANIZACIONAL

CUERPO HUMANO	CUERPO ORGANIZACIONAL
Cerebro: crea y coordina todo el cuerpo.	Líderes: planifican y proyectan la organización.
Corazón: dinamizador central del cuerpo.	Funcionarios: emprenden la tarea.
Huesos: estructuras fundadoras del cuerpo.	Áreas: diversos campos de desarrollo organizacional.
Sangre: nutriente que oxigena y fortalece.	Comunicación: nutre con conversaciones.
Enfermedades: estados de debilidad.	Crisis: estados muchas veces evitables.
Articulaciones: su rol es generar movilidad.	Mandos medios: jefaturas articuladoras.
Carisma: sello personal, estilo propio.	Marca: reputación, luz propia, coherencia.
Defensas: previenen las enfermedades.	Gerencia de RR.HH.: cuida a las personas.
Personalidad: valores y prácticas propias.	Identidad: acuerdos y creencias colectivas.
Emoción: motores internos que movilizan.	Clima: estado interno emocional grupal.
Motricidad: coordinación de extremidades.	Gestión: estilo de trabajo y calidad.

Como plantea la sociología, el cuerpo representa un territorio de intervención constante. Territorio que se modifica, que aprende y se transforma día a día. El cuerpo es un recurso dinamizador y dialéctico, que suma las fuerzas contrarias (tesis y antítesis) para concluir con una tercera versión (síntesis), instancia finalmente interpretativa de lo real. El cuerpo humano y el cuerpo organizacional, como estructuras sistémicas, se adaptan al presente con múltiples recursos, transformándose con el tiempo en mapas de navegación y en aprendizajes transformadores. “Este procedimiento permite proyectar en el espacio la imagen inconsciente del cuerpo. Pasado, presente, futuro transitan en recuerdos, sensaciones que adquieren dimensión, forma, color en la representación del mapa" (Matoso, 1996). Es decir, el cuerpo (humano y organizacional), desde un territorio reconocible, traspasa sus experiencias de vida a una memoria consciente y activa. Este territorio que se funda en el cuerpo es también un territorio que debe dialogar con otros territorios. Este intercambio se mantiene desde los códigos, las intencionalidades y las búsquedas. Los seres humanos y las organizaciones, desde el proceso de la vida, sostienen una movilidad constante que, obviamente, aparece en nuestra relación con el otro, con los otros. "La exploración de los llamados 'territorios del yo' en el hombre, ha demostrado que, vaya donde vaya el individuo, los llevará con él" (Infante, 1987).

Los cuerpos organizacionales se basan en equipos, y cada uno de éstos es una suma de individualidades. Cada empresa tiene una multiplicidad de equipos de trabajo, y en ocasiones éstos experimentan vicios como competir entre ellos más que colaborar, y hay otros que en ciertos momentos —sin saberlo— duplican sus funciones, es decir, hacen el mismo trabajo dos veces. Otros, a ratos, proyectan los estilos de liderazgos de sus gerencias: equipos poco comunicativos, competitivos, etc. Es así como los diversos equipos de un cuerpo organizacional, en la medida en que no estén conectados y viviendo en una sinergia emocional constante, se transforman de inmediato en islas autónomas, verdaderos feudos que generan procesos sin sentido en el porqué de lo que hacen.

Por eso, a partir de mi experiencia trabajando en diversas organizaciones, el concepto de autoimagen se hace fundamental a la hora de pensar en un equipo. En este aspecto, Félix Cantoni (*El factor humano en la organización*) plantea que "la armonía interior, así como la organizacional, requiere el rescate de la autoimagen, el autorrespeto y la autoestima, y una adecuada valoración de sí de cada persona" (Cantoni, 2002). Es decir, ¿cómo fortalecer la mirada del grupo si la mía, la individual, está en crisis? ¿Cómo construir una comunidad armónica de trabajo, si yo mismo no vivo en armonía con mis propias conversaciones internas? De esta forma, la autoimagen busca fortalecer no sólo la comunicación con el otro (interpersonal), sino que también persigue generar una conversación individual mayor (intrapersonal) consigo misma (desde el yo), para así comprender por qué se percibe de una forma y no de otra. Un gran desafío, visto desde una perspectiva ontológica, es validar el estudio del ser por encima de todas las cosas.

Todos estos esfuerzos apuntan a la construcción de equipos de alto rendimiento, colectivos conectados con sus certezas, tanto a escala individual como grupal. Marcial Lozada es uno de los máximos exponentes en este campo investigativo. Este psicólogo y doctor en altas matemáticas, expone que existen cinco dominios relevantes para hablar de equipos de alto rendimiento:

a) Dominio de la renovación en las competencias técnicas y genéricas del equipo, y un compromiso mayor por el aprendizaje continuo.
b) Dominio de la dirección del equipo, es decir, saber adónde ir como colectivo de trabajo. Manejar y compartir un norte claro.
c) Dominio del alineamiento del equipo a la estructura organizacional y a sus políticas corporativas.
d) Dominio de la interacción dentro de los equipos. Capacitar en un escuchar activo mayor, y con esto, fortalecer el hablar interno organizacional.
e) Dominio de la conectividad para expandir acciones con los demás. Este domino es el resultado de una dinámica de relaciones, en la que se valora en extremo la capacidad de escuchar al otro. Un oyente que sabe escuchar, que empatiza, está capacitado para dejarse transformar (resonancia) por lo que dice el otro. Es importante destacar de este dominio que, al estar en el campo de la acción, se está de igual forma en el plano del conocimiento. El espacio emocional (espacio positivo) de los equipos de trabajo resulta un factor crítico de éxito en el dominio de la conectividad. Por otro lado, Lozada plantea que en este dominio, un 95% es campo emocional, y un 5% es coordinación de acciones, constituyéndose con ello el 100% de la conectividad. Lozada hace un énfasis respecto al dominio de la conectividad: "Existe una tasa entre positividad y negatividad que puede predecir el futuro de dicho equipo de trabajo. Esta tasa es de 2,9 y significa que, para que un equipo sea de alto desempeño, las comunicaciones en su interior deben ser de 3 a 1: por cada tres comentarios positivos, uno negativo, como máximo. Este estudio se traspasó a las relaciones de pareja y el resultado fue el mismo. Losada dice que bajo el 2,9 los equipos y las personas languidecen y sobre el 2,9 florecen" (Castellano, 2012).

DIFERENCIAS RECONOCIBLES ENTRE UN GRUPO DE TRABAJO Y UN EQUIPO DE TRABAJO

GRUPO DE TRABAJO	EQUIPO DE TRABAJO
Liderazgo verticalista.	Liderazgo transversal.
El desafío y la responsabilidad es individual.	El desafío y la responsabilidad es de todos.
El propósito es el mismo para el conjunto de la organización.	Cada equipo tiene un propósito autónomo (mirada sistémica).
Los resultados de la gestión son individuales.	Los resultados de la gestión son colectivos.
Los encuentros de coordinación son dirigidos.	Los encuentros de coordinación son co-constructivos y resolutivos.
Funcionan como comunidad de trabajo.	Funcionan como comunidad de aprendizaje.
Por lo general se aplica un liderazgo capataz.	Por lo general se aplica un liderazgo *coach*.
Sus comunicaciones son informativas (dar).	Sus comunicaciones se basan en conversaciones (entenderse).
Se planifica, decide y entregan responsabilidades individuales.	Se planifica, decide y ejecuta en forma colectiva.

DIFERENCIAS RECONOCIBLES ENTRE EL TRABAJO INDIVIDUAL Y EL TRABAJO EN EQUIPO

TRABAJO INDIVIDUAL	TRABAJO EN EQUIPO
Desafío individual.	Desafío de equipo.
Independencia.	Interdependencia.
Ausencia de diálogo.	Diálogo permanente.
La autonomía genera competencia interna.	El equipo genera colaboración permanente.
Se depende de las competencias de una persona.	Se depende de las competencias del equipo.
El sueño es en solitario.	El sueño es colectivo.
La sinergia no es necesaria.	La sinergia es fundamental.
La capacidad de análisis es unilateral.	La capacidad de análisis es múltiple.
La creación de conocimiento es leve y poco contrastada.	La creación de conocimiento es mayor y muy analizada.
¿Cómo lo hago para mejorar mi gestión?	¿Cómo podemos optimizar nuestro trabajo?

Factores protectores organizacionales (Cuidarnos para cuidar)[6]

"La resiliencia remite a una combinación de factores que permiten a un niño, a un ser humano, afrontar y superar los problemas y adversidades de la vida" (Suárez, 1995).

Cuando se habla de resiliencia surgen los factores protectores. Éstos operan como respuesta a los desafíos de la organización. Los factores protectores persiguen aminorar los efectos de riesgos dentro de la organización y sus recursos humanos. Las aportaciones individuales, grupales y sociales son una posibilidad de cambio real para toda organización que experimente instancias de desgaste. Los factores protectores generan diálogo entre el individuo (su capital simbólico y afectivo) y su contexto externo. Así, el hombre, cargado de conversaciones institucionales, en las que la conducta está regida y administrada durante ocho horas por un fin en común: los desafíos de la organización. Asimismo, los factores protectores buscan metabolizar las rutinas de las organizaciones y, con esto, generar evolución en el ecosistema humano (grupal e individual).

Los factores protectores cumplen el rol de pilares dentro de la organización, dimensiones que se suman al proceso de fortalecimiento organizacional. Cada uno de estos factores críticos de éxito busca no sólo potenciar y apalancar prácticas y una emocionalidad reconocible dentro de la organización, sino que también persigue sostener nuevos aprendizajes, para de esta forma articular procesos de identificación internos. El humor, la confianza, la iniciativa, la ética, la independencia, la espiritualidad, la creatividad y la comunicación aspiran a transformar la organización en un escenario dinámico y adaptativo a los diversos contextos de la realidad diaria (sociedad de la incertidumbre).

EL PODER DEL HUMOR

Si comenzamos a pensar en el humor, definitivamente nos encontraremos con sorpresas. Este concepto, originado a partir del lenguaje de la fisiología y la

6. Inspirado en el modelo de Gema Puig y José Luis Rubio.

psicología del Renacimiento, significó, por mucho tiempo, "fluido". En aquella época se creía que existían cuatro fluidos básicos en el cuerpo humano: sangre, flema, bilis (o cólera) y melancolía (o humor negro). Cada uno de éstos podía prevalecer dependiendo de las particularidades de cada organismo. Por lo mismo, se pensaba que estos factores eran los que finalmente conformaban el temperamento de las personas. Podían surgir temperamentos sanguíneos, como también flemáticos, biliosos o melancólicos. Esta perspectiva histórica Jaime Rest (*Estudios discursivos sobre el humor*) la nutre contando que "a partir del siglo XVIII el término *humor* pasó a designar la vis cómica o la disposición espontáneamente jocunda, por contraste con las actitudes corrosivas e irónicas que revelan una intención deliberadamente burlona y agresiva" (Prestigiacomo, 2001). Como dijo Freud en su día: "lo decisivo no es lo que se dice, sino cómo se dice". Es decir, el humor, desde su particularidad, busca intervenir en la vida de las personas con un estilo diferente, comprendiendo que su impacto transformará la emocionalidad y la actitud de la práctica diaria. Un ejemplo: en la época medieval los pueblos vivían bajo el rigor y la seriedad de los reinados y la religión, los pueblos habitaban en entornos altamente rígidos y ceremoniosos. Sin embargo, poco a poco, comenzaron a gestarse carnavales, fiestas, ferias, surgieron los bufones y los payasos, todos ellos recursos que buscaban revertir aquellos estados anímicos colectivos altamente flemáticos y controlados. Es decir, el hombre, frente a sus propias estructuras, de poder muchas veces, busca paralelamente diversos estilos de convivencia que complementen el florecimiento de vidas plenas y cargadas de placer. El humor entonces vibra dentro del hombre y la comunidad como un recurso válido para el pleno desarrollo humano.

Pasan los siglos y aparecen las empresas. Éstas, para ser honesto, al igual que en los tiempos del medievo, se ríen poco. Como consultor me ha tocado trabajar a lo largo de la vida en lugares muy especiales, donde el humor tiene un espacio bastante menos acotado del que habitualmente se observa dentro de las organizaciones. Recuerdo una organización altamente exitosa en la industria del vidrio, cuyo gerente general, un excapitán de barco, dirigía la empresa como si en realidad estuviese navegando. Las reuniones eran distintas, y esta persona, con un humor directo, cargado de ritos y prácticas marinas, de forma muy entretenida, conducía las sesiones laborales con un condimento lúdico pocas veces visto en el mundo productivo. Obviamente, este estilo cercano, ameno y cargado de humor hacía que las personas estuviesen atentas y compenetradas en cada uno de los temas incluidos en las extensas sesiones de trabajo. No eran encuentros rígidos ni de largos bostezos, sino que, al contrario, se trataba de sesiones muy creativas. Para el conjunto del equipo cada reunión era un símil de un recorrido en alta mar, y todos estaban convencidos de que cada lunes por la tarde navegaban juntos sin parar sobre una cubierta de barco. A veces, con la brisa en el rostro; a ratos, también con tormentas y relámpagos.

El ejemplo anterior nos debe hacer pensar que los líderes carismáticos, por lo general, son personas altamente conectadas con sus campos emocionales. El humor en estos liderazgos cumple el rol de incluir al otro desde la experiencia compartida que genera la risa. De igual forma existen equipos altamente afianzados que, por medio del humor, aminoran las tensiones y que, desde esa tranquilidad refrescante, logran encausar las exigencias de la gestión. Pero muchas veces se confunde el humor con la trivialización de las cosas. Trivializar el día a día es sinónimo de no desear profundizar y banalizar los temas con el chiste fácil (y burlesco a ratos); en cambio, el humor busca distender y, a la vez, internalizar una dimensión o realidad colectiva: invitar al juego interno, a relajar los ánimos, a construir una comunidad de trabajo más amable y alegre, a generar complicidad, entre otros tópicos.

Sigmund Freud, en su obra *El chiste y su relación con lo inconsciente*, afirma que "el chiste se hace y la comicidad se descubre". Es decir, podemos entender el humor como un sendero de aprendizaje más que como un recurso episódico y de corto vuelo. Y hay que añadir que esta distinción crucial cambia toda la perspectiva. Asumiendo que todo colectivo humano debe, todos los días, desafiar sus mundos iluminados (certezas, habilidades, competencias, etc.), y desde ahí avanzar en la construcción de un equipo más resuelto y optimista, más llano a aprender y a generar placer en sus rutinas diarias, observamos que el humor tiene mucho que aportar. O como agrega el autor vienés: "El humor es entonces un medio para conseguir placer a pesar de los efectos dolorosos que se oponen a ello y aparece en sustitución de los mismos" (Freud, 1936).

Una pregunta posible para hacernos todos los días: ¿cómo convivir con nuestras luces y sombras a escala organizacional sin haber asumido que, porque, en un momento de aprendizaje o acostumbramiento, se habitó extensamente en una emoción (la rabia, el miedo o el resentimiento), existen posibilidades para cambiar ese estado? El humor, en la medida que es abordado desde una mirada sabia y nutritiva, resultará un recurso de fortalecimiento y sanación interna para las empresas. Actualmente urge, frente a tanto estrés, que las personas logren incorporar el humor como un recurso válido para aliviar las cargas, para aprender nuevos temas desde otras emocionalidades, para generar conexiones y complicidades grupales. En este punto tenga la más absoluta certeza y convicción de que es así. ¿Podríamos hablar entonces, eventualmente, de cómo nuestras empresas pueden gestionar el humor dentro de la organización?

De esta forma la emoción de la alegría se convierte en un motor transformador y generador de aperturas. Cuando surge el humor, la alegría nos sorprende desde su real dimensión: una emoción que facilita acciones, que genera certezas y articula instancias de encuentro y coordinaciones internas. Una organización que valida la alegría como un recurso más para su construcción cultural es una organización que posee certezas, que no duda de sus capacidades, que comprende que si se trata de que las personas se involucren a trabajar entre ocho y diez horas diarias tiene que ser sobre la base de un tema compartido por todos: calidad plena de vida laboral y desarrollo personal y grupal dentro de la empresa. De esta manera, el humor aportará decididamente a esos desafíos a partir de la complicidad de la risa.

En este punto, nuevamente Victor Frankl (*El hombre en búsqueda de sentido*) nos echa una mano desde la dura realidad que significó vivir prisionero en los campos de concentración nazi y donde pudo comprender el poder del humor. Este reconocido psiquiatra europeo planteaba que el humor era otra de sus armas para luchar por la supervivencia diaria en los campos de exterminio. También planteaba que el humor proporcionaba un distanciamiento prudente para superar cualquier situación adversa. "Yo mismo entrené a un amigo mío que trabajaba a mi lado en la obra (trabajos forzados) para que desarrollara el sentido del humor. Le sugerí que debíamos hacernos la solemne promesa de que cada día inventaríamos una historia divertida sobre algún incidente que pudiera suceder al día siguiente de nuestra liberación" (Frankl, 1986).

El sentido de la existencia del hombre junto al humor articula el "sentido del humor". Éste posee diversos insumos, diversas vetas a partir de las que inspirarse para surgir e impactar en el otro, y uno de estos centros inspiradores es la imperfección humana, la incongruencia y la condición individual, como un campo frágil e imperfecto desde el que aprender y desafiar. "Si todo fuera perfecto en la vida, ¿seguiría habiendo alguna oportunidad para el humor? Pero

¿acaso no es esta ternura una parte esencial de la aceptación fundamental del otro?" (Vanistendael, 2003). La fragilidad humana en una organización, como en todo colectivo social, es un estado asumido posible de abordar con y desde el humor. Desde este juego, acordado por todos, podemos validarnos, no ya desde la simple tolerancia, sino desde la aceptación del otro.

Cuando se articula el espacio del humor, hablando desde el campo de la biología, se reducen las hormonas del estrés (adrenalina y cortisol). Por otro lado, cuando surge la risa, la presión experimenta un alza que posteriormente se regula y baja a niveles inferiores a aquellos de antes de experimentar el estado de risa. El buen humor también mejora el sistema inmunológico con el aumento de células T, gama interferona y células B (generadoras de anticuerpos). Otra de las ventajas del humor se halla en la mayor resistencia que se experimenta frente a situaciones de dolor. A estas dimensiones corporales, el humor también aporta distancia y perspectiva frente a los complejos, como de igual forma, nos da un respiro frente a nuestras propias preocupaciones personales. "Tragedia + tiempo = comedia. Mientras más humor tengamos en nuestras vidas, el tiempo necesario para revertir la tragedia en comedia será cada vez más breve. No tenga miedo de reír ante una dificultad: no sólo estará ayudando a su salud, sino también a encontrar una solución creativa, tomando distancia" (Fischman, 2011). Y, como si todo eso fuera poco, también está comprobado que el buen humor fortalece el abdomen y nos ayuda a quemar calorías. Así que, desde mañana, dieta de risa...

Ahora bien, desde el territorio de la resiliencia, Boris Cyrulnik (*Los patitos feos*) nos habla del humor como una dimensión liberadora. "Si un bebé espera lo insólito con alegría, es que ya ha aprendido a hacer de lo insólito algo familiar", agregando más adelante que "el humor de los primeros meses constituye un indicio que anticipa el estilo del vínculo afectivo" (Cyrulnik, 2010). Es decir, desde que somos pequeños el humor se puede instalar como un espacio transformador en la medida que exista un aprendizaje anterior. Esto es, desde la experiencia previa yo resignifico el presente y el futuro y, obviamente, las acciones se transforman.

Las preguntas nos hacen crecer, nos desafían y convocan a nuevas búsquedas. Preguntarse es estar atento, despierto y dispuesto a articular nuevos aprendizajes. Preguntas posibles para la creación de un nuevo conocimiento sobre el humor en las empresas: ¿qué valor le da usted al humor dentro de su organización? ¿Disfruta trabajando con una sonrisa en el rostro? ¿Puede generar prácticas para recobrar la alegría y el humor? ¿Será que relaciona el "trabajo" solamente con tensión, exigencia y seriedad? ¿Le sirve mirar únicamente así las cosas? ¿Cómo resignificar los conceptos (trabajo, meta, etc.)? ¿Qué le ocurre con la seriedad? ¿Le aporta, la potencia? ¿Qué descubrió en ella que aún es sostenida dentro de su organización? ¿Le gustaría abrirse a espacios de mayor humor? ¿Cómo vive la alegría? Corporalmente, ¿qué le pasa cuando se ríe? De igual forma, ¿qué le pasa cuando vive en la tensión y el estrés diario? ¿Con qué se conecta cuando disfruta del humor con sus equipos? ¿Qué hay que hacer para construir una cultura organizacional que integre el humor en sus prácticas diarias? ¿Con qué emociones se conecta cuando disfruta del humor dentro del trabajo? Y eso, ¿qué impacto genera en su trabajo diario, en sus acciones? ¿Qué resta a la gestión que los líderes erradiquen el humor? ¿Qué dejan de ganar los equipos de trabajo?

Beneficios del humor dentro de las organizaciones:

- Permite tomarse con mayor tranquilidad las crisis y abordar las tensiones.
- Genera confianza y complicidades internas (equipos, líderes, áreas, etc.).
- Se articulan acciones de coordinación frente a las exigencias del día a día.
- Desafía sus defectos y errores, y éstos son asumidos desde la aceptación colectiva.
- Bajan los niveles de estrés, se estabilizan las rutinas y todo resulta ameno.
- Se adquiere mayor capacidad para aprender y desaprender.
- Genera, desde la biología, un buen estándar de vida en las personas.
- Invita a ver lo positivo en las cosas negativas, a mirar de otra forma.
- Impacta la vida de los otros desde lo ameno, desde lo alegre y contagioso.

EL PODER DE LA CONFIANZA

Años atrás participé en una auditoría organizacional de gran envergadura. Era una megainstitución, con muchas sedes, miles de trabajadores, con un sello de excelencia absoluto. Esta auditoría comunicacional debía comprobar si finalmente la planificación estratégica fluía y estaba incorporada en las creencias y prácticas de sus funcionarios. Debo decir que esa institución es, hasta hoy, la institución con mayor presupuesto en el campo de sus comunicaciones internas que he conocido. La revista interna estaba casi impresa en oro, su intranet, ultrainteractivo, la coordinación de reuniones "informativas", regladas y ocurrían según calendario. Los diarios murales se renovaban periódicamente y el audiovisual era un recurso habitual para generar procesos de enseñanza interna. El diseño era moderno, los colores altamente llamativos, todo el conjunto parecía virtuoso. El escenario parecía el idóneo para que sus comunicaciones fueran perfectas, pero el resultado fue otro. Al no haber confianza interna, todo lo demás significaba más una aspiración que una realidad.

¿Qué ocurría? Los líderes de esta organización no eran empáticos, no convocaban, existían maltratos, y se podría decir que se les temía constantemente por su falta de coherencia entre lo que decían y lo que hacían. Estos líderes no generaban confianza con su forma de actuar, y, por ende, la comunicación en el interior de la organización era casi nula. Al no haber confianza, el diálogo no existía, pues la confianza era, es y será siempre la columna vertebral de cualquier colectivo humano. En este caso, la desconfianza hacía que las revistas no fueran leídas, que la intranet no tuviera visitas, que nadie se interesara por aprender algo más. Existía el mal del mínimo esfuerzo. Lo único que en esa organización sí ocurría era que sus funcionarios iban todos los días a trabajar, pero ¡atención!, sólo iban remedos de sí mismos, ya que el corazón, el entusiasmo y el compromiso, cada mañana, seguían durmiendo en sus casas. En esa empresa todo el día se informaba (dar contenidos en forma vertical), lo que nunca ocurría era que se comunicara (doble vía: hablar y escuchar) desde la empatía. En aquel tiempo esta empresa poseía un talón de Aquiles que sinceramente la hacía incapaz de transformarse en una mejor organización. Una gran tara que ni siquiera podía subsanar todo el dinero que ellos gastaban en sus procesos comunicativos internos.

Como confirman Andrew Zolli y Ann Marie Healy (*Resilience*), al considerar la resiliencia en grupos, el tema más importante quizá de los índices que la soportan y proyectan apunta hacia "el rol neurálgico de la confianza y la cooperación, la habilidad de colaborar cuando se necesita" (Zolli y Healy, 2012). Y añaden que "donde sea que vemos una resiliencia social fuerte, también encontramos comunidades fuertes. Y con esto no queremos decir con riquezas. La resiliencia no es solamente una función de los recursos de la comunidad (aunque éstos claramente ayudan) ni es definida por la fuerza de sus instituciones [...]. Normalmente, los esfuerzos por imponer la resiliencia desde arriba fracasan, pero cuando esos mismos esfuerzos se encuentran incorporados auténticamente en las relaciones que median el día normal de las personas, la resiliencia puede florecer". Podemos pensar entonces que la resiliencia, como la confianza, no se impone por decreto, pero que puede y debe ser trabajada —tanto la confianza como la resiliencia— desde todo el conjunto organizacional y alentada para que se incorpore como marca individual, grupal y como parte de la estructura corporativa.

En otro ámbito, y a diferencia de lo anterior, las personas, tanto a escala individual como grupal, dudan de los diversos centros de poder, y es así como ciertas porciones del mundo político, religioso, empresarial y mediático generan cada día más rechazo y críticas ciudadanas. José Andrés Murillo (*Confianza lúcida*) nos habla de la confianza desde una dimensión "atenta", es decir, consciente y crítica muchas veces. "Todos los estudios que intentan dar cuenta de las distintas realidades sociales a escala mundial se encuentran con una crisis generalizada de la desconfianza: confianza personal, interpersonal e institucional. Insisto: la crisis económica y política por la que atraviesa el mundo es básicamente una crisis de la confianza, y sobre todo no hay discusión" (Murillo, 2012).

Por eso, vivir en coherencia dentro de las organizaciones, esto es, decir y hacer lo que se plantea, es el primer peldaño de todo proceso de aprendizaje para el fortalecimiento organizacional interno de una compañía. La coherencia en un momento dado se suma a la consistencia de las acciones. Es habitual ver cómo las instituciones viven en incoherencia tanto con sus públicos internos como externos, y esto, indudablemente, a lo largo del tiempo genera resultados de percepción negativos. Hoy las personas buscan lo auténtico. ¡No únicamente más imagen y marketing! Sí a la reputación, a la coherencia sostenida en el tiempo. Rob Goffe, en un artículo publicado en la revista *Harvard Business Review*, plantea que "los líderes que saben manejar su autenticidad serán los más eficaces y los más capacitados para estimular y retener seguidores leales" (2009). Esto de cruzar la dimensión de lo auténtico con la confianza y la coherencia concluye en un solo concepto: acciones. Vivir en la declaración y en la acción son espacios comunes y que sólo deben ser vistos como uno solo. Es decir, soy lo que digo, ¿qué mayor impacto que esto a la hora de generar convocatoria y compromiso? ¿Qué mayor muestra de confianza y consistencia en el discurso? ¿Qué puede llegar a ocurrir con un colectivo humano que al declarar ejecuta al pie de la letra? Obviamente la confianza se fortalece, y con esto se propaga una manera de actuar diferente.

Cierta y claramente, bajo este paradigma en ningún caso promoveríamos el tipo de líderes que señala Maquiavelo en *El príncipe* (escrito hecho para un tiempo y contexto muy belicoso de la Italia del siglo XVI) cuando le recomienda al monarca (líder) que quiere conservar su poder que "el vicio de la avaricia será uno de los que lo mantengan en el poder", o cuando advierte en relación con la coherencia del líder que "hay dos maneras de combatir, una con las leyes y otra con la fuerza. La primera es propia de los hombres y la segunda de los animales; pero como muchas veces no basta la primera, es indispensable acudir a la segunda [...] se necesita, pues, ser zorro para conocer las trampas, y león para asustar a los lobos [...] no debe, pues, un príncipe ser fiel a su promesa cuando esta fidelidad le perjudica y han desaparecido las causas que le hicieron prometerla. Si todos los hombres fueran buenos no lo sería este precepto; pero como son malos y no serían leales contigo, tú tampoco debes serlo con ellos". O, aún más, cuando describe el maquillaje que un príncipe debería llevar, advirtiendo que "no necesita un príncipe tener todas las buenas cualidades mencionadas, pero conviene que lo parezca [...] todos verán lo que aparentas, pocos sabrán lo que eres" (Maquiavelo).

Claramente, un líder de esta naturaleza y que tiene tales valores infundiría temor más que respeto; y crearía climas tensos, insidiosos y de desconfianza radical. Este manual es una guía pormenorizada para un monarca en tiempos de guerra, traición y vandalismo, pero parece, aunque algunos se vanaglorien de lo contrario, una guía totalmente contraria a las buenas prácticas organizacionales, a la creación de climas laborales sanos y al desarrollo de las personas en el trabajo.

En el polo contrario a Maquiavelo, un caso de liderazgo positivo

"Considere el caso de John Latham, quien hasta hace poco era el director de una escuela estatal, ganadora de premios, en el Reino Unido. Latham era un apasionado a la hora de crear una institución académica, en donde estudiantes, profesores y administrativos se respetaran unos a otros y a su entorno. Como en todas las escuelas, la basura y los rayados murales son problemas importantes. Así, ¿quién era el que recogía la basura y limpiaba los muros? Latham lo hacía" (Goffe, 2012).

Es así como la confianza nos nutre desde la práctica diaria. Confiar no es sólo confiar en el otro. Al igual que el cuidado y el autocuidado, el primer signo resiliente, la prístina confianza, la más importante, es la confianza en mí mismo. Más allá del ego vano, se trata de confiar en el Yo, darle presencia y validarlo. Asumir que una confianza fundada en la perspectiva intrapersonal facilitará con el tiempo la confianza en el otro (interpersonal). Si no confío en mis capacidades, en mis pasiones y certezas, si no confío en mi propia historia y emprendimientos, si no confío en mi creatividad y capacidades, ¿cómo voy a confiar en el otro? Obviamente todo lo que soy es el resultado de mis aprendizajes en la vida. Es decir, si soy desconfiado es porque en algún momento de la vida aprendí con prácticas concretas (o historias de vida o experiencias) que desde la desconfianza era más seguro vivir, trabajar y amar. El punto es preguntarse qué pierdo cuando desconfío, qué personas dejo de conocer, qué ideas dejo de emprender, qué alianzas dejo de articular, y es por eso que cuando se habla en el mundo del *coaching* ontológico de la confianza, entre otras dimensiones, se instala la idea de la coordinación de acciones. Es decir, si yo confío definitivamente se me facilitará todo para cumplir metas (delego mejor, empodero a otros, etc.). Entendidas son las palabras de Fernando Flores (*Creando organizaciones para el futuro,* 1996) cuando dice que "perdemos la confianza cuando nos desconectamos de nuestro poder transformador, de los vínculos de respeto y del cuidado por el otro, por nosotros mismos y nuestro entorno" (Flores, 2009).

Es importante asumir entonces el poder de la confianza, perfilando la perspectiva transformacional que puede generar en un equipo de trabajo, donde éste por lo general se fortalece con nuevas prácticas en las rutinas laborales. Por ejemplo, nutrir a los equipos de trabajo con información relevante sobre los resultados del negocio. Es decir, si yo deseo que mi organización tenga la capacidad de comprender plenamente el modelo de negocio, si yo necesito que asuma su rol y desde ahí articule un sentido propio respecto a cuál es su papel en el campo de la gestión, definitivamente se requerirá, entre otras cosas, del acceso a información actualizada y relevante a la hora de tomar decisiones. En ese sentido, las llamadas "organizaciones inteligentes" son las que comprenden que en esta sociedad del conocimiento precisamente el conocimiento en una organización resulta de valor cuando fluye por los diversos equipos que conforman su cuerpo. Para que eso ocurra la confianza es el elemento central. Es importante enfatizar que las conversaciones que poseen doble vía (escuchar y hablar) logran comprender que la autoestima organizacional de una compañía estará a la altura de los desafíos cuando las compañías alcancen procesos comunicativos inclusivos, confiados, participativos y co-constructores de nuevos resultados. Un ejemplo que expresa la importancia de compartir información está dado por los momentos en que se configuran las crisis organizacionales. En este sentido, en su libro *Trabajo en equipo*, Ken Blanchard plantea que "compartir cada vez más volúmenes de información es importante en tiempos de frustración. Esto da a la gente un sentido de los progresos que están haciendo y mejora su sentimiento de confianza" (Blanchard, 2005).

Coincidentemente, ganarse la confianza implica un proceso lento en toda relación, y perderla, definitivamente ocurre en un abrir y cerrar de ojos. Es por eso que el cambio para vivir en la confianza requiere de un proceso transformacional profundo y verdaderamente ontológico.

Incluyo algunas ideas que nos pueden inspirar para pensar en la confianza, para aprender de ésta y, por qué no decirlo también, para vivirla a diario:

- "Líderes y directivos deben tener presente el consejo de Robert Greenleaf: La legitimidad tiene su origen en la confianza" (Holden 2001).
- "Quien no confía en sí mismo, menos confiará en los demás. Y sin la confianza mutua no hay relaciones sociales posibles" (Nogler, 2006).
- "Capacidad para confiar: habilidad para leer los compromisos de los otros, una capacidad que debe ser en gran parte aprendida" (Hardin, 2010).

De este modo, podemos percibir la confianza como un conjunto de esfuerzos y búsquedas, aprendizajes todos que se forjarán a lo largo de la vida. Es relevante plantear dos dimensiones fundamentales de la confianza: la primera es el valor del lenguaje para la construcción de espacios cuidados y comprometidos, y la segunda dimensión es la emocionalidad como una instancia articuladora de acciones. Desde esta perspectiva, Jean Pierre Bendahan, en su obra *Carta a mis hijos sobre la felicidad*, dedica un capítulo completo a la confianza. "No son las cosas las que preocupan a los hombres, sino la opinión que ellos se hacen de las cosas" (Epicteto). Bendahan aborda esta cita de Epicteto comprendiendo el valor y el poder de cómo se construye el mundo desde las palabras, y cómo este ejercicio tan humano se puede transformar también en múltiples escenarios de confianza. Este autor marroquí plantea que nuestra mente es la que construye, y que sólo ella dispone del extraordinario poder de no flaquear ante lo que nos incomoda o nos daña, sino de encontrarle un sentido. "Lo que llamo confianza —es decir, una mente positiva— es tomar conciencia de este poder de la mente y estar convencido de que se puede sacar provecho de él" (Bendahan, 2008).

Preguntas posibles sobre la confianza: ¿confía en usted?, ¿confían en su entorno?, ¿qué le pasa cuando confían en usted?, ¿qué ocurre cuando no cumplen?, ¿es posible retomar la confianza?, ¿qué dejamos de ganar cuando la confianza no se encuentra en nuestra agenda diaria? y ¿qué le ocurre cuando no confían en usted?

La confianza articula, convoca, motiva, desafía, incluye, compromete y empodera. Toda relación interpersonal, toda conversación, requiere de la dimensión de confianza como recurso básico. Rafael Echeverría refuerza esta idea reafirmándola desde el juicio de la confianza. El también autor de *El búho de Minerva* argumenta que al no haber confianza se hace imposible generar relaciones estables con los demás. Este filósofo enfatiza que "sin confianza se socavan las relaciones de pareja, las relaciones con nuestros padres y con nuestros hijos, las relaciones de trabajo, las relaciones de negocio, las relaciones del alumno con su maestro, etcétera" (Echeverría, 2008).

Beneficios de la confianza dentro de una organización:

- Invita a pedir colaboración en situaciones que nos superan.
- Genera una comunicación emocional con el otro, más honesta y directa.
- Fomenta relaciones biófilas, positivas y nutritivas con otros.
- Complementa el flujo saludable de la comunicación.

EL PODER DE LAS COMUNICACIONES INTERNAS

Si hubiera tenido que hablar sobre comunicación años atrás, me habría referido a la planificación estratégica, al uso de la información, al alineamiento y la eficacia discursiva, etc. Así es, en otros tiempos veía la comunicación como una herramienta. Entendía que su rol estaba en apretar tuercas y generar organizaciones fidelizadas y listas para la acción. Durante años hablé de esos procesos, como algo posible. Pero gracias al *coaching* ontológico, gracias a este aprender y desaprender, reformateé el cómo mirar y el cómo vivir la comunicación. Cambió mi observador. La ontología del lenguaje me hizo repensar años de formación académica y trabajos en empresas. Definitivamente para mí, como consultor y autor (*Comunicar*), hoy hablar de comunicación resulta algo absolutamente diferente a lo que hubiese sido hace cinco años. Claramente, la comunicación alcanzó un nuevo escenario, escenario que hoy me hace decir y hacer otras cosas. Por ejemplo, hoy hablo de comunicaciones y hablo del respeto, hablo de la confianza y los valores de un grupo humano. Hablo también del entusiasmo y el compromiso colectivo por un ganar-ganar para todos los que trabajan en la organización. Actualmente la comunicación no sólo se basa en informar (sinónimo de dar, sólo entregar información), hoy la comunicación cumple el rol de generar entendimiento en las personas, y esto ocurre cuando las empresas están plenamente conectadas.

"Debido a que pasamos la mayor parte del tiempo que estamos despiertos en organizaciones, es evidente que los problemas de nuestras ciudades, universidades y negocios son problemas de organizaciones. Podría decirse que, si hemos sido capaces de desarrollar una tecnología que nos ha permitido conquistar el espacio exterior, también deberíamos estar en condiciones de resolver los 'problemas humanos' que diariamente se plantean en nuestras complejas organizaciones" (Goldhaber, 2001). Desde la dimensión de Gerald Goldhaber (*Comunicación organizacional*) nos acercamos a un replanteamiento de cómo deseamos habitar las organizaciones, asumiendo que éstas son algo más que un espacio de recepción de información.

La comunicación organizacional actualmente tiene objetivos y dimensiones propias, tiene certezas que se han ido desarrollando a través del tiempo. De esta forma, los desafíos actuales de todo proceso comunicativo interno se verifican en la construcción de comunidad, de la educación, de alinear, motivar, incentivar, convocar, crear, desafiar... ¡Así es!, las organizaciones tienen la convicción de que en esta sociedad de la incertidumbre la gran aportación de la comunicación será desafiar las certezas y los antiguos paradigmas de las personas para, con el tiempo, transformar a estos grupos humanos en colectivos más flexibles, adaptativos y en constante proceso de aprendizaje frente a los múltiples escenarios cambiantes. ¿Cómo lo hacemos entonces para aprender y desaprender?, ¿qué hacer para que las organizaciones se transformen en campos conversacionales continuos, donde la información transite sin tener complicaciones como en la jerarquía institucional? Comunicar será entonces el inicio de un proceso mayor: generar participación en los grupos de trabajo (esto a través de diseños organizacionales altamente inclusivos y comprometidos con la participación colectiva). Es decir, generar campos de co-construcción organizacional en los que la emocionalidad de la organización esté al servicio de desafíos comunes. Un día Charles Darwin (*El origen de las especies*) dijo "quien sobrevive no es ni el más fuerte ni el más inteligente, sino aquel que mejor se adapta al cambio" (Darwin, 1809-1882), y en los actuales tiempos que vivimos, con estas palabras Darwin lo dice todo.

Entonces podemos afirmar que una buena comunicación interna:

- Da visibilidad a las buenas prácticas, generando presencia a los líderes positivos, agradeciendo la gestión generosa, plasmando nuevos patrones conductuales desde reconocimientos colectivos. La comunicación en este campo articula y refuerza creencias, como también materializa contextos que a ratos resultan claves y se necesitan compartir internamente.

- Genera participación activa, un poder organizacional inclusivo relevante para emprender nuevas tareas. La participación resulta una dimensión crucial, ya que en la medida en que existe, genera mayor sentimiento de pertenencia e inclusión en los equipos de trabajo.
- Cumple un papel formador y educativo, ya que hoy el desafío es aprender y desaprender. La comunicación da movilidad a las empresas, las educa para rediseñarse, para cambiar y con esto cargarse de nuevas miradas frente a los desafíos diarios.
- "La comunicación interna representa una instancia más para elaborar un bálsamo a la medida de la organización y, de esta forma, desenredar, suavizar y facilitar los diálogos internos que ésta experimenta a diario" (Véliz, 2011).
- "...[comunicación interna] dirigida a conseguir una estabilidad en la organización con vistas a que se alcancen sus fines" (Marín, 1997).

Por otra parte, la comunicación también genera un cruce con la emocionalidad del colectivo humano. Una campaña comunicacional interna tiene que estar alineada a una emocionalidad positiva, para así generar espacios de apertura y participación colectiva. De igual forma, las organizaciones muchas veces habitan en emociones predeterminadas (miedo, rabia, resentimiento...), y algunas de las preguntas posibles que hay que hacerse serían: ¿cómo mover a la organización desde ese estado?, ¿cómo llevarla a emociones de mayor poder (ambición, entusiasmo...)? Es básico entender que las emociones, como motor de la conducta humana, se fundamentan en las organizaciones a partir de la actuación de sus líderes. Ovidio Peñalver (*Emociones colectivas*) plantea que "las emociones conviven diariamente en las personas y en los colectivos. Podríamos intentar ignorarlos, pero no podemos evitar sus incuestionables consecuencias. La emoción impulsa a la acción" (Peñalver, 2009).

La comunicación también ejerce el rol de memoria de la empresa. A través de los ritos, los mitos y los hitos la organización va, poco a poco, diseñando sus procesos de recuerdos colectivos, acciones grupales e individuales que fortalecen la identidad, es decir, el quién soy yo como empresa. Un ejemplo, cuando comunicamos una fecha emblemática de la organización recordamos no sólo la fecha sino también el logro alcanzado, la calidad de la gestión que ahí se empleó para llegar a la meta, la emocionalidad desplegada en ese tiempo, el estilo de liderazgo que nos llevó a escalar esa cumbre. Es decir, la memoria nos recordará siempre cuáles son nuestras capacidades y cómo construir desde los logros ya existentes. Boris Cyrulnik (*Me acuerdo*) profundiza este pensamiento afirmando que "la memoria no consiste en el simple regreso de los recuerdos, sino en una representación del pasado. La memoria es la imagen que hacemos del pasado" (Cyrulnik, 2010). A partir de esta afirmación comprenderemos el valor y la importancia de cómo representar el pasado, que resultará un impacto en nuestra conducta actual, y en la proyección del futuro.

Desde los actos del habla de la ontología del lenguaje (afirmaciones, declaraciones, juicios, promesas, entre otros), la comunicación nos fortalece en nuestros procesos conversacionales. Le da rigor y seriedad a nuestro gran canal comunicativo interno que es la conversación. Saber conversar, desafiar juicios y asumir que la confianza es relevante para hacer pedidos, generar ofertas y levantar compromisos, claramente fortalecerá todo proceso de diálogo interno. Rafael Echeverría (*Ontología del lenguaje*) ejemplifica lo anterior con una pregunta: "¿Cuáles son las acciones asociadas a las 'conversaciones para la coordinación de acciones'? Los actos lingüísticos que permiten que surjan nuevas realidades son las peticiones, ofertas, promesas y declaraciones" (Echeverría, 2008). Desde estas dimensiones resulta más fácil pedir ayuda.

Las comunicaciones internas también coordinan a equipos completos, a los líderes, a las áreas, a las oficinas y dependencias. En este sentido, unas buenas comunicaciones internas son sinónimo de alineamiento estratégico.

Unas buenas comunicaciones internas, al fortalecer la sinergia natural del grupo, de la organización, también optimizan y multiplican su capacidad creadora e innovadora. En este sentido el conocimiento se ve beneficiado por un desarrollo mayor de ideas y encuentros reflexivos. La comunicación construye conocimiento cuando se le dedica tiempo no sólo a la tarea, a la coyuntura, sino también al conocimiento disperso, a las iniciativas individuales y colectivas y, con esto, se toma la decisión de crear nuevos instrumentos, prácticas y productos... siempre pensando en el futuro; y para que esto ocurra, urge interiorizar las conversaciones. Por eso Ikujiro (*La organización creadora de conocimiento*) afirma que "la interiorización es un proceso de conversación de conocimiento explícito en conocimiento tácito y está muy relacionada con el 'aprendiendo haciendo'" (Ikujiro, 1999).

La comunicación interna también instala el plan estratégico, lo difunde, consiguiendo hacer lo mismo con los valores, la visión y la misión. En este punto, las comunicaciones no sólo aplican criterios informativos, sino que también llevan estos conocimientos a las prácticas diarias. Así, el gran reto es entender, asimilar y llevar a la acción.

Es básico entender que comunicar es dar y recibir, es decir, entregar información y, a la vez, recibir información, escuchar. Muchas veces las empresas sólo habitan y transitan por el plan informativo, dejan de escuchar y con esto dificultan o impiden la validación de sus empleados.

La comunicación así entendida, asimismo, mapea los públicos en 360°, públicos internos y externos. Genera un diálogo estratégico con cada uno de estos públicos, emprendiendo acciones diferentes, temáticas diferentes, para, y con, interlocutores y tiempos distintos. Es importante destacar lo estratégico de la interacción diaria. Como anota Brandolini "la empresa como espacio de interacción entre personas es generadora de su propia cultura. Esto quiere decir que es formadora de hábitos, creencias, modos de pensar, comportamientos, valores, entre otros componentes sociales" (Brandolini, 2009).

Por último, una buena comunicación es un espacio no sólo emisor de mensajes, sino también una instancia para escuchar, para indagar y conocer. En este sentido, Peter Drucker (*Comunicar*) expresa este pensamiento con maestría: "Lo más importante de la comunicación es escuchar lo que no se dice" (Drucker, 2006). Preguntas posibles: ¿qué capacidad de escucha tiene usted?, ¿qué le resulta más fácil, dar información o hacer que la gente se entienda?, ¿cuáles son los ruidos que hoy complican las comunicaciones internas de su organización?, ¿usted fomenta el comunicarse internamente?, ¿qué valor le da usted a las emociones en el proceso comunicativo interno?

Aprendizajes para el fortalecimiento organizacional, desde una comunicación dispuesta, flexible e interactiva:

- Fomentar un diálogo atento, colaborativo y fundado en la confianza.
- Generar conversaciones empáticas, asertivas y claras.
- Conectar con las emociones para lograr una comunicación más cercana y cálida.
- Apostar por la construcción de una comunidad de trabajo colaborativa.

EL PODER DE LA ÉTICA

La ética proviene del vocablo griego *ethos*, es decir, "carácter". Esta definición se vincula con el temperamento de las personas, temperamento que obviamente no es inalterable, sino que se va transformando según las decisiones que tomamos a lo largo de la vida. La ética —o saber adquirido a lo largo de la conformación del carácter— facilita muchas veces nuestra toma de decisiones, y es así como sabemos si aplicamos justicia o no, o si estamos actuando en la medida del bien o no. Constantemente estamos discerniendo, tomando decisiones y concretando conductas. Cada persona, cada contexto, cada dimensión de la vida nos pone a prueba a diario.

Hablar de la ética es hablar de las costumbres, la moral, la filosofía, las obligaciones y la conducta de las personas. Hoy por hoy este concepto recorre el conjunto de nuestras prácticas, y de esta forma ya se habla de la ética en los medios de comunicación, como también en el campo de los negocios o en las diversas materias de sustentabilidad del planeta. Esto es, surge una nueva ética, una más diversa y proactiva que está induciendo al ser humano a hacerse cargo, a prestar atención y a investirse como el verdadero responsable de su entorno productivo, social, ecológico, espiritual, etc. A modo de ejemplo, Julio Olalla, reconocido *coach* ontológico a nivel mundial (y presidente de Newfield Network), argumenta "que está surgiendo una nueva ética, como consecuencia de las acciones de los seres humanos sobre el planeta, sobre la naturaleza, sobre las especies. Por lo general nosotros hablamos de la ética entre los seres humanos, pero en un momento se nos olvidó el tratamiento ético para los árboles, las especies, el tratamiento ético para los animales, el mar..." (Olalla, 1013). Este líder mundial pone el énfasis en la sustentabilidad del planeta, comprendiendo la trascendencia de hacer un llamamiento para generar movilidad en el pensar y el actuar que le damos a las decisiones medioambientales, por ejemplo.

El mundo empresarial, al parecer en un primer momento, desde una dimensión un poco forzada, tuvo que asumir y comprender plenamente lo que significaba la ética dentro del campo del trabajo. Obviamente, la ética, en muchas ocasiones representada en valores organizacionales, aún se encuentra viviendo procesos de internalización. Es curioso y lamentable advertir que todavía muchas empresas creen que con equipos de relaciones públicas (o *lobbies*), o con la promoción de la RSE (Responsabilidad Social Empresarial) mediatizadamente, podrán limpiar su imagen o promocionarse como empresas serias y responsables. Esa dimensión utilitaria de la ética aún es un sendero de aprendizaje no sólo para las compañías, sino también para la sociedad en su conjunto. Las siguientes palabras debieran hacer pensar a estos líderes y a estas empresas antes descritas: "Una empresa que usa el nombre de la RSE, pero que no comparte ningún compromiso, convicción, ni visión, que lo hace simplemente porque es una situación coyuntural, y no considera el entorno en que se desenvuelve, paradójicamente será llamada a responder ante la comunidad sobre su egoísmo" (Wigodski, 2010).

Otro factor que exige con mayor fuerza que las empresas habiten en el campo de la ética es el tema de la transparencia. En nuestros días, la opinión pública en su totalidad exige transparencia, sumándose también a esta causa los medios de comunicación, los agentes reguladores, las asociaciones de consumidores y la sociedad civil en su conjunto. Cada una de estas colectividades plantea que hoy nada debe estar a la sombra, nada deberá estar encubierto, pues ya no existen los secretos. En este nuevo siglo, en el que no existen rincones ocultos ni segundas agendas, la "transparencia" resulta un sendero básico y fundamental para toda organización que aspire a la validación y el respeto de los ciudadanos. Antes se pedía transparencia, hoy se exige.

En su libro *Ética en los negocios*, Teodoro Wigodski plantea que "la ética es el eje estructurador de la empresa en cuanto habilidad transversal que integra y encadena cada una de las operaciones, productos y/o servicios para satisfacer las necesidades de los distintos grupos de interés de la empresa" (Wigodski, 2010).

En un colectivo humano, y también en una empresa, todo resulta en un momento dado una decisión ética. Poseer grandes ganancias y tener sueldos famélicos es una decisión ética. También es un tema ético ascender a una persona a un puesto de forma poco transparente, sin respetar el mérito y la excelencia de otros. O utilizar desinfectantes nocivos para la salud de quienes consumen hortalizas en un momento dado. Es decir, la ética funciona desde principios transversales como el respeto al ser humano, la verdad, la libertad y la justicia. Esta ética debe emprenderse tanto con los públicos internos como externos (*stakeholders*) de una organización. Gerencias, mandos medios, base organizacional, gobierno corporativo (accionistas, directorios, etc.), opinión pública, clientes, proveedores, medios de comunicación, agentes reguladores... En fin, una conducta ética es sinónimo de pensar en el otro, sostener acuerdos y funcionar desde la coherencia y la consistencia permanente.

La aspiración anterior no es un bonito cuento de hadas ni una película de ciencia ficción. Todos hemos visto que la gran mayoría de las crisis que hoy se están viviendo en el mundo (políticas, empresariales, religiosas y sociales) son crisis éticas. Éstas, obviamente, se materializan desde la codicia, o el deseo desmedido, o, en muchas ocasiones, se articulan por caminos altamente perjudiciales para el resto de las personas (ciudadanos, feligreses, trabajadores, etc.). De este modo, los conflictos de interés, el abuso en el uso de la información, el acceso y uso de recursos financieros, la manipulación de la reputación corporativa, los temas relacionados con la discriminación (racial, sexual, etc.)… son, entre otras dimensiones, factores críticos de éxito en el campo de la ética y las empresas.

Es importante comprender que la ética, esta "ciencia de la moral", este "arte de dirigir las conductas", durante siglos se ha pensado para el fortalecimiento del buen vivir. Es decir, alcanzar un grado de acuerdo y compromiso colectivo que haga que las cosas ocurran en pos de un bienestar común. Desde esta dimensión, pensar en hacer el bien, comprometerse con una mejor vida, con una vida más feliz, es una opción legítima y posible. Así, veremos cómo, en un momento dado, la ética y la felicidad confluyen. José Rubén Sanabria (*Ética*) aborda la dimensión de la felicidad centrando su atención en Aristóteles (*El supremo bien*). Este filósofo y alumno de Platón, con los años, fundó su propia escuela del pensamiento (Liceo) y reflexionó profundamente sobre el ser y el bien. Entre otras cosas, planteaba que el bien de cada cosa estaba en alcanzar la plenitud de su esencia. "La ética debe investigar el bien, la perfección y la felicidad del hombre como norma práctica de su conducta" (Sanabria, 1993). Esta dimensión crea puentes con la perspectiva budista de la felicidad, planteada por Matthieu Ricard (*En defensa de la felicidad*), quien afirma que "hacer sufrir a los demás es también provocar nuestro propio sufrimiento, de manera inmediata o a más largo plazo, mientras que aportar felicidad a los demás es, a fin de cuentas, la mejor forma de garantizar la nuestra" (Ricard, 2011). De este modo, la ética no está sola, sino que existe en la medida en que está al servicio de una suma de aspiraciones humanas, una de ellas la felicidad.

Se hace necesario plantear que muchas veces se confunde la ética con una dimensión de impacto en la relación con el otro, para casi terminar hablando de la ética social. Pero dejemos claro que ésta es sólo una de las éticas, ya que la primera, la fundacional, es la ética individual (conmigo mismo). Una ética alineada a un criterio intrapersonal, ontológico. Una ética que se comprometa con "mi proceso" para así transitar y sumar con los procesos de los otros. Bertrand Russell (*Autoridad e individuo*) clarifica este punto argumentando: "La ética no atañe únicamente al deber hacia el prójimo, por muy importante que sea este deber. El cumplimiento del deber público no es todo lo que hace una buena vida; existe también el afán de perfeccionamiento personal, pues el hombre no es sólo un ser social" (Russell, 1995).

Por eso, uno de los grandes desafíos existentes al hablar de la ética (los valores, la moral, etc.) es cómo sostenerla en una organización. Cómo vivirla en coherencia, cómo mantener una consistencia en el discurso frente al poder del lucro excesivo, frente al poder inmanejable que en un instante pueden generar el dinero y las influencias. Cómo hacerlo para sostener la ética, los principios, las creencias. De este modo, cómo podemos generar un sistema de creencias y prácticas compartidas, reguladas y protegidas por todos. Nuevamente, aquí debe surgir como piedra angular el soporte de la primera mirada, que es aquella que se dirige a uno mismo (yo). Una mirada intrapersonal, en la que sólo deben surgir preguntas directas y cargadas de honestidad.

Félix Cantoni (*El factor humano en la organización*) es asertivo en estas materias cuando pregunta:

- ¿Cómo es mi propia ética?
- ¿Qué valores suscribo?
- ¿Qué diferencias existen entre los valores que suscribo en público y los que suscribo en privado?
- ¿Cómo explico —a mí mismo— esas diferencias?
- ¿Suele corresponder mi comportamiento cotidiano a los valores que suscribo? (Cantoni, 2002).

La ética poco a poco está cambiando el mundo entero, la tolerancia a validar prácticas injustas está quedando paulatinamente atrás, ya que las nuevas generaciones tienen una mirada cada vez más consciente. De igual forma, los sistemas comunicativos digitales (*Facebook*, *Skype*, *Tweeter*, etc.) están generando una coordinación de acciones pocas veces vista en la historia de la humanidad. Cada generación está sumando para que tengamos un mejor planeta, y un ejemplo sólido son los niños. "Los niños aceptan someterse a las normas cuando éstas están legitimadas por valores; sobre todo, si las normas y las reglas sociales garantizan el respeto de todos; permitiendo la emergencia de la justicia, el respeto, la solidaridad, el altruismo social y la ayuda mutua" (Barudy y Pascale, 2006). Esto nos debería llevar a construir proyectos empresariales de mayor seriedad y consistencia frente a sus declaraciones (medioambientales, laborales, de productos, etc.), haciendo que el papel de los líderes sea medular en la práctica diaria de las compañías. Ahora, para alcanzar un liderazgo mayor, los líderes deben ajustarse a preguntas también mayores, búsquedas que aspiren a sostener un crecimiento individual y grupal de trascendencia no sólo para el negocio, sino para el mundo social en su conjunto. Es así como la ética socrática nos deja un gran desafío en estas materias, y en el caso de los líderes el reto es uno: "El auténtico conocimiento tiene que ver con la esencia de las cosas, como el buen comportamiento o la justicia, que en última instancia, uno tiene que descubrir por sí solo" (Robinson, Garratt, 2005).

En estos instantes, las empresas preparan a sus líderes para tomar decisiones técnicas, pero aún faltan las empresas que están capacitando a sus líderes de forma integral. Tengo la certeza de que todavía no abundan los casos en donde los líderes, al toparse con el concepto de la ética, logran tener una posición, un punto de vista, una práctica diaria. Hoy la aplicación de la ética es un recurso de uso permanente tanto en las decisiones internas como en las externas de las compañías, y lo será por mucho tiempo. De igual forma, serán los líderes quienes le darán consistencia y coherencia a este término. Hoy y siempre la ética se validará no por lo dicho, sino por las acciones que deriven de lo ya declarado.

Temas poco éticos, habituales en las noticias sobre el mundo empresarial:

- Industrias que desvían ríos y dejan poblaciones completas sin agua.
- Productos con etiquetas carentes de información: prometen y no cumplen.
- Sueldos altamente desiguales entre los líderes y la base de la organización.
- Prácticas antisindicales, prácticas que rompen la confianza interna.
- Publicidad engañosa (precio, calidad, acceso, ofertas, beneficios, etc.).
- Coordinación entre las empresas para generar alzas de precios por áreas.

- No dar buena posventa en el caso de productos fallados, negar responsabilidad.
- Evitar entregar información en contextos adversos (contaminaciones, etc.).
- Corromper el mercado con sobornos, utilización de influencias, etc.
- Contaminar negligentemente el medio ambiente en general.
- Sobreexplotar los recursos naturales (pesca, bosques, minerales, etc.).

Aprendizajes desde la ética para el fortalecimiento organizacional:

- Pensar en los otros, colaborar y sumar al bienestar de todos.
- Fortalecimiento en el plano de la empatía, comprender y escuchar al otro.
- Conocer y vivir los valores, asumir desde la conducta las creencias.
- Estar al servicio de la organización, de sus equipos en general.

EL PODER DE LA IDENTIDAD

Cuando hablamos de identidad organizacional, estamos hablando de quién soy yo como organización (lo que es), es decir, cuáles son mis valores, cuáles son mis creencias y prácticas, qué es aquello que finalmente me conforma y me transforma en la organización que soy. De esta forma podremos comprender que la identidad siempre habla de los "rasgos propios de un individuo o de una colectividad que se caracterizan frente a los demás" (RAE, 2001). Esta conciencia de sí mismo, y distinta de las demás, marca la diferencia en el campo de las dimensiones estratégicas, y en especial de dos grandes distinciones: imagen corporativa (cómo me ven como institución) y reputación corporativa (la coherencia de la conducta corporativa a lo largo del tiempo). Otras miradas interesantes de destacar son las de Collins y Porras (1995), que plantean que la identidad corporativa orienta las decisiones, políticas, estrategias y acciones de la identidad organizacional, y refleja los principios, valores y creencias fundamentales de un grupo de trabajo.

Asimismo, desde el ámbito de la psicología muchas veces surge la pregunta de cómo es posible que el cuerpo y la personalidad de las personas muten a lo largo del tiempo, y que su identidad, en cambio, se sostenga y se conserve pese a los años y con el paso de la vida misma; a partir de esta premisa surge el papel que desempeña la memoria en la consolidación de la identidad. La memoria no sólo acumula (conocimientos, experiencias y prácticas), sino que también da sustento para resignificar lo que fue y, desde ese espacio, profundizar o cambiar en lo que es hoy una organización, un grupo humano. "La memoria es fundamental para nuestra personalidad, ya que gracias a ella, podemos formarnos conciencia de nuestra identidad" (Cosacov, 2007).

No obstante, son muchas las ocasiones en las que las organizaciones confunden sus prácticas y estrategias. En variadas oportunidades alimentan con mayor entusiasmo su imagen por encima de su identidad. Se convencen de que para alcanzar el éxito necesitan grandes campañas promocionales, tanto para sus productos como para sus servicios, olvidando el corazón y el porqué de todo lo que hacen, el sentido, en última instancia. Es así como, a veces, la subvaloración de la identidad resta los procesos de identificación tanto de los públicos internos como externos de una compañía. Por eso, Joan Costa (*La comunicación en acción*) afirma muy atinadamente que "la identidad de la empresa no sólo es el escudo permanente que la diferencia de las demás, sino el valor que atrae la identificación, ahora en el sentido psicológico de compenetración de los públicos con ella" (Costa, 1999). A esta declaración hay que añadir la perspectiva psicoanalítica de Erich Fromm, que plantea que "la necesidad de experimentar un sentimiento de identidad nace de la condición misma de la existencia humana y es fuente de los impulsos más intensos" (Fromm, 1964).

En lo personal, han sido muchas las ocasiones en las que he preguntado a las empresas por su identidad. Por lo general, les pido que la definan, que me cuenten sus valores y prácticas, que describan su sistema de creencias, pero en la mayoría de los casos ocurre lo mismo: confunden la identidad con el negocio, la tarea y el trabajo diario. Cuando repito la consulta el error se reitera. Conclusión: poco saben las organizaciones de su identidad, no la ven, no la viven, no la reconocen. Un gran número de organizaciones se sitúan, casi únicamente, en la tarea diaria y esto ocurre por diversos motivos:

- Los líderes no trabajan el fortalecimiento de la identidad, no la ven.
- Recursos humanos no comprende el valor de la identidad.
- La tarea diaria hace que las organizaciones se transformen en colectivos "cosistas", es decir, entrenados para hacer cosas. Pero tener una mirada más profunda y de largo alcance, por lo general, no ocurre.

- No ven el valor añadido, no comprenden que, en última instancia, el mismo negocio se relaciona estratégicamente con insumos de la propia identidad. Un ejemplo: la ética.

Cuando encendemos el televisor y vemos las noticias nos damos cuenta de que en variadas ocasiones las organizaciones están viviendo situaciones de estrés, y que en la mayoría de las veces se trata de fisuras éticas, componente relevante de la identidad. Fisuras que antes no se sabían, no se informaban, fisuras que quedaban guardadas tras un gran secreto. Así es, la falta de ética hace que las organizaciones fallen a sus diversos públicos (internos y externos), y de ello existen muchos ejemplos: la Iglesia y sus abusos contra menores; las empresas que se alían ilícitamente para subir los precios; la comercialización de productos caducados; las estafas en el campo de los impuestos; los daños al medio ambiente... la lista es extensa. De igual forma, la representación política y las empresas públicas también en muchas ocasiones han colapsado frente a la carencia de identidades consistentes (individuales y grupales), frente al exceso de poder sin control, frente a la avaricia de rentabilizar muchas veces desde la gestión del Estado.

Hoy, en el mundo entero, las instituciones están viviendo profundas crisis de representatividad, crisis interminables y extremadamente mediáticas que han surgido de una opinión pública empoderada, desconfiada y cargada de recursos (redes sociales y asociatividad ciudadana y de consumidores) para desvelar y denunciar estos engaños. Frente a esta preocupante realidad, a modo de ejemplo, el *coach* político Juan Vera comenta que "la política sin ética es una política de dominación, la política con ética es una política para la convivencia. Porque la ética tiene que ver con una parte de la filosofía normativa, con aquello que consideramos que es adecuado para el mejor convivir. Siempre que asesoro a un político le pregunto: y el poder ¿para qué?" (Vera, 2013).

El grueso de estas crisis son el resultado de identidades borrosas, identidades transgredidas que se han sostenido en optimistas estrategias de marketing para así fortalecer la imagen. Muchas veces esta ceguera busca sostener prácticas inconsistentes en campos tan disímiles como el negocio, el liderazgo, las creencias, etc. Estas organizaciones altamente vulnerables —muchas con "tejado de vidrio"— en un momento determinado pueden llegar a inmolar su gran capital intangible, que es la credibilidad. De esta forma, vivir en coherencia, sosteniendo el quién soy yo más allá de cualquier "oportunidad" de negocio genera marcadas diferencias entre una organización y otra. Tener una identidad clara es optar y trabajar por una imagen que con el tiempo se transformará en reputación.

CASO La imprenta que poseía una identidad fundada en la ética

(Opción por la transparencia)

> "Los negocios también son un arte ya que en ellos se mezcla la estética y la ética. Los negocios sin ética no son útiles." Alejandro Jodorowsky

Un caso digno de conocer: una empresa que comercializaba imprentas de Europa en Chile y la región tuvo un día que cerrar una importante oficina en un país vecino. Después de años intentando enraizar en ese lugar, y convencidos de la calidad de sus productos, tuvieron que cerrar aquella sucursal por un tema ya muy esparcido en el mundo entero: la corrupción. En ese país, que prefiero no nombrar, era cultural dar sobornos para que así los negocios florecieran. Definitivamente, el soborno estaba integrado en el mundo comercial de esa nación, y quien no aplicaba esta práctica, simplemente no podía hacer negocios. Se trataba de un asunto tan cultural, que la empresa sostuvo sus certezas (valores) por encima de la factibilidad del negocio: ¡jamás ofrecer un soborno! Y así fue, en un momento dado el negocio se hizo inviable y hubo que cerrar las dependencias que mantenían allí. El caso fue informado a todas las oficinas del mundo, se asumió la pérdida económica y, a la vez, quedó impregnada en la memoria colectiva de la gente de esta compañía la absoluta coherencia existente entre lo que se dice y lo que se hace. Esto es sinónimo de una identidad clara y compartida por todos.

Conversando con Fredy Kofman (*La empresa consciente*) en una entrevista que le hice tiempo atrás sobre el desafío que significa levantar organizaciones así de coherentes, me llamó la atención un especial énfasis que él hizo:

> Es posible ser coherente o incoherente en el ámbito personal, como de igual forma es también posible ser coherente o incoherente a escala organizacional. El primer paso es definir qué es coherencia. Ahí debemos pre-

guntarnos qué queremos ser y cómo queremos ser, tanto a escala profesional como personal. Cuando se generan estructuras organizativas, se alinean valores. Muchas veces se piensa que esta fusión sólo debe ser de corte comercial y pensada para el campo operativo y técnico. Pero en las organizaciones se van generando identidades compartidas como grupo humano, basadas en propósitos comunes y en principios de cómo nos vamos a comportar entre nosotros y con los demás. El desafío es llevar un valor, como postulado abstracto, a ser una guía de conductas prácticas. Por ejemplo, las compañías dicen: ¡Estamos comprometidos con el servicio al cliente! Pero ¿qué significa esto en la práctica? ¿Qué hace la gente porque está comprometida con el servicio al cliente? ¿Qué haría si no lo estuviera? Son muy pocas las organizaciones que pueden responder a esta pregunta "ácida". Por ejemplo, un vendedor le dice a un cliente que tiene el producto solicitado en *stock*, cuando sabe que no lo tiene. Le dice que sí al cliente sabiendo que la entrega será tardía, pero que aquello le hará cerrar la venta. Eso le causará un perjuicio al cliente, y dañará la reputación de su compañía, pero le ayudará a cumplir con su meta de ventas. Esa acción constituye con meridiana claridad una transgresión al compromiso de servicio. La cuestión es luego cómo califica el líder a ese vendedor, ¿lo premia por vender o lo sanciona por vulnerar el valor de servicio? Lo anterior es casi más importante que el hecho en sí, ya que el resto de la gente se orientará para actuar desde la actitud que los líderes adopten frente a la transgresión del valor (Véliz, 2013).

CASO **Auditoría cualitativa comunicacional**

a empresa de transporte

Así, también es importante comprender que una organización que no logra sostener la emocionalidad y el carisma de sus equipos difícilmente podrá emprender el desarrollo de una identidad compartida, validada e inspiradora. Un caso emblemático, para hacer más clara esta afirmación, fue un estudio que realicé en una organización de transporte, lugar en el que la credibilidad estaba rota. La base de la organización no creía en sus líderes, y esto hacía que la identidad fuese una nebulosa, un espacio especulativo y sin sentido para nadie. Se realizó una gran cantidad de *focus group* a la comunidad de trabajo (base organizacional), siempre poniendo atención en los temas sensibles.

Las siguientes fueron algunas de las respuestas precisas sobre distintos tópicos en esta compañía (segmentos trabajadores):

Sobre las relaciones humanas:

- "Las relaciones son interpersonales y frías."
- "Un jefe me dijo que con mi sueldo contrataban a dos secretarias por día... y te dice que si no te gusta te vas."
- "No hay comunicación entre los colegas."
- "A muchos colegas, si no hubiese sido por la capacitación, no los conocería."

Sobre la cantidad de trabajo:

- "Aquí todos están superados por la gran cantidad de trabajo."
- "Estamos sobrepasados, vengo trabajando desde hace dos o tres años unas 14 a 15 horas diarias para la institución."
- "Mi horario es hasta las cinco y cuarto, pero todos los días me voy a las ocho y media. Descuido a mi marido, a mis hijos, mi casa..."

Sobre el estilo de liderazgo:

- "Pasa que el líder es una persona a la que tú tratas de emular, de imitar, que respetas, pero ese personaje no existe, no veo liderazgo."
- "Para mí son todos un cargo, no hay líder. El líder lleva la batuta."
- "Un líder para mí es alguien que arrasa, no está, no existe."
- "Y creo que el líder está arriba, mira, pero no se toma la molestia de conocer a la gente."

Sobre el estilo de las comunicaciones internas:

- "Somos como islas. Las comunicaciones no funcionan."
- "Las relaciones son interpersonales y frías, ése es nuestro estilo."
- "Las comunicaciones internas son muy malas."
- "Debiera estar más definido y con mayor participación."

Sobre el reconocimiento interno:

- "No sé si hay un sistema —nunca lo he visto— de reconocimiento dentro de esta empresa. Me acuerdo de que el año pasado hubo para algunos un reconocimiento, pero yo nunca supe cuáles eran las cualidades de las personas calificadas, no hay trasparencia."

- "¿Yo, reconocido? ¡No!, porque nunca me han dicho nada."
- "El saludo es tan importante, es comunicación. Hay jefes que no te saludan."
- "Es desmotivador porque uno hace un esfuerzo mayor para cumplir con el trabajo, más allá del tiempo que tú le deberías dedicar. Ahora, cometes un error y te lo hacen saber al segundo."

Sobre la motivación de la gente:

- "Yo creo que la gente está aburrida del discurso. A lo mejor te podría decir la misión al revés y al derecho, y qué bonita es la misión de esta compañía, pero creo que no se trata de eso. A la gente no le interesa que le regalen una chaqueta con el logo, le interesa que le digan: Juanito, ¿cómo está?"
- "¿Cómo tener un sello organizacional si la motivación es nula?"
- "No hay compromiso, porque no hay comunicación."
- "A mí, en los cuatro años que llevo aquí, me ha llegado una sola invitación a conversar... esta invitación consistió en una regañina por un error cometido."

Sobre la confianza en la organización:

- "Tengo una buena comunicación con mi jefe, pero igual hay cosas que no comunica, no sé por qué. ¿Pensará que no nos interesa?... ¡No hay confianza!"
- "No se puede hablar tranquilo y contar un sentimiento a un colega, ya que éste, por cuidar su espalda, te puede perjudicar a ti. El sentimiento de mucha gente es de inseguridad, esto justamente por todas las desilusiones vividas."
- "Con la central hay poca confianza, ellos sólo nos piden y nosotros sólo entregamos."
- "A veces la dirección de la empresa no avisa de que viajará a Santiago (la central), más que nada para que los ratones no hagan fiesta. ¡Sin palabras!"

Cuando observamos estas respuestas surge una pregunta vital: ¿cómo se construye una identidad verosímil si internamente la organización —en este caso— flota en un nihilismo absoluto? La identidad es, entonces, una suma de contenidos escritos, creencias, coherencias y actitudes diarias. Poseer una autoimagen nítida definitivamente empodera y articula acciones claras y efectivas, y con esto se fortalece la identidad en su globalidad. Una vez más, estoy muy de acuerdo con Cantoni cuando señala que "el proceso de adquirir y tener una identidad se basa en la posibilidad de adquirir y tener un mundo interior integrado" (Cantoni, 2002).

Aprendizajes frente a la identidad de las organizaciones:

- Se adquiere poder organizacional cuando la autoimagen es positiva.
- Es imprescindible traspasar un sentimiento de pertenencia a los colaboradores.
- Fomenta un conocimiento atento y proactivo frente a la propia cultura.
- La resiliencia tiene sus certezas en un conocimiento del ser, de sus certezas y convicciones, identidad.

EL PODER DE LA CREATIVIDAD

> "La creatividad es la capacidad de generar nueva inteligibilidad, de modo que lo creativo debe entenderse como algo que siendo valioso y original es también inteligible y por tanto comunicable" (López, 2008).

Cuando se habla de creatividad en el interior de las organizaciones, surgen una serie de juicios y fantasmas, todos escenarios especulativos que al final del día concluyen con un verdadero estigma frente al concepto de creatividad. Para muchos la creatividad en la empresa es sinónimo de un camino incierto, de una posibilidad relativa. La creatividad, por lo general, se vincula al mundo cultural, al campo publicitario... pero no a las empresas. Por otro lado, este recurso potencial tampoco se enseña en los colegios, universidades o empresas, ya que es el resultado de una búsqueda personal, que con regularidad dentro de las organizaciones se mimetiza con términos cercanos —medianamente— a la gestión del conocimiento, al emprendimiento o a la innovación. Ahora, más allá del camuflaje que pueda experimentar este concepto, dentro de las instituciones productivas y de servicios, la creatividad persigue, con denuedo, transformarse en una oferta posible para la actual sociedad del conocimiento.

Cuando hablamos de creatividad, nos referimos a una imaginación dispuesta a fluir, a partir de una actitud resuelta. Un elemento central de la creatividad es la experiencia. Una persona creativa es un individuo en apertura constante a vivir intensamente sus experiencias, "entendida ésta como una disposición interna para ampliar los límites de la conciencia, que se traduce normalmente en curiosidad por el entorno y en iniciativa por explorar y conocer" (López, 1999).

Por otro lado, trascender es, a modo de ejemplo, una dimensión mayor que impulsa consciente o inconscientemente al hombre a crear. Esta dimensión le hace construir senderos propios, diferentes, cargados de sentidos para él a modo individual. De esta forma, el hombre, al crear, opta por su propia mirada, no estandarizando sus decisiones. El ser humano desde su existencia, en muchas ocasiones imposibilitada para decidir (nacimiento, muerte, enfermedades, sexo al nacer, envejecer, familia, etc.), persigue desde sus propios procesos transformar el presente y el futuro de su vida y entorno, ¿por qué no? "[El hombre] se siente impulsado por el apremio de trascender el papel de criatura y la accidentalidad y pasividad de su existencia, haciéndose creador" (Fromm, 1964). Cuando hablamos de trascendencia sumaremos indirectamente palabras como la voluntad, la autonomía, la búsqueda y la pasión.

Comprender las obras de personajes tan trascendentes en distintos planos como Gandhi (político), Freud (psicoanalítico), Picasso (artístico), Le Corbusier (arquitectónico), Neruda (poético), Einstein (físico), Pasolini (cinematográfico)... es darse cuenta de que, en múltiples espacios del desarrollo humano, la creatividad se ha hecho un lugar para intervenir en la agenda (política, social, etc.). Desde la física, la poesía, la arquitectura... no importa desde qué rincón teórico o artístico se instalen estos nuevos paradigmas, lo único relevante es comprender que lo que se busca es transformar la realidad desde ese quiebre positivo, y, con esto, aspirar a un nuevo vivir. Los personajes antes nombrados tuvieron que vencer muchas trabas para crear. He aquí algunas preguntas posibles que hoy les haría:

¿Desde qué emocionalidad crearon? ¿Es posible crear desde el dolor, o la rabia, o la plenitud? ¿Cuántas veces tuvieron que intentarlo? ¿Cuántas veces les dijeron que no? ¿Cuántas problemáticas habrán tenido para sostener sus procesos creativos? ¿Cómo se podía vivir con la pasión creativa encendida, más allá del cansancio y las derrotas que también experimentaron? ¿Qué energía utilizaron para atreverse (una y mil veces)? ¿Qué vieron más allá, que otros no pudieron observar? ¿Cómo se sostiene la vida frente a la incertidumbre brutal y demoledora de verse solos, queriendo dar una nueva mirada al mundo? ¿Cómo se sostiene un sueño —en muchas ocasiones— desde la soledad más absoluta? ¿Cuánta tolerancia a la frustración se requiere para crear y recrear la energía entregada? ¿Cómo se sostiene la calidad de vida cuando el norte es inamovible y absorbente?... Son muchas las preguntas que pueden surgir a la hora de conversar con un creativo.

Llegará un momento en el que la creatividad tendrá su lugar dentro de las empresas, y de esta forma, los creativos, estas personas de mirada "particular", estarán desafiando sus propios límites para así sostener las nuevas búsquedas de las organizaciones de este nuevo siglo.

Como vemos, urge esta mirada, que, desde los límites, busca ofrecer nuevos senderos para el crecimiento. Esta urgencia hay que pensarla para las ciudades, la política, la educación, los países, para todos los campos del desarrollo humano. Y en el mundo de las empresas, el requerimiento es claro, ya que "las economías de países enteros dependen de las capacidades creativas emergentes de su pueblo. Como nunca antes, la calidad general de la vida de un país depende de la aplicación de la inteligencia, incluso de la sabiduría para la solución del problema del trabajo" (Goleman, 2000).

A modo de resumen, podemos decir que:

- Urge creatividad para comprender la realidad de la Generación Y.
- Urge creatividad para capacitar desde una dimensión compartida.
- Urge creatividad para convocar, entusiasmar y empoderar internamente.
- Urge creatividad para repensar el discurso ético del mundo empresarial.
- Urge creatividad para vivir los contenidos internos (misión, visión, etc.).

- Urge creatividad para repensar el liderazgo, los aprendizajes... ¡todo!
- Urge creatividad para salir victorioso de los momentos de crisis.
- Urge creatividad para los nuevos procesos, productos, cadenas de distribución, ampliación de clientes, diálogo con la Opinión Pública, etc.
- Urge creatividad para, desde la resiliencia también, salir airoso en los momentos de crisis.

Esta creatividad es la que muchas veces, con esfuerzo y método, empuja poderosamente a la acción a las propias organizaciones. Tal como fundamenta Joan Costa (comunicólogo español), "toda decisión, plan de acción, estrategia o táctica que acompaña a aquella al realizarla, contienen alguna cantidad de creatividad, de innovación o de invención" (Costa, 1999).

Muchas veces me he preguntado qué ocurre cuando en una organización hay un jefe autoritario y un equipo creativo. ¿Se lograrán cosechar esas buenas ideas?, ¿se lograrán canalizar esos nuevos conocimientos? Mi experiencia me dice que no. Es más, también creo que muchas culturas organizacionales deben transformarse en lo que se refiere a la curiosidad. Por ejemplo, cuando los empleados se dan cuenta de que, quienes buscan innovar, crear y emprender cometen el primer error y son sancionados más que apoyados, obviamente, esa sola acción coercitiva indica que para el futuro la actitud debe ser más de observadores que de emprendedores y creativos. Esa práctica velada es la que hace que las instituciones experimenten procesos de crecimiento menores, más lentos y cargados de tropiezos. La creatividad, cuando es apoyada, validada, fomentada, reconocida y agradecida genera, junto con otra emocionalidad en los equipos, un hambre mayor para ir por más. Una empresa creativa es una empresa curiosa. Tom Peters (*El seminario de Tom Peters*) es muy tajante al recomendar, en relación con la curiosidad, que se "contrate a unos pocos individuos extravagantes. La curiosidad y algunas brechas en el currículum no son suficientes. Necesitamos personas de veras excéntricas. Si queremos productos originales, es probable que vengan de gente original" (Peters, 1995).

La creatividad busca abordar un tema, generar una propuesta, ahondar en una pregunta... Esta búsqueda personal o colectiva es el resultado de una motivación especial: construir un nuevo conocimiento, una nueva estética, una nueva creencia, etc. Para entender mejor esto, en una entrevista realizada a Humberto Maturana (*El sentido de lo humano*), se le hizo la siguiente pregunta: "¿Es posible, según usted, que surja la creatividad en sujetos que comparten un espacio de convivencia a cargo de un guía, por ejemplo, alumnos en un laboratorio?" A la que Maturana respondió: "Cada vez que creamos un espacio de convivencia y reflexionamos en él, puede surgir algo nuevo. Por ejemplo, lo que yo hago en mi laboratorio, con mis estudiantes, lo llamo taller renacentista, pues lo manejo como un espacio en el cual los estudiantes viven en el hacer y en la reflexión sobre su hacer, en el contexto continuo de la conversación sobre el hacer en el hacer" (Maturana, 2010). Y por supuesto que esta reflexión, profunda y transformadora, es también adaptable a la realidad de una organización. Empresas que, guardando siempre las proporciones, requieren de nuevas preguntas para nuevos contenidos. Organizaciones que deben reflexionar en torno al sentido de su hacer, donde las conversaciones sean la columna vertebral del proceso creativo y de los nuevos paradigmas que puedan estar descubriendo. Crear un nuevo conocimiento desde el lenguaje, desde el diálogo, no ser absorbidos por la rutina diaria, sino sostener este "taller renacentista" dentro de las organizaciones... estoy seguro que esa sola práctica, abonaría la tierra para una futura cosecha diferente, más productiva y confiada.

Las actuales organizaciones requieren de nuevas preguntas, y esta premisa exige a partir de ya nuevas prácticas para así intervenir, con el tiempo, los sistemas de creencias y las rutinas de los grupos humanos. De esta forma, cuando surge la creatividad surge también la abducción (acción de sacar hacia fuera), como un recurso imaginativo e intuitivo necesario en estos tiempos. Ahora, ¿qué tal si sumamos mayores cuotas de abducción a la vida diaria de los líderes, de los equipos de trabajo, de los directorios, entre otros?

Otro elemento que considero principal en todo proceso creativo es aquello de sacar lo que tenemos dentro para compartirlo, para comunicarlo y transformarlo en sueño colectivo. Se trata de la espontaneidad. Del latín *sua sponte* ("desde adentro"). Desde adentro debemos motivar, inspirar e integrarnos en otros. Sin embargo, este hacer en otros no se ejecuta hacia cualquiera, o en cualquier momento, sino que esa comunicación indicada surge en un momento propicio, en el contexto necesario, en la instancia requerida. Lo anterior, ya que "en el ejercicio de la espontaneidad se dan las condiciones para la máxima expresión del ser humano: la creatividad" (Wolk, 2008).

Prácticas creativas dentro de las organizaciones destacadas:

- Crear la *gerencia de la felicidad* (BancoEstado), eliminar el departamento de recursos humanos.
- Premiar las mejores ideas internas y así optimizar los procesos (Gerdau Aza).
- Innovar en torno a los contenidos institucionales (resiliencia policial).
- Amplificar el impacto del *Great Place to Work* en las empresas chilenas.
- Fortalecer el *feedback* interno (Transbank).
- Dar prioridad a la formación continua dentro de la empresa (siderúrgica).

CASO Una minera innovadora

(Creatividad para la comunidad interna)

"El principal enemigo de la creatividad es el buen gusto."
Pablo Ruiz Picasso

Años atrás tuve la oportunidad de conocer una experiencia (música de taller) notable en la que la música y la creatividad estaban al servicio de los equipos de trabajo de una compañía minera. Esta idea surgió después de mucha información recogida sobre el poder y los beneficios de la música en la vida de las personas.

En diversas culturas, el recurso musical nos ha acompañado, nos ha persuadido y nos convocado para deleitarnos con sus melodías e instrumentos. La música transita por nuestros sentidos y desde esa dimensión nos transforma positivamente. La música impacta en las personas, en sus estados emocionales y creencias. Al igual que las palabras y las imágenes, se configura como un recurso transformador, que no sólo nos acompaña sino que también penetra en nuestras propias creencias. El proyecto, Música de Taller, buscó transformarse en una herramienta de trabajo, experimentación y sanación para todos aquellos que trabajaban en las obras de esa empresa minera.

La Música de Taller se constituyó con treinta personas, todos obreros. En un tiempo determinado se llevaron a cabo diez talleres de dos horas cada uno, y a estas horas de experimentación musical se sumaron horas de trabajo para construir los instrumentos, los cuales fueron elaborados con los desechos de las obras (tubos de PVC, bidones vacíos, espátulas, etc.). Este reciclaje de materiales generó mucho trabajo en equipo, potenció exponencialmente la creatividad y expandió con fuerza el poder de la música en el conjunto de los participantes.

Esta experiencia finalizó con un gran concierto que se dio a más de quinientas personas, todos compañeros de trabajo que, al ver los resultados, se sintieron orgullosos y entusiasmados con la experiencia emprendida. Es importante destacar que en este proceso creativo no era necesario saber de música, sólo se requería entusiasmo y una actitud resuelta para sostener el desafío colectivo. En este proyecto exitoso, la creatividad fue el gran recurso inspirador, ¡así es!, inspirador para imaginar, diseñar, equivocarse y pasarlo bien. Otro elemento importante fue la resignificación del uso de los materiales, ya que antes éstos se utilizaban sólo para el trabajo de minería. Esta intervención dinamizadora generó un segundo taller, el cual sumó prácticas ya aprendidas: llegar a la hora, ordenar la sala y dejarla al servicio de los requerimientos del taller, además de la incorporación de un mayor número de participantes, entre otras.

Aprendizajes de esta bella y creativa experiencia:

- Creció el compromiso de la gente por su trabajo, por su hacer diario.
- Darse cuenta de que equivocarse no es algo dramático sumó colaboración al trabajo.
- También se fomentó el escucharse, el estar dispuesto y atento al otro.
- Surgieron líderes naturales dentro de los equipos de trabajo.
- El nivel de creatividad fue mayor al esperado, creciendo así la innovación.

- El desarrollo individual concluyó en un positivo resultado grupal.
- Se realizaron ejercicios de meditación, respiración y autoobservación.
- Los participantes se conectaron con sus diversos aspectos personales.

Beneficios de la creatividad para el mundo del trabajo:

- La creatividad nos lleva a desafiar nuestra imaginación, así como la del grupo.
- La creatividad busca entregar soluciones a requerimientos urgentes.
- La creatividad desafía lo existente, posee el poder de fundar y también innovar.
- La creatividad como dimensión estratégica para tiempos competitivos.
- La creatividad no sólo resuelve problemáticas, sino que también introduce en la conversación del grupo nuevos desafíos: surge la curiosidad.
- La creatividad en una empresa puede resultar un buen espacio de encuentro, de colaboración y entusiasmo por emprender nuevas tareas.

EL PODER DEL SENTIDO

Cuando hablamos del sentido, nos referimos al sentir. Un trabajo sin sentido es un trabajo sin dirección, sin preguntas ni respuestas. Son muchas las empresas que hoy trabajan sin sentido, son muchos los líderes que olvidaron el sentido y que hoy están atrapados en la tarea diaria, en la rutina. Hablar del sentido es hablar del por qué y del para qué. Estas dos preguntas nos generan poder, incentivo, entusiasmo y tranquilidad. El por qué y el para qué nos resultan un límite positivo que nos induce a la acción consciente. De igual forma, desde el sentido nos conectamos también con el origen, con lo trascendente de la gestión, de mi gestión... y la de los otros también. Nietzsche planteaba que "el hombre sería aquel animal que necesita imprescindiblemente de un 'por qué' y de un 'para qué', sin los cuales la vida, y en especial el sufrimiento que le es siempre inherente, le resultaría insoportable" (Escríbar, 1995).

Cuando trabajamos sin sentido, por lo general nos concentramos en nuestro proceso y dejamos de lado el proceso global. Desde esa ceguera sistémica es poco lo que puedo contribuir al conjunto, y, a la vez, dejo de comprender muchos esfuerzos, acciones y conocimientos, ya que sólo me centro en mi escucha, mis temas y mis requerimientos. Una persona que se conecta con el sentido es una persona que más allá de la tarea diaria, se sube al balcón de las preguntas grandes y, con esto, da un realce al trabajo que claramente genera círculos virtuosos en otro. Años atrás, por ejemplo, me tocó seguir como consultor el proceso de un hospital público chileno. Este hospital, uno de los más grandes del país, de alta complejidad, requirió en un momento determinado de un sentido organizacional mayor, más preciso. Se trataba de una organización con unos tres mil trabajadores. Su infraestructura era como la de una microciudad, dando servicio a un territorio de aproximadamente un millón de personas. No obstante, este importante centro de salud llevaba años sin cumplir su planificación estratégica: el terremoto, un cambio de gobierno, una epidemia. En fin, diversos temas hacían que la organización estuviera en crisis permanente. Pero llegó un día en que se habló sobre el sentido, sobre por qué hacían lo que hacían. Cada uno de los trabajadores de ese hospital dio su propio relato. Los médicos decían que sanaban personas, los camilleros contestaron que llevaban camillas, los administrativos, que administraban... y, de esa forma, cada uno hablaba desde su tarea. En un momento dado, la conversación se fue hacia otro lugar, hacia un lugar desconocido para ellos. Fue un momento fantástico en el que todos se alinearon junto al tema del cuidado. Hubo virtualmente una epifanía colectiva: ellos cuidaban a otros, ¡ése era el verdadero sentido de su trabajo! Cuidaban. Cuidaban desde el conocimiento, desde la emoción, desde las prácticas médicas y desde la convicción de la salud pública. Y, consecuentemente, después de encontrar el sentido al trabajo, esta organización inició una política de autocuidado, para así cuidar a otros con mayor ahínco. "Cuidarnos para cuidar", ése era el lema de las campañas internas que comenzó a implementar esta organización de salud.

Cuando el valor se conecta con el progreso, el sentido es mayor. Aportar valor, impactar en otros, o en uno mismo, ésa es la mayor orientación del sentido. "Lo fundamental es que usted perciba que su trabajo le aporta valor a algo o alguien que importe (alguien que puede ser su equipo, usted mismo o su familia)" (Amabile y Kramer, 2012).

En el caso del ser humano, no son pocas las oportunidades en que vivimos experiencias que nos generan una crisis de sentido mayor, situaciones transformadoras que de un momento a otro nos superan y nos llenan de un tedio hacia toda apertura. La condición humana, la fragilidad del ser hace que el sentido nos sostenga y, de igual forma, nos derribe. Viktor Frankl (*Ante el vacío existencial*) acentúa esta realidad: "... vacío interior que he calificado y descrito como un 'vacío existencial', con el sentimiento de una abismal falta de sentido de su existencia" (Frankl, 1984). Así también ocurre con las organizaciones, lugares que en un minuto determinado se secan por dentro y donde, lamentablemente, el trabajo se ha transformado en un trámite. Son aquellas empresas en las que, según diferentes estudios, las personas entregan un 30% de su esfuerzo y compromiso. Empresas que se transforman en un espacio sólo pensado para cobrar el salario a fin de mes, sin mayores compromisos, sin un sentido claro del por qué habría que estar día a día entregando lo mejor de uno. En este punto las organizaciones tienen que preocuparse, pues este fatal contexto, más habitual de lo que se piensa, es el resultado de un liderazgo errado, con muchas carencias y que finalmente impacta también de forma directa en el blanco de la improductividad: la falta de objetivos y el tedio genera sólo más tedio y falta de objetivos y sentido en este tipo de lugares.

Por eso, diferenciar al liderazgo *coach* del liderazgo capataz es una gran aportación a la hora de hablar de sentido en la organización. Es precisamente la diferencia entre estas modalidades de liderazgo la que arrastra a los grupos humanos a un aniquilamiento del sentido. En su libro *GPS Interior*, Ignacio Fernández plantea que "para que cada colaborador despliegue la mayor energía posible y la ponga al servicio del propósito común, un líder aplica *management* del sentido, porque la época actual exige una motivación profunda que inspire esencialmente a las personas" (Fernández, 2011).

El sentido en una empresa surge cuando el liderazgo está al servicio.

Diferencias entre el liderazgo capataz y el liderazgo *coach*:

- El liderazgo capataz es el clásico liderazgo autoritario, controlador, desconfiado y verticalista. Anula el sentido.

- Éste es el liderazgo que justifica el mito de encauzar el trabajo con una zanahoria (premio) y un garrote (castigo).
- Este liderazgo por lo general coloca un techo a los funcionarios, para así acotar el desarrollo de las personas en la empresa y no sentirse superados en sus cargos como líderes. Desconfían del entorno, ya que se sienten amenazados. Se cuidan frenando el crecimiento de otros.
- Este liderazgo no cree en la comunicación, sinónimo de entendimiento. Funciona con la dimensión de la información, es decir, sólo entrega contenidos. Escuchar está en relación con el entender al otro, y esto implica ir mucho más allá que la biología del oír. Cuando yo escucho le doy sentido a lo que oigo.
- El liderazgo capataz, de igual forma, carece de la dimensión emocional para la conexión con el otro. No ve el poder de la emoción como un espacio para liderar, y es así como esa falta de distinciones emocionales genera una desconexión absoluta con las necesidades de sus equipos de trabajo. No sumar la emocionalidad en un proceso de liderazgo es generan una sordera en el campo de una escucha atenta frente a los problemas de la gente (laborales, familiares, existenciales, etc.).
- Otro elemento relevante en este liderazgo es la ceguera absoluta frente al campo del aprendizaje. Hoy las empresas, más que en equipos de trabajo, deberían transformarse en comunidades de aprendizaje. Una comunidad de aprendizaje es un colectivo humano atento, lleno de curiosidad, con entusiasmo por investigar y compartir el nuevo conocimiento. Una comunidad de aprendizaje genera mejoras continuas, comparte avances e ideas y, construye una cultura virtuosa del progreso permanente.
- Por último, un líder capataz es una persona que tarde, mal y nunca se sube al balcón para mirar atentamente la globalidad de la organización. Por lo general estará en el detalle, en el proceso aislado, incomunicado y convencido de que la tarea lo es todo.

Todas estas situaciones atentan contra el sentido, cada una de estas dimensiones hacen que el sentido se transforme en un concepto pequeño, sin gran poder… un sinsentido, en última instancia. En cambio el liderazgo *coach* es todo lo contrario, ya que busca la expansión de sus equipos de trabajo. Los valida como comunidades de aprendizaje, los acompaña en el día a día, los reconoce emocionalmente y, desde un escuchar activo, genera diálogos de doble vía (escuchar y hablar). El liderazgo *coach* no pone un techo a sus equipos de trabajo, sino pisos, es decir, espera que sus equipos crezcan lo más posible. Este liderazgo busca que sus empleados florezcan, se desarrollen y a partir de ahí entreguen el máximo de sus capacidades. Para este liderazgo la confianza es vital, lo mismo que la autonomía y la comunicación. Contrariamente, como ha investigado Fernando Flores, "las organizaciones han aprendido a evaluar los resultados asociados al desempeño de sus equipos, sin considerar el costo emocional, anímico o relacional que a veces se esconde en cada integrante" (Flores, 2009). Para conseguirlo, los líderes *coach* cuidan abiertamente a sus equipos, les exigen pero no los destruyen.

Hoy en día, son estos liderazgos *coach* los que dan consistencia y vida al sentido. Sin duda, bajo estas jefaturas, el sentido organizacional definitivamente tiene mucho futuro y, a la vez, genera una articulación mayor en las prácticas diarias. Una organización con su sentido claro es una empresa en la que sus líderes constantemente están en el balcón observando el conjunto de la compañía y, desde esta panorámica, aplicando criterios sistémicos y comprometidos con el cuidado del negocio y sus trabajadores.

Por lo mismo, estoy de acuerdo con la aseveración de Andrew Zolli (*Resilience*) cuando señala que siempre que encontramos una organización o comunidad aliada a la resiliencia normalmente encontramos un líder "en el núcleo o cerca del núcleo" de ese lugar, de clase muy particular: ya sea viejo o joven, hombre o mujer, estos líderes *translacionales* desempeñan un rol crítico, frecuentemente tras bambalinas, conectando las partes (o componentes) y tejiendo varias redes, perspectivas, sistemas de conocimiento y agendas dentro de un todo coherente. En el proceso, estos líderes promueven la gobernanza adaptativa, la habilidad de una constelación de instituciones formales y redes informales de colaborar en respuesta a una crisis" (Zolli, 2012).

Volviendo al tema del sentido, es importante destacar y recordar que éste se articula desde adentro hacia afuera, es decir, el sentido primero lo debemos experimentar nosotros, en nuestras relaciones, en nuestro trabajo, con nuestras aspiraciones y búsquedas, con nuestra historia y aprendizajes, para después salir también a construir para elaborar el sentido colectivo: con el mundo del trabajo, con el mundo social, con nuestro entorno más cercano. "El sentido existencial al estar profundamente anclado en sí mismo es, en esa misma medida, con y en los otros" (Sanhueza, 2009).

Es así como el sentido y el sinsentido se convierten en una opción dentro de una empresa, una opción que, de no tomarse, deja altos costos (muchos heridos y consecuencias poco felices en una compañía), y que para ser obturada en las conductas de las personas, debe practicarse desde una coherencia absoluta en todos los rincones de la compañía.

Otro elemento que alimenta al sentido, y que siempre debe abordarse como un campo transformador en un colectivo humano, es el lenguaje. El lenguaje está en conexión directa con el sentido, ya que, como se ha dicho, las palabras siempre construyen realidad y, a la vez, generan acción. Si una organización no comprende que "el lenguaje consiste en sonidos o marcas presentes a los que se les *da significado*" (Dreyfus, 2003), que en su estilo conversacional existe poder, obviamente el sentido organizacional tendrá menor profundidad. Preguntas posibles: ¿qué valor le da usted al sentido?, ¿cómo articula el sentido en sus equipos de trabajo?, ¿se ha preguntado alguna vez por el sentido de su propio trabajo?, ¿en qué le podría sumar el tener un sentido claro y compartido?

Aprendizajes sobre el sentido:

- Desde el sentido se puede acceder a una mirada sistémica del negocio.
- Con sentido un equipo de trabajo posee mayores recursos emocionales.
- Articular sentido es el resultado de un liderazgo *coach* claro y efectivo.
- El sentido, desde el por qué y el para qué, invita a una acción consciente y comprometida.
- El sentido genera valentía y certezas frente al futuro, claridad y un camino claro hacia el que dirigirse.

EL PODER DE LA ESPIRITUALIDAD

Dentro de la resiliencia la espiritualidad es un tema relevante para la construcción de una organización mayor, más fuerte y con sentido. Hablar de espíritu en latín es hablar de un "soplo", de un soplo que nos anima.

Muchas veces se menciona la espiritualidad como una dimensión que experimentan los seres que piensan, sienten y quieren. De igual modo, cuando se aborda este concepto surgen múltiples miradas que persiguen sumar distinciones, y desde éstas fortalecer la palabra. Es el caso del filósofo prusiano Immanuel Kant, quien planteaba que la espiritualidad es lo que "vivifica", es decir, acerca la palabra al campo de lo que nos nutre y extiende la existencia. Ciertamente, esta perspectiva también es pertinente para el mundo de las organizaciones e instituciones en general. Otro ejemplo que hay que destacar es el de Hegel. Este pensador alemán instaló la dimensión del "espíritu objetivo", que define como "el mundo de la conciencia de sí que se revela a sí misma en sus productos más altos, que son el arte, la religión y la filosofía" (Abbagnano, 1996). Este espíritu objetivo posee una conexión mayor con el campo de las instituciones historico-sociales (familia, Estado y sociedad civil) y con instancias valóricas institucionalizadas.

Desde una perspectiva panorámica, podemos plantear que los grupos humanos somos un cúmulo de sistemas de creencias, emocionalidades, ritos, mitos e hitos, y es nuestra memoria colectiva —comunitaria— la que nos convoca y moviliza desde un estado natural por la preservación. Serán los múltiples aprendizajes que iremos recogiendo a lo largo de la vida los que nos transformarán en una comunidad mayor, más sabia y colaboradora. Esta comunidad —o colectivo— no sólo persigue autorregularse para nutrirse sostenidamente, sino que también se cohesiona para imaginar, crear e integrar nuevas experiencias y conocimientos en el habitar de sus integrantes. Un ejemplo que considero interesante fue la mirada del "espíritu nacional" que integró al debate Montesquieu en su momento. Este cronista y filósofo francés de la Ilustración instaló la idea de que una nación era una suma de factores, los que en forma integral articulaban un espíritu mayor, más colectivo e inclusivo. Entre los factores que más destacó este filósofo de la política están: el mundo de la fe religiosa, el clima de los territorios, las tradiciones acuñadas en el tiempo, la estructura legal, las prácticas de convivencia del Estado, la administración política de los gobiernos, etc. Es decir, se facilita el concepto del espíritu (soplo, lo que nos anima) como una dimensión de sinergia colectiva que, sumada a una multiplicidad de individualidades, concluye en un mirar (y vivir) unificado frente a la vida. Es relevante integrar a estas ideas el valor de la reflexión sistémica, es decir, comprender que lo que surge finalmente es un eje transformador que genera un desplazamiento desde lo que significa un grupo de personas a lo que realmente representa una comunidad de vida, religiosa, política, laboral, etc.

Bajo este prisma, la pregunta que muchos se hacen es: ¿y cómo sostener esta dimensión (espiritual) inmaterial y cargada de razón en la conducta humana? Es decir, ¿cómo darle una dimensión fundada en valores humanistas y universalistas a la espiritualidad de un colectivo? Sinceramente creo que los caminos para que esto ocurra son múltiples, si considero que esta mirada trascendente se acuña sobre la base de elementos también trascendentes, elementos que superan el sentido mismo del por qué y el para qué de las cosas. Un ejemplo palpable nos lo entrega el hermano David Steindl-Rast, quien fuera uno de los primeros cristianos católicos en participar en el diálogo budista-cristiano. Este monje benedictino durante años ha recorrido el mundo difundiendo el concepto de la gratitud. "Nuestros ojos se abren al carácter sorprendente del mundo que nos rodea en el momento en que despertamos y dejamos de dar las cosas por sentado [...] Lo que cuenta en el camino hacia la plenitud es que recordemos esta gran verdad: todo es gratuito, todo es un regalo. La medida en que estemos despiertos a esta verdad será la medida de nuestra gratitud" (Steindl-Rast, 2013). Para este autor y conferenciante, la gratitud está vinculada con un habitar consciente del mundo, habitar que no sólo agradece las cosas positivas que nos da la vida, sino que también transforma lo cotidiano en una sorpresa. La vida, la naturaleza, las personas, la salud... todo en sí está para ser agradecido. De esta forma, la gratitud representa un concepto de trascendencia y espiritualidad, entendiéndose aquello desde un sentido transversal a todo credo religioso o filosófico.

En el campo de las empresas estos temas (espiritualidad) aún resultan extraños y alejados, pero desde una perspectiva resiliente son reveladores y trascendentes para entregarles a las comunidades de trabajo mayores recursos para sus desarrollos personales. La evolución de un colectivo es posterior al desarrollo evolutivo individual de las personas. Todos los seres humanos tenemos la posibilidad de expandir nuestra conciencia y con esto crecer desde adentro hacia afuera. Ignacio Fernández (*GPS interior*) precisa este tema planteando que "si mejoro mi sensación de bienestar y felicidad interna, mi efectividad externa se verá muy aumentada, superando la separación artificial entre la vida laboral y la vida espiritual" (Fernández, 2011).

Así surge la espiritualidad como un tema de relevancia para el género humano, asunto importantísimo que el mundo de las organizaciones, poco a poco, está validando como un espacio de crecimiento y bienestar, tanto individual como colectivo. Por tanto, deseo traspasar una bella conversación que hace unos meses tuve con una destacada antropóloga, Patricia May (*Todos los reinos palpitan en ti, Vivir conscientes, De la cultura del ego a la cultura del alma*, entre otros), que, durante años, ha trabajado en el tema de la espiritualidad en la vida de las personas.

—Patricia, ¿qué valor le das al ego en esta sociedad de consumo?

—El ego es parte del proceso humano. El ego en algún momento fue el máximo desafío evolutivo que tuvo el ser humano, esto visto desde una perspectiva antropológica. Desde hace ya un tiempo estamos en la exacerbación del ego, entendiendo por ego no sólo la soberbia, el orgullo, sino todas aquellas actitudes internas y diálogos mentales que vienen del fondo del ser separado (miedo; felicidad puesta como algo que surge desde afuera; necesidad de obtener amor muchas veces manipulando el mundo de los demás, etc.). Desde ese punto de vista el ego, considero, en nuestros tiempos, está inflado, y, a la vez, creo estamos dando un paso desde la exacerbación hacia la toma de conciencia de que todo esto nos daña.

En el último siglo, con todo el desarrollo de la psicología humanista, todos los grupos conscientes y espirituales están intentando poner y mirar ese aspecto. Estamos en un tiempo dual, en el cual por un lado estamos viviendo al máximo todo lo que tiene que ver con el materialismo, el consumismo, el individualismo... y por otro todo esto nos genera un tremendo sufrimiento interior.

—Y todo esto, ¿cómo lo percibes en el mundo de las empresas?

—El problema con los equipos de trabajo y con el liderazgo tiene que ver fundamentalmente con la mente que está llena de diálogos mentales de apego, deseos, ansiedades, miedos, vanidades y orgullo.

—¿Y cómo generar un cambio frente a esta realidad?

—Yo no veo otro camino que no sea la conciencia personal, la transformación interior, y que esto posteriormente se vuelque a las relaciones afectivas, laborales y familiares. No creo que esto pase por sistemas o recetas (personales, sociales, políticas, etc.), si es que no hay un cambio personal. Pareciera que lo que más cuesta es hacerse cargo de uno mismo, pareciera que estamos en una época en la que no hay tiempo para la interioridad del ser. Definitivamente hay un engaño fundamental en nuestra cultura de creer que el problema está fuera de nosotros y que la solución también está fuera de nosotros.

—¿Cómo evalúas la espiritualidad en el mundo de las empresas?

—Creo que es fundamental, obvio, la espiritualidad entendida no como un ámbito místico, sino como un vivir consciente de que somos seres potentes y que tenemos mucho que dar. Es importante entender que la vida es una tremenda oportunidad para entregar lo mejor de sí, de colaborar y participar y con esto hacer de este mundo algo mejor. Así entiendo la espiritualidad, y de que hay algo en nosotros que sigue siendo y que está en esta experiencia vital.

Para mí la espiritualidad no tiene nada que ver con algo místico o vaporoso, sino que es el ¡aquí y el ahora!, en este momento y siempre. A la larga, como las organizaciones son lugares en los que se reúnen las personas, deberían tener como uno de sus focos principales abordar el despertar de la conciencia de las personas y enfatizar en el desarrollo de éstas. Esto hará que las personas encuentren su sentido, su razón, su aportación, su colaboración social. Creo que cuando una organización facilita el encuentro interno de su gente, el encuentro interafectivo, desde el entusiasmo y el sentido... en ese momento se transforman en organizaciones espirituales.

—Patricia, las personas por lo general estamos disociadas. Por un lado vivimos los afectos en el hogar, y en el trabajo es la racionalidad y la productividad el gran tema.

—Así es, eso es estar disociado totalmente, y eso tiene que ver con la definición de los temas laborales, en la que la productividad es lo único importante. Eso es estresante y no tiene sentido para las personas, entonces, ¿qué hacen? En la casa está la cosa afectiva, lo que nos importa, y en el trabajo sólo hay trabajo. Existe una incoherencia en lo humano al pensar que el fin de las organizaciones es la productividad y el dinero. Ahí surge una incoherencia profunda, éste es un patrón cultural y ya verás que con el tiempo cambiará. De aquí a una década eso va a ser anacrónico. ¿Para qué nacemos?, nacemos para ganar dinero y para correr todo el día, ¡eso es una locura! Estamos en medio de una *Matrix*, de un espejismo colectivo.

—Patricia, por último, el mundo espiritual y filosófico siempre ha hablado del alma... ¿qué es para ti el alma?

—El alma es la esencia del ser humano, es conciencia pura, es el centro de amor y sabiduría en lo más profundo de cada uno de nosotros. Es un espacio de plenitud, de amor, de paz. Es el aspecto divino de nosotros, aspecto individualizado en cada uno de nosotros.

En una conversación con Julio Olalla Mayor (maestro de *coaching* ontológico y autor de *El ritual del coaching* y *Del conocimiento a la sabiduría*) sobre la desconexión existente entre el mundo del trabajo y las diversas inquietudes humanas, éste dijo: "Claramente los actuales desafíos de las organizaciones no están conectados con el alma de sus participantes, sólo se entrega una instrucción con la 'tarea', y con eso se piensa que el desafío está cumplido, pero no es así. Actualmente hay múltiples inquietudes en la tierra, que son parte de una agenda mayor (biodiversidad, desigualdad, calentamiento global, pueblos originarios, entre otros). Todo eso no se topa con nuestro diario vivir, éste corre por un carril paralelo... no vemos estos temas, ya que vivimos en la disociación permanente. Ahora, si estos temas ya son transparentes para nosotros, imagínate como será para las empresas.

El mundo del trabajo está totalmente desconectado del conjunto de estas crisis. Estos temas los sabemos nosotros a nivel personal, lo saben los otros empleados también, pero para la empresa no es tema. Hoy el campo del trabajo sólo busca que se cumplan sus tareas, pero está absolutamente desvinculado del corazón del conjunto de las inquietudes de la sociedad. Obviamente estoy haciendo una generalización ya que también hay gente que sí quiere revertir estas crisis, gente que definitivamente está haciendo serios esfuerzos por transformar estas adversidades, pero no es la mayoría. Imagínate, vas a tu trabajo con todas tus inquietudes (sociales, ecológicas, espirituales, etc.), y cuando llegas te dicen: 'usted viene a trabajar, nada más que a eso, ya que hay que producir para tener el cheque a fin de mes'. Espero que la humanidad resuelva pronto esta dicotomía" (Olalla, 2012).

3.
MAR: MODELO DE ACCIÓN RESILIENTE

Un modelo para aplicar en las empresas (y así anticiparse a las crisis)

"En el mundo moderno, la calidad de vida es calidad de la comunicación." Tony Robbins

MAR: MODELO DE ACCIÓN RESILIENTE

Cuidar: por qué hay que cuidar y la identidad del cuidado

El ser **humano** en el centro del negocio (o la estrategia)

Pilares para desplegar el poder resiliente organizacional (Yo soy, yo tengo, yo puedo, yo quiero, nosotros podemos)

Autocuidado, piedra angular de la resiliencia organizacional

Contenidos organizacionales (misión, visión, valores, políticas internas, etc.)

Identidad activa, el gran motor que sostendrá el proceso del MAR

Cuando la **acción** moviliza

La **felicidad** como un norte a seguir

Poderes sin límite: *coaching* ontológico e indagación apreciativa

Conclusiones sobre el MAR

Cundo pienso en el océano, pienso en el origen de la vida. En esta masa de agua salada que cubre la mayor parte de la superficie del planeta, que anida no sólo el pasado del género humano, su memoria, sino también el futuro en los diversos senderos que el hombre tomará para su subsistencia. Freud describía el mar como un gran útero, útero que nos llena de vida, y que se hace hasta hoy insondable debido a su inmensidad. Frente al mar no hay control posible, su poder es inmensamente mayor a toda definición. Cuando observo el océano surge la abundancia, y desde esta perspectiva deseo iniciar esta parte del libro, en la que cruzo la dimensión de la abundancia en organizaciones que se han preparado para sostener momentos adversos, y esta preparación tiene un nombre, el cuidado. Cuidarse para cuando se haga necesario desplegar la abundancia acumulada, ése es el desafío del MAR (modelo de acción resiliente), construir desde la acción[1] para el mejoramiento de la vida laboral de las personas.

MAR se llamará mi modelo de intervención para el mundo organizacional. Este modelo de acción resiliente es una forma de entender cómo la organización puede emprender —pese a las adversidades— una vida plena y cargada de oportunidades. Tengo la firme convicción de que una organización cuidada desde su dimensión identitaria (¿quién soy yo?) posee altas posibilidades de surgir frente a contextos adversos o de estrés permanente (fusiones, cambios internos, crisis económicas glocales —globales y locales—, etc.).

Así, el MAR surge para cuidar internamente a las organizaciones. Sus inicios están en una suma de conocimientos parcelados que con el tiempo he ido integrando a mi capital teórico y experiencial, y que considero ideados sistémicamente, y que se alinean férreamente al lado de la resiliencia y del cuidado organizacional. Desde esta premisa y aristas, pienso, se genera un organismo laboral sano, atento y fuerte frente a cualquier escenario incierto.

El fin último de este libro será entender el cómo y el por qué este modelo de acción resiliente (MAR) puede ser hoy un camino ancho de posibilidades para el mundo organizacional. Para esto propongo algunas importantes distinciones:

---

1. “La palabra acción se emplea para indicar energía multiplicada por tiempo” (Russell, 1963).

CUIDAR:[2] POR QUÉ HAY QUE CUIDAR Y LA IDENTIDAD DEL CUIDADO

Cuando cuidamos, estamos colocando diligencia, atención y solicitud a la realización de algo determinado. Vivir advirtiendo, atento y al servicio de un bienestar individual y grupal, es vivir en y desde el cuidado. De este modo, cuidar resulta un acto que va más allá de un proceso de aprehensión. Cuidar es sostener la conservación de un sistema.

Usualmente, el cuidado apunta a preservar el medio ambiente, el clima, los animales, las tradiciones culturales, la cosecha... Se habla también de cuidarnos de las drogas y el alcohol. Se habla de cuidar la economía y el trabajo, como también surge el cuidado debido al sida. Cuidarnos la salud, cuidarnos en invierno o cuidarnos el peso... Como vemos, cuidar es un concepto que está inserto en la misma supervivencia del ser humano.

Pero esto de cuidarse puede tener dos caminos, diametralmente opuestos: o nos cuidamos desde el miedo y el temor permanente, o nos cuidamos de forma atenta, desde un criterio nutritivo y libre. También surge el autocuidado como un recurso necesario para ciertos trabajos y profesiones que, a veces, están al filo del riesgo. Entendiendo lo anterior, entonces, al no haber un cuidado —o autocuidado—, con el tiempo se pueden generar fisuras, desgastes y crisis permanentes. De este modo, el cuidarse concreta un tránsito responsable para una organización que aspira a sostenerse activa, sana y nutritiva para los desafíos que se imponga a corto, medio y largo plazo.

En nuestros días, la gran mayoría de las organizaciones recalan, hasta estancarse y varar muchas veces, en los temas de la rentabilización. Su preocupación más importante se concentra en la acumulación y en acceder a mayores cuotas de poder. Para cumplir las metas no hay argumento que las detenga. Así entonces, la dimensión cortoplacista del no cuidar, que tiene como hermano oscuro el simple e insaciable deseo acaparador, hace que las organizaciones con el tiempo decrezcan. Soy consciente de que se ha tejido la fantasía de que las empresas son espacios de trabajo infinito, espacios que no requieren de apoyo y que no se desgastan. Felizmente, este criterio utilitarista poco a poco está quedando atrás.

---

2. “Cuidar”, en su acepción medieval, significa “pensar”, para posteriormente derivar en “prestar atención”, “asistir”, “poner solicitud en algo”. De esta manera podríamos decir que “pensar en otro es asistirlo”.

Ahora bien, en el propio diccionario clásico de todo *coach* ontológico podemos extraer el ejemplo perfecto sobre el tema del cuidado, toda vez que existe una pregunta fundamental que le hace el *coach* a su *coache*;[3] esta pregunta es: "¿qué deseas cuidar?" (el trabajo, la familia, las amistades, etc.). Así es, a veces para emprender nuevas acciones necesitamos tener claridad sobre lo que deseamos cuidar. En el caso de las organizaciones, se necesita cuidar la salud emocional del grupo, para sostener un sueño colectivo que obviamente esté al servicio de un modelo de negocio sustentable y de alto impacto.

Cuidarnos nosotros mismos, cuidar a otros, educar en el cuidado, fortalecer políticas de cuidado interno. Todas éstas son prácticas básicas para implementar el MAR en la actual sociedad de la incertidumbre.

Los cuidados que requiere una organización para sostener un crecimiento sostenido son los siguientes:

- Cuidar a sus líderes.
- Cuidar a los trabajadores.
- Cuidar a los proveedores.
- Cuidar a sus clientes.
- Cuidar el negocio.
- Cuidar a los potenciales clientes.
- Cuidar la relación con la prensa.
- Cuidar el diálogo con los líderes de opinión.
- Cuidar el diálogo con la competencia, con el sector.
- Cuidar la relación con la sociedad en general.
- Cuidar sus creencias, sus ritos, mitos e hitos.
- Cuidar el planeta en última instancia.
- Cuidar las conversaciones.
- Cuidar la creatividad interna.

Más cuidados...

- Que la gerencia de recursos humanos cuide al personal.
- Que los líderes cuiden a sus equipos.
- Que entre los compañeros se cuiden.

---

3. Persona que recibe el *coaching*.

- Que la organización cuide sus buenas prácticas, contenidos y políticas.
- Que entre todos cuiden la salud emocional de la empresa.

Es necesario añadir un concepto relevante al cuidado: el aprendizaje. Cuando yo cuido es porque algo debo aprender. Un ejemplo: debo cuidar el planeta, ya que ahí está la supervivencia de la humanidad, perfecto; debo aprender muy bien qué estoy cuidando, por qué lo cuido, qué me falta por conocer para hacer de este cuidado un espacio de toma de conciencia colectiva. Por supuesto, urge así un aprendizaje interior mayor.

Bernardo Toro, un destacado intelectual colombiano, ha escrito y teorizado mucho sobre el cuidado. Él es enfático al afirmar que "cuidar no es una opción, [pues] aprendemos a cuidar o pereceremos". Más adelante, planteará que "el camino hacia un nivel superior de humanización es condición necesaria para la supervivencia de la especie. Y esto es posible —explica— cambiando los paradigmas del éxito, la acumulación y el poder por el paradigma del cuidado" (Gálvez, 2011). Ahora, tomar conciencia del cuidado es el resultado de un autoconocimiento mayor, profundo y definitivamente ontológico.

Otro elemento que se agrega al cuidado es ganar-ganar, sinónimo de justicia dentro de una organización. Cuando las personas observan que sus empresas generan sistemas simétricos (o justos) de relaciones, definitivamente la convicción interna se fortalece y la fidelización aumenta. La asimetría dentro de una cultura organizacional (nulo equilibrio entre vida y trabajo, alto estrés, bajos sueldos, escaso reconocimiento, efímeros beneficios, escaso *feedback*, liderazgos autoritarios...) casi sin excepción conduce a un menor rendimiento, y, con el tiempo, a colapsos individuales y grupales de los equipos. Frente a esta realidad, que es la mayoritaria en las empresas de la región, sólo queda ofrecer un cambio de paradigma para así acceder a nuevos resultados. Con relación a esto Toro, desde el robustecimiento del cuidado, tiene mucho que decirnos. "El paradigma del cuidado nos orienta a formarnos en la inteligencia altruista y cooperativa, una inteligencia orientada al autoconocimiento, la autoestima y la autorregulación. Una inteligencia que pueda responder preguntas fundamentales, como: ¿quién me debe acompañar en el camino de la vida? ¿Quién me puede ayudar? ¿A quién puedo ayudar? ¿Cuál es mi responsabilidad en el tiempo que me toca vivir?, etc." (Gálvez, 2011). Cuando este nuevo soporte y paradigma se integra al actuar organizacional, surge la colaboración y con esto la cultura del cuidado interno.

EL SER HUMANO EN EL CENTRO DEL NEGOCIO (O LA ESTRATEGIA)

Habiendo dicho lo anterior, asunto medular y fundacional del modelo de acción resiliente (MAR), es momento de iniciar el proceso descriptivo del modelo. En el MAR, como estructura de intervención organizacional, es el hombre, el trabajador (o colaborador), el recurso básico y transformador de la organización. Él, por encima de todo, debe estar en el centro del negocio, es decir, se convierte en el activo más relevante, lo que se debe cuidar a toda costa, lo que verdaderamente importa, el núcleo en que se debe articular un sentido permanente, un sentido genuino.

Sistema organizacional

Un sistema es un conjunto de dimensiones organizadas que cumplen una función dentro de un organismo mayor. Estas dimensiones se mueven, actúan y coordinan entre sí. Desde la perspectiva organizacional, el sistema posee dos grandes campos de acción: el individual y el colectivo. Ellos interactúan, dialogan y co-construyen el núcleo central de nuestro modelo.

Las personas, los trabajadores o colaboradores son hoy (y lo han sido siempre) la piedra angular de toda organización que aspire a liderar un mercado determinado, sea cual sea. Por otro lado, este cuidado organizacional, esta forma de comprender el desarrollo interno centra sus esfuerzos permanentemente entre el bienestar personal y grupal de las organizaciones.

Ya lo habíamos esbozado anteriormente, de forma sistemática las empresas enfocan sus esfuerzos y recursos en el trabajo interpersonal de los equipos, dejando muchas veces debilitado el ámbito personal (intrapersonal). Pero hoy esa comunión entre lo intrapersonal y lo interpersonal se debe adoptar como un factor crítico de éxito, para la construcción de una organización coherente y llena de sentido.

Si "yo trabajador" no estoy convencido de algo, si "yo colaborador" no creo a mis líderes, si "yo funcionario" no deseo aprender, si "yo empleado" no me siento escuchado, validado, respetado... ¿cómo voy a sumarme plenamente a un discurso grupal de participación activa? Primero soy "yo" el que tiene que sentirse cómodo dentro de la organización, para así construir el "nosotros". Éste es el gran punto que las empresas no perciben y que, casi siempre, genera ruido en los procesos de alineamiento, aprendizaje y emprendimiento colectivo. Es decir, como equipo no podemos ser colaborativos si "yo" en mi vida diaria, con el mundo, no lo soy. El primer cambio transformacional será conmigo (seré yo), después viene el colectivo, y al no darnos cuenta de aquello, muchas veces surgen las resistencias: el individuo no fue visto, y se le habló al grupo. Esa miopía hace que los procesos internos sean más complejos y de corto alcance.

Es importante destacar que este modelo de acción resiliente (MAR) posee tres elementos que transitan por lo intrapersonal y lo interpersonal. Estos tres conceptos reunidos bajo un solo eje —condición humana— generan una perspectiva integral sobre lo que debiera ser el desarrollo del ser humano de modo individual y grupal. Esta mirada es inclusiva (desde el respeto al otro) y ecléctica (desde la diversidad del otro) a la vez.

Ejes centrales:

- La ontología: estudio del ser.
- La axiología: estudio de los valores.
- La gnoseología: estudio del conocimiento.

Estos tres elementos son poderosos cuando se sostienen en el tiempo, y cuando desencadenan una identidad organizacional curiosa y despierta dentro de los equipos de trabajo. Conocerse, saber quién soy como persona y como colectivo; conocer mis valores, comprender la ética que nos conforma y asumir el conocimiento como "el" recurso transformador de una organización, de una empresa que se basa en la creatividad de sus productos y servicios... Serán estos tres elementos los que conformarán un diálogo virtuoso.

Sistema personal (intrapersonal)

Se debe generar un autoconocimiento. Poseer una perspectiva clara y cercana sobre nuestra forma de ser, sobre nuestras emociones, sentimientos y creencias. Poder visualizarlas, reconocerlas y abordarlas. Esto conlleva desarrollar una autoimagen clara de uno mismo, lo que facilitará el trabajo. En la medida en que sé quién soy como ser humano, tendré mayores recursos para colocarme metas y desafíos, para sostener sueños y, a partir de ese punto, dialogar con el entorno. De igual forma, este autoconocimiento apunta a reconocer en nosotros mismos nuestros propios obstáculos, nuestros propios límites que, sin darnos cuenta, nos frenan y reducen la vida. Cuando hablamos de límites, nos referimos a situaciones de las que no podemos salir y que son muy difíciles de transformar. Valeria Schwalb (*Todos somos resilientes*) plantea que "podemos encontrar sentido en las situaciones límite cuando éstas no son un fin donde se acaba todo, sino que las convertimos en tareas, en un medio, en un camino" (Schwalb, 2012). Es así como muchas veces surgen nuestros juicios sobre el mundo y las personas, y desde ahí nos aferramos a nuestras historias... conocerme generará en mí mayor flexibilidad y espacios de aprendizaje para así cambiar la vida que tengo. Si sé quién soy, me resultará más fácil entenderme con el entorno, y así me podré sumar a un colectivo mayor de personas. Cuando sé quién soy, logro conocer mis aportaciones reales y los desafíos que debo emprender. "Debo tener conciencia de mi propia persona" (Antunes, 2000).

Otras acepciones que acompañan el sendero de lo intrapersonal:

- "La inteligencia intrapersonal es la inteligencia de la autoestima, del respeto propio y, por analogía, de la autoaceptación..." (Celso, 2000).
- "El autoanálisis es una mirada a nuestra vida y circunstancias como si fuesen una pintura que pudiese ser examinada, sentida, apreciada. En el autoanálisis, el ojo interior o tercer ojo se abre y observa nuestra vida para aprender, sopesar, decidir" (Van Dusen, 1977).

Dimensiones que conforman nuestro sistema personal:

- Dimensión ética, valórica y existencial.
- Dimensión académica y cognitiva.
- Dimensión emocional.
- Dimensión adaptativa para el cambio.
- Dimensión individual de ritos, mitos e hitos.
- Dimensión espiritual.
- Dimensión histórica (historia de vida).
- Dimensión familiar.
- Dimensión configurada desde el sentido.
- Dimensión creativa.

Preguntas posibles para una organización:

- ¿Se pierden posibilidades cuando sólo se habla al grupo y se olvida que éste está formado por una multiplicidad de individualidades?
- ¿Conoce la vida de sus trabajadores, sus pasiones, sus fortalezas, sus dolores e inquietudes?
- ¿Qué hará para que cada individuo de su equipo sienta un diálogo diferente —siendo usted el líder—, en el que se sienta escuchado, valorado, reconocido, integrado, conocido con sus luces y sombras?

Sistema colectivo (interpersonal)

Desde las relaciones interpersonales se busca construir relaciones duraderas entre las personas, relaciones verosímiles y llenas de sentido. Las emociones (afectos, sentimientos, etc.) y los intereses en común sostienen estos vínculos, generándose con el tiempo una mayor coordinación de acciones. Las relaciones interpersonales le dan al género humano una posibilidad mayor de adaptabilidad a los desafíos que el día a día genera. Colectivamente, desde un diálogo confiado y cargado de símbolos comunes, las personas avanzamos en el conjunto de las tareas definidas en ciertas etapas de la vida. La religión, una ideología, el trabajo, la familia... son todos colectivos humanos que comparten un sistema de creencias común y que, desde la diversidad interna de las individualidades, trabajan para lograr desafíos compartidos. Los equipos, los colectivos de trabajo, los grupos de todas maneras deben acordar en un momento dado un "contrato social" de funcionamiento interno, acuerdos que no sólo deben declararse durante el día, sino que también se vivan en el interior de las rutinas laborales. "Para esto —vivir un clima laboral grato— se requiere la formación de un ambiente cordial y tolerante, donde la gente se sienta a gusto y tranquila [...] [donde] las opiniones se expresarán con libertad [...] al mismo tiempo se conservará un espíritu básico de cooperación y flexibilidad [...] que los miembros se sientan emocionalmente comprometidos en los asuntos del grupo..." (Haiman, 1972). Un equipo cohesionado es un grupo que conversa desde la confianza.

Otras acepciones que acompañan el sendero de lo interpersonal:

- “La vida laboral interior es la confluencia de emociones, percepciones y motivaciones que experimentan los individuos cuando reaccionan ante los hechos de su vida laboral cotidiana” (Amabile y Kramer, 2012).
- “Mientras los empleados se interrelacionan con sus iguales, subordinados o superiores, amplían sus conocimientos de los antecedentes, experiencias, actitudes y conducta de las otras personas (Goldhaber, 2001).

Preguntas posibles para una organización:

- ¿Qué hace en el interior de su organización para generar espacios de trabajo confiados, interactivos y colaborativos?
- ¿Ha pensado alguna vez en el poder real que puede llegar a tener su equipo de trabajo, incentivando las dimensiones nombradas más abajo?
- ¿Cuáles son las prácticas que usted valora de su familia y que considera que podrían aplicarse en su organización? (diálogo, confianza, carisma, etc.).

Dimensiones que conforman nuestro sistema colectivo:

- Dimensión formativa permanente.
- Dimensión ética, valórica y existencial.
- Dimensión adaptativa para el cambio.
- Dimensión para el aprendizaje continuo.
- Dimensión emocional del colectivo de trabajo.
- Dimensión de la confianza colectiva.
- Dimensión desde la participación activa.
- Dimensión del sentido de la vida laboral.
- Dimensión creativa e innovadora.
- Dimensión colectiva de ritos, mitos e hitos.

CASO Los 33 mineros chilenos rescatados

(Equipo armonizado)

> "El milagro final se vislumbraba, contrariamente a lo que pronosticaron algunos escépticos cuando ocurrió la desgracia en la mina San José. Habían vaticinado apenas un dos por ciento de probabilidades de rescatarlos vivos" (Leal, 2010).

El 5 de agosto de 2010 se produjo un hecho nunca visto antes en la historia mundial: 33 mineros atrapados a setecientos metros bajo tierra fueron rescatados con vida el 13 de octubre de ese mismo año. Esta muerte y resurrección colectiva duró sesenta y nueve días. Diecisiete días después del derrumbamiento, cuando la esperanza ya se había perdido, se logró dar con el paradero de los 33 mineros. Este primer éxito fue gracias al trabajo incansable de tres perforadoras que estuvieron día y noche taladrando la dura roca de la mina San José, centro minero situado a 45 kilómetros al norte de la ciudad de Copiapó (norte de Chile). De las tres máquinas que avanzaban en paralelo, la que alcanzó la meta fue la perforadora Schramm T-130. Este taladro (o sonda) logró romper la roca a 623 metros. Pasados unos minutos de tensión y silencio, unos enérgicos golpes en el taladro dieron señales de vida en las profundidades de la tierra. Tras extraer el martillo-perforador, una carta amarrada con una goma elástica y escrita en rojo decía con letra muy marcada: "Estamos bien en el refugio los 33". El día 13 de octubre se dio inicio al rescate, enviando una cápsula de acero que cumplió el papel de ascensor para los 33 mineros, la Fénix 2. Junto con seis voluntarios, en veinticuatro horas de ardua labor se cumplió con éxito la misión exigida por las autoridades políticas y técnicas: ¡rescatar en perfectas condiciones a los 33 mineros!

Transcurso de los hechos: a) Accidente: quedan enterrados 33 mineros a más de seiscientos metros de profundidad. Durante diecisiete días no se sabe nada de ellos. Las familias hacen guardia, las posibilidades de encontrarlos con vida son casi nulas. b) Están vivos: se descubre que su estado físico y psicológico es óptimo. Este hallazgo transformó el rescate en un fenómeno comunicacional único en la historia. c) Vidas en paralelo: Durante cincuenta y dos días se perfora el terreno para el rescate. En este tiempo se narra la vida abajo (mineros) y arriba (familiares). Todos acompañan el proceso. d) Se produce el rescate: en tiempo real se articula el salvamento, 1.300 millones de personas viven la expectación desde sus casas. La noticia emociona al mundo entero. Ciento ochenta países siguen minuto a minuto el rescate.

Escenarios posibles de esta desgracia: a) Dar con los mineros y encontrarlos muertos; b) Dar con los mineros y encontrarlos vivos; c) Dar con los mineros y que sólo algunos hayan sobrevivido, y c) No encontrarlos nunca y que, por esa razón, terminen todos muertos. En este proceso de búsqueda la intuición fue una gran aliada (Chernin, 2011). Es así como el realismo mágico latinoamericano cautivó las ansias de noticias del mundo entero. Este realismo mágico, caracterizado por incluir y respetar mitos dentro de un contexto realista, no buscó presentar la magia como si fuera real, sino exponer la realidad como si ésta fuera mágica. Bajo estas dimensiones comunicativas una noticia trágica se había transformado en una verdadera epopeya. Vencer a la muerte desde la sabiduría arquetípica de la supervivencia minera, experiencia que fue apreciada con creces por el conjunto de los cibernautas, los oyentes de radio, los lectores y los que siguen la televisión de todo el orbe. La intuición minera no fallaba: un fotógrafo contó que la hija de Franklin Lobos (uno de los mineros) nunca soltó la foto en la que ella aparecía con su padre. Para esta joven sacar la fotografía de su abrigo era asumir que su padre ya estaba muerto.

Todo ocurrió gracias a una organización humana (mineros enterrados) bajo tierra impecable, organización que se hizo con múltiples liderazgos: liderazgo estructural (Luis Urzúa), liderazgo social (Mario Sepúlveda), liderazgo espiritual (José Enríquez) y liderazgo experto (electromecánico, Edison Peña). Cada uno de estos liderazgos, sumados a la sinergia de un grupo humano de excepción, concluyeron con una comunidad de trabajo dispuesta a organizarse y a sobrevivir en la incerteza. Características del equipo: altamente integrado, participativo, colaborador, internamente democrático, con sentido del humor, colaborador, solidario y alineado en un sueño (vivir).

Salieron con vida desde el corazón de la tierra, sin haber pasado hambre ni estar deprimidos; surgieron desde las profundidades dignos y atentos. Los mineros estaban enteros. Claudio Ibáñez, profesional especializado en psicología positiva, que participó en el acompañamiento psicológico —vía sonda—

de los mineros, mientras éstos esperaban ser rescatados (*Los 33 de Atacama y su rescate*), enfatiza: "Yo pensé que escucharía gritos de desesperación, ¡sáquennos de aquí!, o que estarían enfermos. No sé. Nunca esperé encontrar personas tan enteras emocionalmente. Que hubieran racionado latas de atún para estar ahí dos meses, en lugar de pelearse en una situación tan límite. Ésa es una enseñanza para el mundo entero" (Ibáñez, 2010).

Esta historia, en su globalidad, representa un suceso en sí carismático, con luz propia. La vida que se sostuvo de un hilo (de los trabajadores) tiene que ver con la tradición minera chilena, tradición fundada en décadas de acciones, búsquedas y sabidurías ancestrales. Todos hablaban de los conocimientos del minero, de sus capacidades de supervivencia, de su saber sobre el territorio, de su intuición arquetípica. Intuición que finalmente los mantuvo vivos, unidos y organizados durante casi setenta días. Robin M. Hogarth (*Educar la intuición, el desarrollo del sexto sentido*) afirma "que la intuición es en gran medida fruto de nuestra experiencia" (Hogarth, 2002). La experiencia de los abuelos y bisabuelos de estos mineros estaba generando procesos adaptativos en estos trabajadores ante su nuevo y obligado hábitat. Otro sector que también aplicó intuición en este proceso, pero desde dimensiones comunicativas, fue el de los familiares de los mineros. Ellos comprendieron que si no mediatizaban este drama, ni el gobierno, ni los rescatistas, ni la propia opinión pública, estarían a la altura de las exigencias que merecía el rescate. Los familiares sostuvieron esta crisis, la entrecruzaron (campos técnicos, políticos y mediáticos) y fue así como se articuló una red férrea para mantener viva la esperanza. La comunicación fue clave en este proceso. La emoción se transformó en un poderoso motor social. La palabra "emoción" proviene del latín, *emovere* (o "sacudir"), y alude al movimiento. Mover al ciudadano, a los líderes (internos y externos) y a la audiencia televisiva del planeta.

El ingeniero civil especializado en minas André Sougarret, actualmente gerente general de la empresa minera Esperanza, en la época del rescate lideró el proceso integral de extracción de los 33 mineros atrapados en las profundidades de la mina San José. En su libro nos cuenta algo más sobre esta experiencia única:

—Minera Esperanza, Campamento Esperanza... André, ¿qué te parece esta coincidencia?

Éste piensa y responde:

—Tiene sentido, esa zona está llena de epopeyas, una zona con historias no menores, no hay agua ni caminos... la esperanza de vivir ahí genera perspectivas para la región, y claro está, la esperanza nunca hay que perderla.

—Cuéntanos sobre el rescate de los treinta y tres, ¿cómo se inició todo?

—Yo no sabía a lo que iba, a mí me dijeron que fuera a ayudar, que me pusiera a disposición de mi gente. Estando allí me di cuenta de que faltaba apoyo para dirigir un rescate más claro, más preciso. Había que hacer algo sí o sí.

El escenario no era fácil, por lo que el mismo André nos cuenta que lo primero que hizo al llegar fue concentrarse en el problema. Obviamente, las presiones no eran pocas (gobierno, minera, familias, etc.) y había que centrar la mirada en objetivos claros.

—Estábamos viviendo una tragedia y se hacía necesario saber cuál era el problema. Era urgente ver las posibilidades reales de esta crisis —concluye.

Las familias de los mineros atrapados eran un tema central para este ingeniero.

—Nos dimos cuenta que sí era clave escuchar atentamente a las familias, que necesitaban respuestas. Al no haber certezas, toda respuesta era una aportación, la que fuese. Se necesitaba al familiar vivo o muerto, por lo que me centré en ellos, fueron nuestra prioridad —enfatiza.

Otro recurso que este líder añadió al proceso de rescate fue no emitir juicios:

—Una cosa era relatar un hecho y otra cosa muy distinta era emitir juicios.

La situación era demasiado extrema para entrar en el plano especulativo, por tanto las declaraciones de André siempre estuvieron fundadas en argumentos técnicos.

—Un tema que me llamó la atención, y que aprendí ampliamente, es que cuando las personas hablan, hablan de sí mismas. El punto es ver cuáles son sus intereses, entender qué es lo que ellos quieren escuchar. Ahora, cuando ese escuchar logra empatizar con el otro, es decir, cuando se habla desde un mismo canal, obviamente los resultados son otros —argumenta André.

—¿Cómo abordar la tensión en situaciones tan límites como ésta?

—Las tensiones en este proceso fueron muchas, y claramente nos tocó evaluar cómo abordarlas. De lo que sí teníamos la certeza era de que sí se podía hacer algo; pese a todo, la esperanza siempre la mantuvimos intacta.

—Según tu parecer, ¿cuáles serían las claves de este rescate?

—Hubo diferentes acciones que hicieron del rescate un espacio de posibilidades; por ejemplo, jamás se cayó en soberbia de decir: ¡aquí está la solución! Nuestra convicción como equipo era construir soluciones entre todos. No hubo imposiciones, tampoco aparecieron ideas buenas o malas, todo sumaba, todo era útil y se agradecía. Es decir, se generó un equipo altamente integrado, eso bajó presión a la hora de tomar decisiones. Nadie sobraba. Otro elemento que resultó un aporte fue la reacción de los mismos mineros atrapados. Ahí claramente hay que quitarse el sombrero. Una situación así era como morirse en vida, y ellos siempre se mantuvieron atentos y coordinados, ¡un ejemplo! Por mi parte, esperaba encontrar a gente enloquecida. Fue muy grande nuestra sorpresa al verlos, quedamos impactados… era como si estuvieran saliendo de un turno. Eso fue una gran sorpresa para todos.

—¿Cómo definirías a la cultura minera?

—La cultura minera es una cultura que se funda en el trabajo en equipo, éste siempre es colaborativo y jerarquizado. El mundo real, el cotidiano tiene muchas más dimensiones de las que creemos. Es decir, la gente es mucho más inteligente de lo que se piensa… en el caso de este encierro la inteligencia y la creatividad estaban presentes en todo. Un ejemplo: el cómo iluminaron la mina por dentro. Yo me preguntaba, ¿cómo lo hicieron? Era un enigma, un verdadero campo de aprendizaje para todos. La respuesta se supo con los días: lo iluminaron todo con las baterías de sus maquinarias. Los mineros son personas que saben mucho, que desde siempre han sabido de la mina y sus riesgos. Son décadas y décadas de aprendizajes, familias completas que desde siempre han tenido el coraje de trabajar en este sector. Otro aprendizaje que vi fue el tema de los desafíos imposibles, es decir, jamás hay que ponerse límites, imagínate, teníamos a un minero que practicaba todos los días en temas de primeros auxilios, con decirte que estaba capacitado para operar una apendicitis.

—André, un campo que llamó mucho la atención a la opinión pública fue el acertado manejo comunicacional que hubo en este proceso...

—Nosotros estábamos convencidos de que todo proceso comunicativo pasaba siempre por hablar con la verdad por delante. Con criterio, con delicadeza, pero con sinceridad. Esta verdad la veíamos como un aporte real para las familias en esta situación tan crítica. Para nosotros los familiares eran lo más importante de todo.

—De tu experiencia en el rescate, ¿cuál consideras el gran aprendizaje que desearías inculcar a tu gente? (Minera Esperanza).

—No desestimar a quien da ideas, eso lo valoro mucho. Siempre hay problemas, el reto es abrir espacios, eso a la larga mejora el clima, el liderazgo. Eso de que el jefe lo sabe todo no existe. Si los mineros hubieran trabajado con los liderazgos clásicos, claramente no salen. Ejemplos hay varios: Pedro Cortez fue la persona que creó el sistema de comunicaciones con los mineros. Él en medio de una reunión levantó la mano y dijo que tenía una idea para mejorar las comunicaciones. En pocos minutos explicó su idea, la probamos, funcionó y se implementó. Obviamente, hubo que adaptar muchas cosas, pero Pedro, siempre optimista e ingenioso, fue dando solución a las exigencias que surgían. Este auricular a la medida fue un gran apoyo para el diálogo con los 33. La cápsula fue otro tema, ésta fue una idea bastante creativa. Se le pidió a la Armada que trabajara en un modelo de cápsula; lo hizo y mandó una primera propuesta. Hubo cambios y el segundo modelo se trabajó entre la Armada y nuestros ingenieros. Claramente hubo que aprender a pensar en equipo, no fue fácil, pero los resultados lo dicen todo.

—Y esta experiencia tan exitosa de trabajar en equipo, ¿por qué ocurre en situaciones tan extremas y en el día a día organizacional cuesta tanto?

—En las organizaciones hay muchos egos personales, la gente muchas veces busca sí o sí el reconocimiento. Acá, la necesidad era tan potente que el ego quedó de lado. Eso marcó la diferencia, ésa fue la varita mágica. Daba lo mismo quién lo hiciera, la idea era trabajar con la mejor idea, así de simple.

André enfatiza mucho en esto del interés común por encima del personal, argumentando:

—En Chile es más fuerte el interés personal que el interés común. Aquí, es cultural, en otros países hay un interés público mayor, es decir, los intereses personales pasan a un segundo orden. Esta cultura individualista juega en contra nuestra, eso me choca. Aquí la gente, por ejemplo, evade impuestos, eso es sinónimo de falta de conciencia colectiva. En mi vida había visto a todos colaborar. En este caso fue todo lo contrario, no había peleas, había algo mágico en esta situación. Es sabido que en los países donde hay más confianza hay más productividad. En Chile tenemos un sistema (político, social, cultural…) armado para la desconfianza, este tema es clave a la hora de pensar en el desarrollo. Creo que falta coherencia en esto de declarar preocupación por la gente, y que esta preocupación muchas veces no se manifieste. Es decir, los intereses personales a ratos superan la ética. Otro tema que también veo frágil es el trabajo colaborativo de los líderes. ¿Cómo instalar intereses comunes?, ¿cómo pensar en el otro?, ¿cómo cultivar una cultura de la colaboración?, ése es un tema.

—André, ¿qué piensas de cada uno de estos conceptos?

—Cambio: necesidad; líderes: personas; equipos: clave; sueños: motor; ética: higiénico; esperanza: jamás perderla, y participación: herramienta poderosa.

Acciones aprendidas:

- Los 33 mineros atrapados y sus familias, desde una convicción de equipo profunda, movilizaron al mundo entero (políticos de Chile, organizaciones públicas mundiales, medios de comunicación de todos los países, líderes de opinión, instituciones, etc.).
- La emoción es un motor transformador y movilizador. Desde la emoción se coordinaron acciones y se convocó para sumar los esfuerzos de todo.
- La meta era una (rescatarlos con vida), y los caminos a emprender fueron muchos. Todo sumaba, todo era válido para integrar en este proceso.

Es importante destacar la enseñanza en autonomía y dignidad que nos dieron los 33 mineros. Abajo, los mineros narraban, grababan, escribían, comunicaban y colaboraron para que el rescate se viera a escala mundial en tiempo real. Un ejemplo: llegaba la capsula de rescate (Fénix 2) y el encuadre era perfecto. Lo mismo ocurrió con los primeros vídeos que desde el fondo de la tierra surgían mostrando el estilo de vida de los mineros. Un cámara, un conductor, un iluminador... todos colaboraban para mediatizar el momento y desde ahí, fortalecer la atención mundial con respecto a la noticia. Claudio Ibáñez (*Los 33 de Atacama y su rescate*) analiza el primer vídeo de los mineros grabados a más de seiscientos metros de profundidad: "Finalmente, el himno nacional y el ceacheí demuestran que el grupo está de pie y que está luchando, con la moral en alto. Constituyen, también, una muestra de agradecimiento y gratitud por no haber sido abandonados y señal de la firme creencia que tienen en el equipo de rescate. 'Éste es el ánimo que se ha mantenido', hace notar el conductor del vídeo". (Ibáñez, 2010). El video fue catalogado por la prensa local y mundial como "increíble". Ellos se prepararon para mostrar a la audiencia que estaban de pie, que estaban fuertes y dignos para sus familias y el mundo entero.

CONCLUSIONES POSIBLES

El MAR (Modelo de Acción Resiliente) busca cuidar a la organización para que cuando surjan los momentos de estrés organizacional, los equipos de trabajo se sostengan y emprendan prácticas de fortalecimiento y desarrollo interno. El rol del MAR es formar un colectivo humano fuerte y armonizado para revertir futuras situaciones de crisis organizacional. Una empresa fuerte identitariamente hablando es una institución fuerte y flexible para salir adelante en momentos complejos. En este modelo de intervención el ser humano está en el centro del negocio, es decir, es lo más importante.

- El MAR debe invitar a la abundancia y al bienestar organizacional.
  Cuidar es parte de la condición humana, que por lo general surge en momentos difíciles, en situaciones de constricción. En este modelo (MAR) el cuidado se transforma en cultura diaria. Cada acción, promesa o invitación debe ir aparejada de la dimensión de cuidado, sólo así con el tiempo se irá construyendo una identidad organizacional atenta, preventiva y nutritiva en materias individuales y grupales de desarrollo. Cuidar es el resultado de una mirada a corto, mediano y largo plazo, ya

que el cuidar se relaciona con un sembrado permanente, frente a futuras cosechas: fusiones, crisis económica, cambios, etc.

- Cuidarnos para cuidar, una práctica que debe transformarse en cultura. Comprender que el desarrollo personal (intrapersonal) y colectivo (interpersonal) de una organización se basa en la integralidad de sus dimensiones valóricas (axiología), humanas (ontología) y del conocimiento (gnoseología). Desde esta perspectiva —integral— construimos empresa, levantamos políticas internas y sostenemos negocios. Observar e intervenir una organización de forma integral (valores, personas y conocimiento) representa una modalidad profunda del cómo cuidar el conjunto de los factores críticos de una institución. El ser humano en el centro del negocio, ése es el norte que hay que seguir.
- Desde una mirada integral, los elementos dialogan e interaccionan. Conocernos, saber quiénes somos, comprender nuestras fortalezas y debilidades, aceptar nuestras luces y sombras, son algunos de los recursos que hacen de la mirada intrapersonal un recurso de crecimiento interno necesario y válido para posteriormente construir externamente (equipo). Esta dimensión, silenciosa y profunda ofrece recursos para transformar el presente y el futuro de la vida. Antes de criticar al otro, antes de invalidarlo en su relación con el entorno, requiero verme yo, comprender mis mecanismos de vinculación con otros y desde ahí tomar distancia y fijar desafíos para así alcanzar una mejor vida, individual y grupal.
- Vinculado a la autoestima, a la autoaceptación, a lo propio: hacia adentro.

  Desde la relación interpersonal debemos desafiarnos para generar dimensiones compartidas de la vida laboral, integrando valores como el respeto, la empatía, la asertividad, el escuchar en forma activa... todos recursos que hacen que un grupo de trabajadores se transforme en un equipo eficaz y cohesionado. La dimensión interpersonal genera vínculos honestos y eficaces para la creación de sueños colectivos, en donde la colaboración se transforma con el tiempo en una piedra angular. “Lo intrapersonal es conmigo” y “lo interpersonal es con el otro”. Desde esta dimensión las emociones se transforman en un motor de cohesión.
- Vínculo con otros, conexión emocional con el entorno: hacia afuera.

  La combinación virtuosa del conjunto de estos elementos dará como resultado una nueva actitud, actitud que deben emprender en conjunto las empresas, sus líderes y trabajadores, pues sólo así se sostendrá la nueva mirada que hoy deseo instalar (MAR) en el imaginario organizacional. En este punto es útil dejarlos con lo que anotó el empresario, autor y orador motivacional estadounidense Jim Rohn, que, reflexionando sobre la actitud, dijo un día: "Debido a nuestra actitud, decidimos leer o no leer. Por nuestra actitud, decidimos intentar o darnos por vencidos. Por nuestra actitud, nos culpamos a nosotros mismos por nuestros errores, o culpamos tontamente a otros. Nuestra actitud determina si amamos u odiamos, decimos la verdad o mentimos, actuamos o posponemos, avanzamos o retrocedemos; y por nuestra propia actitud, nosotros, y sólo nosotros, decidimos si tendremos éxito o fallaremos".

PILARES PARA DESPLEGAR EL PODER RESILIENTE ORGANIZACIONAL

Cuando el hombre está en el centro del negocio, cuando se comprende el valor y la importancia del papel que desempeñan los trabajadores (o colaboradores) en el éxito de un proyecto empresarial, en ese instante se justifica un cuidado mayor hacia la estructura organizacional, hacia el ser humano y su desarrollo permanente. Este cuidado busca alimentar la dimensión intrapersonal e interpersonal, y desde este sitio validar el sentido del cuidado como un reto transformador y de cambio para el presente y el futuro de una compañía.

Cuando el cambio nos inspira:

- "Cambiar significa fluir. Podemos medir el flujo de calor o el cambio molecular. Las cosas están en movimiento" (Godin, 2012).
- "Si un ser humano cambia, ese cambio irradiará a miles y miles de personas. Te convertirás en el detonante de una revolución que dará origen a un ser humano completamente nuevo" (Osho, 2012).
- "Una de las cosas que convierte en relevante el cambio en las organizaciones es una suposición muy aceptada acerca de la gente, es decir, que es opositora, difícil, impredecible, necesitada y débil" (Firth, 2000).

Frente a esta realidad —la urgencia de cambiar— propongo cinco pilares inspirados en la teoría de la resiliencia y que representan la suma de las voces que surgen muchas veces desde el interior de las propias empresas. Esto lo confirmo, ya que en mis talleres, dentro y fuera de Chile, por lo general cuando instalo estos cinco pilares en la agenda conversacional de los participantes muchos de ellos se quedan en blanco a la hora de responder. Y estoy convencido de que estos silencios son el resultado de un olvido permanente que tienen las personas dentro de sus propias vidas laborales. Algo cercano a sentirse transparentes durante ocho horas diarias, como "fantasmas trabajadores", operando desde la funcionalidad sólo por el cumplimiento de la tarea. En esas horas nos olvidamos de nuestras pasiones, de lo que tenemos o deseamos para la vida, del sentido de nuestra gestión; en esos momentos sólo cumplimos lo exigido para así concluida la jornada volver a nuestros hogares y retomar, eventualmente, el lugar de la felicidad. De esta forma, cuando surgen estas cinco preguntas las expectativas y las búsquedas aumentan, y con esto el círculo virtuoso se fortalece.

Los cinco pilares del poder resiliente en las organizaciones

Quiero contar que los cuatro primeros pilares los leí hace algunos años en un libro transformador llamado *Resiliencia, construyendo en adversidad* (Ceanim, 1996). En esta obra escrita por varios investigadores, apareció un texto de la doctora Edith Groberg, investigadora de la Universidad de Alabama. Es importante contar que el texto de esta docente fue pensado para el mundo infantil, y yo con el tiempo lo he ido adaptando al mundo organizacional. Y el otro elemento que hay que destacar es que el quinto pilar de la resiliencia se lo debo a una destacada y querida amiga e investigadora en el tema, la doctora María Angélica Kotliarenco, quien desde su pasión por el tema ha investigado por más de treinta años la resiliencia desde Ceanim (Centro de Estudios y Atención del Niño y la Mujer). Cada una de estas preguntas tiene, a la vez, un poder propio, autónomo y sinérgico. Responda a las preguntas según su experiencia:

a) *Yo tengo* (¿Qué es lo que tengo dentro de mi organización?):
   - Tengo una organización que me cuida y me acompaña.
   - Tengo líderes que suman a mi desarrollo profesional y humano.
   - Tengo un equipo de trabajo que funciona, emprende y aspira a más.
   - Tengo jefes que me retroalimentan desde la honestidad y la claridad.
   - ...

b) *Yo soy* (¿Quién soy en esta organización?):
   - Yo soy un ser humano reconocido en mi organización.
   - Yo soy una persona que emprende el trabajo con una actitud resuelta.
   - Yo soy uno más dentro de un equipo cohesionado, carismático y motivado.
   - Yo soy un colaborador alineado, y a la vez, con opinión propia, autónomo.
   - ...

c) *Yo estoy* (¿Yo estoy atento a qué en esta organización?):
   - Yo estoy atento a mejorar mi forma de crear equipo con otros.
   - Yo estoy dispuesto a co-construir con mis ideas y entusiasmo.
   - Yo estoy atento a los aprendizajes que me faltan, y a los que tengo.
   - Yo deseo seguir trabajando desde una dimensión sustentable y ética.
   - ...

d) *Yo puedo* (¿Qué puedo llegar a hacer en esta organización?):
   - Yo puedo generar ideas que sean escuchadas e implementadas.
   - Yo puedo tener diferencias con mi equipo, siempre con respeto.
   - Yo puedo asumir desafíos porque mi equipo me apoyará.
   - Yo puedo equivocarme en mi trabajo y nadie me regañará.
   - ...

e) *Nosotros podemos* (¿Qué podemos hacer todos juntos?):
   - Nosotros podemos generar un sueño mayor, sólo debemos unirnos.
   - Nosotros podemos mejorar nuestro trabajo, basándonos en la confianza.
   - Nosotros podemos evitar la accidentalidad desde una conciencia atenta.
   - Nosotros podemos, juntos, dar una mayor sustentabilidad al modelo.
   - ...

Para muchas personas, estas frases tan optimistas y a ratos ingenuas, no representan la realidad global del mundo de las empresas. Y con absoluta honestidad debo decir que así también lo pienso yo. Pero por otra parte, creo que la misión de este libro apunta a alcanzar una mejor calidad de vida para quienes están dentro de las organizaciones trabajando de ocho a diez horas diarias o más. Aspirar a tener una vida laboral plena, con sentido y cargada de experiencias positivas es una demanda justa y correcta. Es por eso que el lector cuando lea estos cinco pilares también debe facultarse para utilizar el espacio para colocar lo negativo, lo que no desea, lo que aspira a cambiar de su organización. "La verdad, la belleza y el bien con frecuencia se confunden con sus respectivas caricaturas. Sucede así cuando ya no se perciben en el horizonte del ser, cuando ya no son el fruto de la contemplación desinteresada, y se rebajan al ámbito del tener" (Cavallé, 2006). Pienso que lo relevante, más allá del método que utilice, es que en esos textos que escribirá dejará impreso qué desea, qué valora, qué rechaza y qué aspira concretar. Estos cinco pilares que parecieran ser de sentido común (el menor de los sentidos), por lo general están ausentes en las habituales planificaciones estratégicas de las compañías.

Es importante nuevamente nombrar la "actitud" como un motor de cambio, ello basado en una voluntad a toda prueba, y en la sana convicción de que puede generar una idea en el interior de un equipo de trabajo. Muchas veces pensamos que nuestras conductas no tienen un impacto real en situaciones que creemos que deben cambiar. De igual forma, nos quedamos con la convicción de que hay temas en donde podemos intervenir, y otros en los que nuestra intervención es nula. "Cuando las personas aprenden que los resultados deseados no dependen de su conducta voluntaria, desarrollan lo que Martín Seligman denominó Indefensión Aprendida" (Guix, 2013), es decir, habitamos muchas veces en entornos laborales de autocensura cognitiva, creativa o de proactividad.

CASO **Gerdau Aza y sus dos emprendimientos**

(Empresa resiliente)

> "Somos la memoria que tenemos y la responsabilidad que asumimos, sin memoria no existimos y sin responsabilidad quizá no merezcamos existir." José Saramago

El siglo XXI es el siglo del conocimiento, es también el siglo de la incertidumbre y las migraciones. Es decir, este nuevo siglo transita por múltiples inquietudes humanas, no todas posibles de sostener y administrar. Como siempre, cada año resulta una sorpresa, y desde esa premisa el año 2008 no fue la excepción. En ese año la crisis económica complicaba con creces las finanzas de un país entero. Muchas empresas no lograron sostener esta tensión monetaria y quebraron en el intento; otras, en cambio, supieron revertir la adversidad con organizaciones fuertes internamente (empresas unidas, con buenos liderazgos y flexibles) y claras en el desafío de sobrevivir a los cambios con prácticas eficaces de emprender.

Gerdau Aza, empresa multinacional siderúrgica de acero, fue una de esas organizaciones. Esta empresa en Chile es altamente valorada por la población y por el conjunto de las empresas nacionales y multinacionales, por su nivel de excelencia tanto en la dimensión de la gestión y los productos, como por su coherencia dentro del campo de la responsabilidad social empresarial (RSE). Gerdau Aza vivió el gran desarreglo financiero de 2008 definiéndolo como una "crisis que fue muy violenta".

En esos tiempos (julio o agosto de 2008) se llevó a cabo una comida con el área comercial de la empresa para celebrar un nuevo récord de ventas, pero, rápidamente, al mes siguiente, las cifras cayeron a la mitad. Se desató la crisis. Frente a un escenario tan complejo, esta empresa tuvo que tomar medidas para protegerse.

Acciones emprendidas:

- Se redujeron costos de la empresa.
- No se despidió a nadie.
- Se implementó un fuerte ahorro interno (bajó la electricidad en un 5%).
- Al haber una capacidad productiva ociosa, se comenzó a derivar a algunos empleados para el apoyo en la realización de otros trabajos dentro de la empresa. Lo que más se solicitó en esa crisis fue flexibilidad y colaboración. Esta acción generó ahorros con proveedores externos.
- Se hicieron campañas de sensibilización. Ejemplo: "Si no tiene que imprimir no imprima". La gente se alineó generosamente frente a estas iniciativas.
- Otro caso que demuestra la alta empatía interna en esta crisis fue cuando en una de las dependencias de la empresa se necesitaba urgentemente cambiar el suelo. Frente al requerimiento, los traba-

jadores ofrecieron la mano de obra, y la empresa por su parte colocó los materiales. A los pocos días el suelo estaba instalado.

- También se sumaron grupos de buenas ideas que buscaban solucionar problemas y proponer innovaciones para optimizar recursos y gestión. Muchas de esas ideas bajaron costos al poco tiempo.
- En lo que respecta a la RSE, el criterio fue siempre sostener los programas que estaban vinculados al negocio de Gerdau Aza. Un ejemplo, el PDP (Programa de Desarrollo de Proveedores), iniciativa que comenzó en 2007 y concluyó en 2011. Este programa trabajaba con proveedores pequeños, que durante un tiempo fueron apoyados con *software* informático, conocimientos en materias de gestión, acompañamientos en temas legales, implementación de nuevas prácticas en materias de seguridad, con una mayor capacidad industrial, entre otros. Este programa (PDP) superó la crisis del 2008 con muy buenas cifras en lo que respecta a la recolección de chatarra. En esa época no se abrieron nuevos programas, pero se sostuvieron ejemplarmente los creados con anterioridad.
- En materias recreativas se realizaron las mismas fiestas y celebraciones de siempre, en esa dimensión nada cambió. Se tenía una claridad meridiana de que esas prácticas eran importantes para sostener el espíritu altamente carismático que caracteriza a Gerdau Aza.
- Otra dimensión relevante fue el liderazgo desplegado en aquel tiempo por Herman von Muhlenbrock, gerente general. Este líder, altamente carismático y creíble, poniendo toda la información sobre la mesa, reunió al conjunto de los trabajadores y les expuso la situación. En esa reunión sólo hubo transparencia, honestidad y tranquilidad. Este valorado líder entregó las cifras, reflexionó sobre el presente y el futuro de la empresa y, posteriormente a su entrega de información, abrió la conversación al conjunto de los trabajadores. Trabajadores, gerentes y mandos medios, todos juntos reflexionaron sobre la situación de la organización frente a la crisis. En ese momento este gerente general hizo promesas (que no se despediría a nadie, por ejemplo) y las cumplió todas. Por su parte, los trabajadores, al manejar el conjunto de la información, se alinearon y todos juntos sostuvieron el proceso. Lealtad, comprensión, comuni-

cación y confianza, todos recursos que se vivieron día a día en las instalaciones de esta reconocida institución.

Sin embargo, el escenario se tornó cada vez más difícil. Aunque todo ocurría según lo planificado, en 2010 se puso a prueba la flexibilidad de esta empresa, cuando se abatió sobre Chile el terremoto del 27 de febrero. Éste fue de 8,8 grados en la escala de Richter (el segundo más grande en la historia de la humanidad), seguido por un *tsunami* que golpeó fuertemente las costas del sur del país, situación que generó un quiebre profundo en la emocionalidad de los habitantes. Chile, nuevamente, estaba en crisis: estas catástrofes concluyeron con la vida de más de 521 personas, con 56 desaparecidos, alrededor de 800.000 damnificados, 200.000 viviendas destruidas y 40.000 escuelas con graves daños estructurales. Esto último afectó a un millón de alumnos en todo el país. Alfredo Sepúlveda, en su libro *Nuestro terremoto*, cuenta que "el último gran terremoto que hubo en la zona central de Chile, el de 1985, sorprendió al país saliendo de la intervención de la banca en la que había culminado la gran crisis económica de 1982. Era un país considerablemente menos rico que el de 2010, de modo que el terremoto de 2010 tuvo una fértil y generosa tierra que arrasar" (Sepúlveda, 2011).

Asimismo, esta crisis dejó a una gran cantidad de empresas, de todos los sectores, literalmente en el suelo. Gerdau Aza no fue la excepción. Esta compañía acababa de salir de la crisis económica (2008) y el terremoto del 27 de febrero definitivamente rebasó toda predicción y colocó nuevamente a prueba a esta comunidad de trabajo.

A escala de las infraestructuras, el terremoto impactó brutalmente en Gerdau Aza. Hubo que detener el funcionamiento de los hornos durante meses. Instalaciones como El Laminador de Colina, por ejemplo, quedaron paralizadas durante un mes, ya que las dependencias estaban destruidas. En ese momento, afortunadamente, no había turnos de trabajo, pero, si el escenario hubiese sido otro, habría habido desgracias personales.

Muchas oficinas de esta empresa quedaron inutilizadas, sufriendo además el desencajamiento de su horno. Cuando se inició el terremoto, esta megamaquinaria estaba funcionando, y con el sismo cayó violentamente acero líquido, desatándose un incendio. Además de semejantes daños, el sistema eléctrico e informático también se destruyó. En este panorama caótico, fue una suerte que no hubiese heridos, ya que los trabajadores de esas dependencias pudieron escapar. La reparación duró dos meses.

La situación definitivamente fue extrema. Con el paso del tiempo, la empresa premió y agradeció a muchas personas que, con su ejemplo, colaboraran en aminorar la crisis. Como ejemplo de lo anterior, hubo trabajadores que al inicio del terremoto, en sus turnos, y antes de dejar las instalaciones, detuvieron los procesos más críticos y, con ello, dejaron la planta asegurada para evitar unos daños más profundos.

Es importante destacar que en esta segunda crisis la empresa vivió la solidaridad, la unidad y la colaboración del conjunto de los trabajadores.

Acciones emprendidas para esta segunda crisis:

- El terremoto ocurrió la madrugada de un sábado (27 de febrero). Sin embargo, el lunes muchos trabajadores fueron a la planta. Todos se reunieron en el quincho (zona recreativa de la empresa) de Colina. Todos estaban atentos a las instrucciones, se tomaron medidas; por ejemplo, las personas que desempeñaban un papel importante en la gestión podían quedarse y el resto de los trabajadores debían volver a sus casas.
- Se organizó la reparación de las instalaciones. Transcurridos sólo cuatro días después del terremoto, se produjo nuevamente la primera barra de acero.
- Hubo dos días que no se recibió chatarra. Había 140.000 toneladas detenidas. Esta empresa fue adelante con mucho orgullo, debido a que nunca detuvo su gestión, pues, entre otras cosas, si lo hubiesen hecho, habrían perdido al conjunto de sus proveedores. Gerdau Aza tenía una meta: cumplir todos los compromisos comerciales, y para eso utilizó su *stock*, e importó acero, para cumplir con sus compromisos. Jamás se dejó de cumplir.
- La empresa se dedicó a ayudar a los trabajadores afectados. Este acompañamiento consistió en la reconstrucción de sus viviendas, apoyo psicológico y alimentos, entre otras iniciativas. La ayuda en el interior de la organización fue total, y una frase, que en realidad implica una convicción ética, definió este criterio: "De la empresa nos preocuparemos después, antes está la gente" (Herman von Muhlenbrock, gerente general).

- La empresa, además de coordinar acciones para sus urgencias internas (personal, infraestructura, etc.), también desplegó esfuerzos para colaborar con las necesidades de los chilenos abatidos por el terremoto. En conjunto se generó una campaña interna (1+1), es decir, los trabajadores juntaron una cantidad de dinero y la empresa lo igualó monetariamente. Este esfuerzo concluyó con once toneladas de alimentos, productos que fueron entregados en 711 cajas. Esta coordinación en el terreno fue realizada por el conjunto de los trabajadores (de forma transversal) y sus familias. Se juntó el dinero, se compraron los alimentos, se distribuyeron en cajas y se fue a distribuir a las zonas más críticas.
- A los tres meses, con la empresa ya más en calma, ésta juntó a toda su comunidad de colaboradores y realizó un rito de sanación, cierre y agradecimiento. Esta actividad fue abiertamente una ceremonia que buscó reforzar la vitalidad y la tranquilidad de todos quienes desplegaron lo mejor de sí en esos días de alta exigencia.

"La mayoría había perdido sus fuentes de trabajo. El terremoto destruyó comercios, hoteles, fábricas, maquinaria, campos y cultivos. El *tsunami* destruyó los barcos y dejó el mar oscuro y sin vida. Ni barco ni pesca. Ni trabajo ni comida. Pobres ahora, añadieron al miedo la vergüenza" (Serrano, 2011). El terremoto y el *tsunami* fueron para Chile, los chilenos y sus organizaciones una situación límite y un espacio real para conectarnos como país y reconstruirnos como nación. Definitivamente, el golpe fue duro para la población, tanto desde un punto material como humano. Gerdau Aza, desde su coherencia, interna y externa, sostuvo sus promesas y principios, y actuó resilientemente.

Asimismo, este importante ejemplo organizacional en tiempos de crisis nos habla con preclaro fundamento sobre cómo se pueden aplicar los fuertes soportes de la resiliencia personal, como comunidad laboral, como equipo de trabajo e institución. Éste fue un gran ensayo, donde se pusieron a prueba, precisamente, las dotes de liderazgo propositivo, flexible, convocador y, sobre todo, ético. Fue el momento de trabajar juntos frente a la adversidad, con creatividad, unión y solidaridad, para sortear los obstáculos, aplacando el dolor, con una actitud que se halla en la otra vereda del miedo y la parálisis, para pasar a la acción: qué inmejorable instancia para poner a prueba a una organización en momentos tan crudos.

Aprendizajes desde estas experiencias resilientes:

- Capacidad de la gente de "colocar el hombro (ir adelante en los momentos difíciles)".
- Liderazgo que genera confianza y apoya.
- Transparencia para informar y sostener sus compromisos por parte del líder máximo (gerente general).
- Todo lo que se dijo ocurrió (coherencia y consistencia frente a la palabra).

AUTOCUIDADO, PIEDRA ANGULAR DE LA RESILIENCIA ORGANIZACIONAL

Cada dimensión descrita es un ángulo transformador para la mejor calidad de vida de quienes componen una organización. De modo silencioso pero decidido, una empresa puede comenzar a transitar por cada una de estas "posibilidades", en la medida en que esté dispuesta a emprender un nuevo contrato social interno. Es recomendable enfatizar que estos desafíos, de mayor alcance, son esfuerzos que deben emprenderse de forma mancomunada. Frente a un reto como el descrito, los líderes cumplirán un rol fundamental, lo mismo que los mandos medios y la base organizacional. De igual forma, esta cruzada por fomentar el autocuidado para así generar una organización más resiliente es un desafío que debe ser liderado por las máximas autoridades de la organización, y en la que se debe convocar al conjunto de la empresa para hacer que las cosas ocurran (gerencia de comunicación, gerencia de personas, gerencia de desarrollo, sindicato, directorio, entre otros). Es decir, este emprendimiento debe ser orquestado, de manera simultánea y sostenida en el tiempo a partir de una alta coherencia y consistencia. Otro elemento que se debe considerar es comprender la condición humana y, de forma certera y paciente, transitar por los sistemas de creencias con la convicción de que todo proceso de cambio es lento (o que toma orgánicamente el tiempo necesario). Para eso, la prudencia debe dialogar con la resolución de modo atento pero decidido, ya que "cada ser humano, antes que empleado de tal empresa, funcionario de tal burocracia o ejecutivo, es un microcosmos biopsíquico, con una madeja de instintos, inclinaciones, emociones, opiniones, hábitos y conflictos" (Rodríguez, 1985).

FACTORES CRÍTICOS DE ÉXITO, ¡LO QUE HOY DEBEMOS CUIDAR!

a) En el ámbito del clima organizacional:
   - Generar una cultura colaborativa.
   - Desarrollar dinámicas internas apreciativas.
   - Incentivar a comunicarse nutritivamente.
   - Fortalecer el trabajo en equipo, promoverlo.

¿Cuánto de esto ocurre dentro de su organización?

b) En el ámbito del aprendizaje organizacional:
   - Fomentar la creación de nuevos conocimientos.
   - Validar el aprendizaje continuo (cursos, talleres, etc.).
   - Transformarse en una comunidad de aprendizaje.
   - Respetar las preguntas por encima de las respuestas.

¿Le motiva aprender? ¿Le gusta hacerse preguntas?

c) En el ámbito de la infraestructura organizacional:
   - Generar espacios cómodos, iluminados.
   - Fomentar oficinas funcionales y amenas.
   - Incorporar el color y el diseño para generar calidez.
   - Facilitar espacios de encuentro (comedores, estacionamientos, etc.).

¿Siente que los espacios de su organización son cuidados y gratos?

d) En el ámbito de tradiciones organizacionales:
   - Desarrollar un relato compartido, que genere identificación.
   - Incluir actividades carismáticas (innovación en las reuniones, etc.).
   - Realizar celebraciones y espacios de encuentro organizacional.

¿Existen en su organización ritos genuinos que convoquen?

e) En el ámbito del liderazgo organizacional:
   - Fomentar un liderazgo que acompañe desde la confianza.
   - Promover una escucha atenta por parte de los líderes.
   - Gestar un liderazgo conectado con el poder de las emociones.
   - Desarrollar un liderazgo formador, educando con nuevas preguntas.

¿Su liderazgo convoca, es creíble, es coherente, se sostiene en el tiempo?

f) En el ámbito de la promoción organizacional:
   - Multiplicar la empatía dentro de la empresa.
   - Validar la autoestima y la dignidad (individual y grupal).
   - Fundar un trabajo intrapersonal (conmigo mismo) sostenido.
   - Difundir prácticas interpersonales dentro de los equipos.

¿Cuáles son los valores que desea vivir dentro de su organización?

g) En el ámbito de las políticas organizacionales:
   - Dar presencia al reconocimiento individual y grupal.
   - Fomentar los beneficios —no sólo económicos— frente al buen trabajo.
   - Desarrollar un equilibrio sostenido: vida laboral y vida familiar.
   - Aplicar transparencia a todos los procesos internos.

¿Cuántas veces en la vida le han dado las gracias en su lugar de trabajo?

CASO The Newfield Network innovando internamente

(Autocuidado interno)

"Hablar es una necesidad, escuchar es un arte."
Johann Wolfgang von Goethe

Un ejemplo que deseo destacar de autocuidado fue el vivido en octubre de 2013 en las oficinas de The Newfield Network, Escuela Internacional de

Coaching Ontológico, donde trabajo. Como todos los lunes, a las nueve y media de la mañana, se reunió el equipo para planificar las tareas de la semana. Estas reuniones por lo general duran dos o tres horas. El gerente general, Jorge Olalla, inició la reunión con una dinámica que definitivamente percibo como un espacio de autocuidado organizacional. En un momento dado, Jorge nos pidió que nos colocáramos en círculo y que cada uno de nosotros escribiera una frase. Y así lo hicimos; cada uno en silencio sacó su papelito con la frase. La dinámica consistía en leerle al compañero de al lado el texto y comentarlo. Lo mismo haría el compañero de al lado con su frase. Estas conversaciones por parejas fueron breves, profundas, cuidadas y cargadas de sentido. Las parejas conversaron por un momento y, después, las reflexiones se abrieron al grupo. Esta apertura generó nuevas miradas y definitivamente se inició el día con un aprendizaje nuevo, con una nueva reflexión.

Me interesa destacar que cada una de las frases escogidas apuntaba al desarrollo integral de un equipo que todos los días está construyendo escuela. Yo me encontré con el siguiente texto: "La mitad de la belleza depende del paisaje y la otra mitad del hombre que la mira". Comentando esta frase con mi colega Rodrigo Pacheco (Roco), hizo una afirmación que claramente me cambió el paradigma. Me dijo: "Fernando, yo estoy convencido de que no es la mitad, sino que el 100% de la belleza que observamos depende de nosotros". Esta sola conversación me abrió la mirada a diversos temas. De esta forma, durante veinte minutos, las parejas conversaron, compartieron sus puntos de vista y, después, todos tranquilos y con nuevas distinciones[4] en el cuerpo, iniciamos la tradicional reunión con renovado entusiasmo. Aprendizaje final: la dinámica, muy bien cuidada por Jorge, ayudó a cada uno de nosotros a conocernos mejor como equipo, como, de igual forma, estoy seguro de que hubo una abstracción interna, un "sacudón" individual.

Éstas son las frases que Jorge nos propuso para iniciar el día:

- "Hay gente tan pobre, tan pobre, que lo único que tiene es dinero."
- "Si te aproximas a una audiencia con una actitud generosa de amor, no habrá espacio para el miedo."

4. Defino "distinción" como la capacidad de ampliar los paradigmas del aprendizaje.

- "No te preocupes por no poder darles todo lo mejor a tus hijos... ocúpate en darles lo mejor de ti."
- "Nadie podrá hacerte sentir inferior sin tu consentimiento."
- "Nosotros no vemos las cosas como son; vemos las cosas como somos nosotros."
- "El error más grande que puedes cometer es tener miedo de cometer un error."
- "Las personas se unen por afectos y valores, y se separan por intereses."
- "La honradez es como la inocencia, una vez que se pierde no se recupera jamás."

De estas frases emanaron preguntas, disquisiciones personales con nuestras historias de vida. También surgieron las reflexiones más formales... cada una de estas frases daba para navegar por un mar de dimensiones y experiencias de vida. Es ahí donde podemos hallar el autocuidado, ya que con estímulos precisos surge el sentido, el aprendizaje y la emoción. Bella dinámica, y, como siempre, accionando los resortes indicados para co-construir una comunidad de aprendizaje atenta y abierta a conocer(se).

CONTENIDOS ORGANIZACIONALES (MISIÓN, VISIÓN, VALORES, POLÍTICAS INTERNAS, ETC.)

Las empresas y organizaciones poco a poco están comprendiendo que el conocimiento (definido como creencia cierta justificada) será "el" recurso que las diferenciará de la competencia a medio plazo. Es este conocimiento (experiencias, investigaciones, políticas, prácticas y teorías) el que todos los días deberá permear los muros y las conciencias de los equipos de trabajo. De igual forma, este conocimiento será el que en muchas ocasiones invitará a dar un giro en la manera de entender la gestión diaria. En algunas ocasiones no nos damos cuenta, pero las propias rutinas laborales ya implican conocimiento que, en algún momento de la jornada, hay que sistematizar, aprender o mejorar.

¿Cuál es el camino para hacer que esta información se transforme en conducta e identidad a lo largo del tiempo? Por lo general, el mal de las organizaciones es acumular conocimiento, lo habitual es guardarlo en carpetas, archivadores y estantes. Esto genera un conocimiento silencioso, de bajo impacto, que obviamente no interviene en los sistemas de creencias de las personas.

Aún más, muchas veces el conocimiento no es percibido como tal, ni siquiera es reconocido como un insumo posible de utilizar. Lo anterior genera solamente pérdida.

Así, cuando el conocimiento se transforma en contenido/presente, para el aquí y el ahora dentro de una organización, en ese instante se acuña en el ADN de la empresa. Este ADN será acumulativo, será un saber distinto, más depurado. Frente a este tema, José Babini (*El saber*) instala la dimensión del saber como un transmisor poderoso "en el proceso que va desde la vivencia individual hasta el juicio verdadero, intersubjetivo e intercomunicable" (Babini, 1957). El saber, que podríamos definir como el gran parlante que dará un sentido mayor a los actos, como de igual forma, el que justificará los futuros criterios y tomas de decisiones internas.

Los elementos que conforman los contenidos organizacionales de una compañía son:

- Misión, visión, valores (ética), planificación estratégica, etc.
- Políticas internas de la compañía (protocolos y prácticas).
- Conocimiento aplicado (certificaciones, modelos de gestión, etc.).
- Conocimiento por área (metodologías, discurso técnico, indicadores, etc.).
- Estadística en general (sobre el negocio, el mercado, las metas, etc.).
- Últimas innovaciones y tendencias procedentes del mercado externo.
- Nuevos conocimientos creados por los equipos dentro de la organización.
- Estructura organizacional, perfiles de cargo y competencias.
- Estudios: clima, comunicaciones, procesos, gestión, producción, etc.
- Políticas de desarrollo de recursos humanos (beneficios, formación, etc.).

Otra dimensión relevante dentro de los contenidos es la información dura (rigurosa). Es importante plantear que dentro de los contenidos encontramos la dimensión cuantitativa, estadística que representa una ventana abierta al campo del negocio. Son pocas las empresas que transparentan sus estadísticas, sus ganancias, los volúmenes de venta, las cifras de crecimiento, la accidentabilidad, etc. Los números a menudo resultan un silencio para el conjunto de los trabajadores. Sólo les informan de cuál es la meta pero, por lo general, cada persona trabaja para su propia meta, para su proceso más que para el total de la empresa. Esta práctica, bastante poco sistémica, junto con generar desconexión con el negocio y a ratos alejamiento del sentido del "por qué hago lo que hago", también transmite una borrosa transparencia. Cuando a una organización se le otorga toda la información, cuando se transmite de modo diáfano cuál es el contexto actual, cuando se dan las buenas y las malas noticias vía estadística, las personas lo agradecen. Así es, agradecen manejar contenidos que le darán mayor fluidez a sus trabajos, pero también esta apertura generará una predisposición mayor y genuina para emprender esfuerzos, si es que así lo merecen las cifras. En estos tiempos de co-construcción de la realidad, el conocimiento merece que una organización, más allá de su sector específico, haga también entregas o "bajadas" de contenidos con cifras verosímiles y que aporten al trabajo individual y grupal. En estos tiempos la "transparencia" es también un valor. Lorena Steinberg (*Comunicación para la transparencia*) reflexiona sobre el acceso a la información planteando que "si alguien no puede disponer de una información perfecta en el momento de decidir, se conforma con la primera solución que le parece más satisfactoria" (Steinberg, 1999). Como vemos, esto puede afectar el proceso de la gestión en sí.

Transparentar el contenido y llevarlo a la acción, un ejemplo:

- Se realiza un estudio (auditoría de comunicaciones internas, por ejemplo). La empresa (externa) entrega el informe y ahí comienza el proceso.
- La gerencia de comunicaciones junto con la gerencia de personas deben planificar una bajada con sentido al interior de la organización.
- No es útil pensar solamente en informar (o dar, sinónimo de entregar) sobre los resultados del estudio, la ruta aconsejada es comunicarlos (entenderse) efectivamente a la empresa.
- El reto no es sólo estudiar el *abstract* (resumen) final, sino la investigación completa. Con este mismo rigor se deben desglosar los diversos ítems, por temas, por niveles de urgencia, por temáticas estratégicas, etc.

- A partir de este trabajo surgirán diversos conocimientos, desafíos y responsables. Esta información, valiosa, se comparte con los líderes de la organización. Se reflexiona al respecto y se toman decisiones. Se articula el sentido al interior de los líderes, se generan compromisos y acciones.
- Posteriormente se hace una bajada transversal a toda la empresa. Ésta debe responder también al sentido de la base organizacional. Aquí el diálogo se transforma en el motor que fomentará la empatía con el tema.
- Se sistematiza el estudio y se entregan resultados a las áreas, se acompaña con presentaciones eficaces, directas y transparentes. Asimismo, se acompañan las conversaciones que pueden surgir. Se sacan conclusiones grupales, se validan compromisos y nuevas prácticas, y se implementan.
- La información queda en manos de todos, para que así la toma de conciencia sea colectiva, real. Se debe generar sentido entre los resultados del estudio y la calidad de vida en el interior de la organización que se desea tener en esta nueva etapa.
- Otro recurso importante es comunicarlo en los diversos soportes comunicacionales de la empresa (impresos, digitales, audiovisuales, etc.) y, a la vez, comunicarlos a partir de diversas narrativas (entrevistas, reportajes, columnas de opinión, campañas internas de *endomarketing*, etc.) para así darle continuidad y permanencia al tema en las conversaciones internas.
- Generar un trabajo profundo con el sindicato para emprender una reflexión mayor y, con esto, alinear criterios y prácticas compartidas. Desafío final: llevar a cabo compromisos comunes, alineados.
- Otra trabajo que debe emprender en conjunto la gerencia de comunicaciones con la de personas es hacer una bajada educativa con los mandos medios, ya que son ellos los que materializan las prácticas laborales en sus equipos de trabajo. Esto se debe transformar en cultura.
- Por último, el mejor contenido que impacta en un colectivo de trabajo es el que perdura en las políticas internas de la organización.

Cuando los contenidos de una organización son palpables y aplicables a la conducta organizacional, una dimensión dinamizadora transforma ese insumo en una oportunidad de desarrollo.

Preguntas posibles:

- ¿Cómo conseguir que los valores, por ejemplo, sean un tema diario en la conducta de la organización?
- ¿La misión y la visión son lugares comunes a la hora de profundizar sobre el negocio dentro de una compañía? ¿Qué hacer para que estos contenidos sean manejados y articulen un sentido no sólo en el directorio sino también en la gerencia, los mandos medios y la base organizacional?
- ¿Qué prácticas se deberán implementar para sistematizar el conocimiento que surja de las rutinas diarias en el interior de los equipos de trabajo?
- ¿Cómo transformar a los equipos de trabajo en redes de aprendizaje continuos para que no sólo almacenen conocimiento, sino que también generen un nuevo conocimiento?
- ¿Cómo conectar los contenidos estratégicos de una empresa con el día a día, con el sentido (individual y grupal) y con el campo de las preguntas?
- ¿Cómo llevar los contenidos estratégicos a instancias de mayor valoración como son los ritos, mitos, hitos, emociones, etc.?

CASO ***Retail*** **y los valores aplicados**

(Identidad reconocible)

"Es por el hombre que hay valores en el mundo." Jean-Paul Sartre

Del conocimiento al contenido, del contenido al saber… y ¿cómo vivir toda esta información acumulada?, por ejemplo, los valores de una compañía. ¿Qué podemos hacer para que estos valores sí sean percibidos y reconocidos por todos? He visto una infinidad de empresas cuyos valores o están plenamente enfocados en el campo del trabajo (eficiencia, honradez, impecabilidad, etc.) o se trata de una lista de valores casi imposibles de cumplir (por lo extenso), o son valores transversales casi estandarizados para cualquier organización (sin identidad). Me ha tocado ver pocas empresas en las que sus valores estén pensados para ser ejecutados todos los días. En este caso, los valores muchas veces se transforman en un conocimiento altamente atractivo para la literatura (quedan muy bien escritos pero sólo en el papel), pero para ser honestos, con muy poco impacto dentro de las propias organizaciones. Pareciera que las compañías no se imaginan prácticas factibles para ejercitar el valor, para darles materialidad y con esto hacerlas reconocibles e imitables en el interior de sus estructuras.

Los valores se relacionan con el contexto diario, con el negocio y las personas. Los valores representan la cultura de la empresa. "Cabe recordar que el valor no es una estructura, sino una cualidad estructural que surge de la reacción de un sujeto frente a propiedades que se hallan en un objeto (en este caso sería el negocio). Por otra parte, esa relación no se da en el vacío, sino en una situación física y humana determinada" (Frondizi, 2007). A esta dimensión Hunter Lewis (*Valores humanos*) suma nuevas distinciones: "[valores] tendría que ser sinónimo de creencias personales, en especial relativas a lo 'bueno', lo 'justo' y lo 'hermoso', creencias que nos impulsan a la acción, a cierto tipo especial de conducta, a la vida" (Hunter, 1998). Es así como los valores, más allá del uso que se les da a escala general dentro de las organizaciones, son y serán siempre un eje conductual, a veces invisible. A pesar de lo anterior, hay empresas que en muchas ocasiones van en contra de sus propios valores, es decir, organizaciones que no cuidan el medio ambiente, que no respetan a sus empleados, instituciones en las que la excelencia no es un tema relevante.

Los valores nos rigen y también nos exigen coherencia y consistencia las veinticuatro horas del día. Los valores también pueden transformarse en una invitación para que mejoremos como colectivo humano. "Busquemos los valores que nos hacen crecer, aquellos que mueven al ser humano a encontrar lo mejor que hay en su interior: a cooperar por encima de competir, a buscar la verdad por encima de obsesionarse con tener razón y a escuchar para intentar comprender cómo ven el mundo los demás" (Alonso, 2011). Los valores delimitan y educan, los valores también nos desafían y nos motivan, los valores son para las organizaciones el corazón y el cerebro, un motor de cambio positivo.

Un caso interesante en el que se trabajan los valores con profundidad es en un reconocido *retail*, organización en la que participé tiempo atrás como consultor de sus comunicaciones internas para el área de logística. En aquel tiempo el reto era fortalecer las comunicaciones internas, para eso se llevaron a cabo una serie de soportes comunicacionales en los que cada uno de ellos cumplía un rol determinado. La mayor efectividad en este sentido estuvo dada por la instalación de unos megadiarios murales donde no se hablaba de trabajo, sino que se generaba un espacio de conexión emocional mayor con los trabajadores. El desafío era conectar la organización con las historias de vida de sus empleados. El diseño, el cómo titular los textos, el cómo presentarlos y contar la historia generó un diálogo relevante con cada uno de sus lectores. Con esta experiencia cada uno de los trabajadores tuvo su espacio. Estas historias de vida eran profundas, optimistas y cargadas de sentido para quienes las leían. Un ejemplo fue la historia de una madre que trabajaba con entusiasmo, ya que deseaba que su hija cumpliera su sueño: ser una destacada deportista. La historia descrita instalaba recursos de vida poderosos como el esfuerzo, la voluntad, el compromiso, la pasión y el amor. Este caso generó un impacto mayor, ya que esta mujer sólo era conocida por su labor en la empresa, nada más que por eso. De igual forma, estos diarios murales también hablaron de los valores de la institución. El desafío era dar vida a estos valores con prácticas diarias, acciones verdaderamente reconocibles y compartidas por todos.

En el caso de la compañía, los valores eran cuatro (en aquel tiempo): pasión, creatividad, disciplina y cercanía. Cada uno de los valores de esta institución se vivían, y esto era percibido como el resultado de un trabajo serio y profundo por parte de la gerencia de personal. Esta gerencia tenía clara su tarea: dar presencia, contenido y práctica a los valores. Es más, existían premios semestrales por cada valor. Se buscaba a la persona que encarnaba el valor y se le reconocía públicamente. De esta forma se pretendía permanentemente declarar y vivir los valores intensamente dentro de la empresa. Por tanto, éstos eran comunicados, compartidos, reconocidos y premiados permanentemente. Es importante destacar que cada valor poseía una definición y se planteaba también con relación al cliente. Obviamente, todas estas acciones centradas en el modelo de negocio de la empresa.

Un ejemplo del valor inserto en un *retail*:

- Valor pasión: vivimos, trabajamos y comunicamos desde la pasión.
- Definición: la pasión es enfocar la mente e involucrar el corazón en

todo lo que hacemos (metas, desafíos, clientes, proyectos, ventas, tareas, reuniones, conversaciones, esfuerzos, talento y compromisos).
- Frente a los clientes la pasión significa: "Estar enamorados por el servicio al cliente; entregar soluciones más que propuestas; conectarnos más que sólo escuchar; comprometernos más que estar presentes; ir un paso más allá y dar siempre un 110%".
- Se recomienda desde una perspectiva comunicativa informar siempre tanto las buenas noticias como las malas. Desde esta transparencia la comunicación informal será baja y a partir de este criterio, siempre habrá contexto para emprender acciones con la participación del conjunto de la organización.

IDENTIDAD ACTIVA, EL GRAN MOTOR QUE SOSTENDRÁ EL PROCESO DEL MAR

Cuando hablamos de identidad activa, nos referimos a cómo una empresa, con todos sus contenidos, prácticas y valores se transforma en una institución coherente tanto interna como externamente. La identidad, el quién soy yo como institución, es el recurso que hará que una organización tome decisiones certeras, sin inconsistencias éticas y siempre habitando la coherencia de la conducta responsable. Sobre la identidad, el biólogo chileno Francisco Varela (*El fenómeno de la vida*) reflexiona: "... mi conclusión será que la relación entre organismo y el sí mismo *(self)* resulta ser la imbricación de dos dialécticas distintas: una ligada al mecanismo de la identidad, la otra unida al modo de relacionarse con el mundo" (Varela, 2000).

Esta coherencia, esta necesidad por generar un eje central, articulador y desde un diálogo sistémico con la organización, calza en su globalidad con los seis factores críticos de éxito que considero que son piedras fundacionales en esta materialización de la identidad activa. Serán seis los elementos que generarán la movilidad, los que se enfocarán en las preguntas y acciones necesarias para que tengamos óptimos resultados.

a) *Emoción*:
   - La emoción es un motor poderoso que mueve a la identidad.
   - Las emociones no son ni buenas ni malas, están al servicio de la identidad.

- Las organizaciones muchas veces aprenden y habitan una emoción (rabia, frustración, apertura, ambición, etc.), esto forja también la identidad.
- Elementos centrales: la mirada apreciativa,[5] la paz organizacional y la ambición positiva.

b) *Comunicación*:
- Comunicar genera entendimiento interno y esto nutre la identidad.
- La buena comunicación transparenta la identidad y genera confianza.
- Comunicar desde la identidad es sinónimo de coordinación de acciones.
- La identidad coherente basa su comunicación en la valoración del otro.
- Elementos centrales: la red informada, el diálogo continuo y la escucha activa.

c) *Participación*:
- La participación da cuerpo a la identidad desde la coconstrucción.
- Una identidad participativa se funda en la diversidad y el respeto al otro.
- La identidad y la participación se funden en tareas y búsquedas comunes.
- Los elementos centrales: el trabajo en equipo, el empoderamiento y la sinergia.

d) *Liderazgo*:
- Liderar desde el silencio, sin escuchar ni validar al otro, no comprendiendo su contexto, significa que el liderazgo no está presente en ese grupo humano, ¡así de simple! Ahora, cuando la comunicación se asoma al campo del líder, a éste definitivamente se le abren las puertas para construir un equipo mayor, más eficiente, motivado y carismático. Los líderes por lo general informan, pero estoy convencido de que en estas mismas empresas hoy el reto mayor es COMUNICAR[6] (buscar el entendimiento). Debemos pensar en un liderazgo reconocible.

---

5. Mirada que centra su poder en los núcleos luminosos de las organizaciones, de las personas y sus actos.

6. Ver *Comunicar* (Gedisa-Océano), primer libro de Fernando Véliz Montero.

SOBRE EL LIDERAZGO, DOS MIRADAS Y UN SOLO DESAFÍO

En la actualidad, en una sociedad de la incertidumbre como la nuestra, el buen liderazgo se transforma en factor crítico de éxito. Esto como resultado de un criterio mayor: construir comunidad, levantar equipos de trabajo y articular sueños compartidos. Por eso, cuando el liderazgo y la comunicación se fusionan, surge un nuevo campo de acción: el liderazgo comunicativo. Los autores más representativos del *management* son claros en estas materias. David Fischman (*El espejo del líder,* 2009) abre la discusión enfatizando que "cuando escuchamos, enviamos un mensaje de respeto y consideración por los demás. En cambio, cuando sólo nos centramos en hablar, comunicamos una imagen de soberbia, individualismo y ego". Por su parte, Pedro Flores (*El líder coach*, 2009) recalca que la "comunicación efectiva se basa en escuchar, afirmar y declarar con poder". Nureya Abarca (*Inteligencia emocional en el liderazgo*, 2010) advierte de que "El desafío de la comunicación consiste en aprender a decir lo que queremos expresar y escuchar lo que nos quieren decir [...] la clave para lograr una comunicación efectiva está en la confianza". Desde la mirada anglosajona, John C. Maxwell (*Las 21 cualidades indispensables de un líder*, 2007) plantea que "la comunicación no es sólo lo que se dice, es también cómo se dice. Contrariamente a lo que algunos educadores enseñan, la clave para la comunicación efectiva es la simplicidad". H. B. Karp (*Guía para el líder del cambio*, 1996) agrega a esta idea que "las técnicas de negociación son eficaces sólo cuando se basan en una comunicación clara. Como líder del cambio, usted está en condiciones de tomar el control del proceso comunicacional". David Fischman (*El líder transformador*, 2010) se suma a esta compilación de opiniones: "No basta tener una presa de agua, también debemos poseer los canales para irrigar las tierras. De la misma forma, no basta con almacenar conocimientos en la mente, hemos de tener la capacidad de comunicarlos para inspirar a las personas". Concluyo este abanico de miradas sobre el liderazgo y la comunicación con Nureya Abarca, quien, desde el campo del conocimiento del líder, afirma que "si las personas no confían en el líder, es difícil conducirlas al cambio. Para lograr que confíen en uno, es necesario que lo conozcan: quién es, de dónde viene y por qué tiene las ideas que tiene" (*El líder como coach*, 2010).

El liderazgo y la comunicación son elementos básicos para la construcción de una identidad verosímil. Las compañías que tienen líderes autoritarios y déspotas fomentan una identidad organizacional abusadora y verticalista. Esas empresas redundan en prácticas internas agotadas y desconectadas de los grandes desafíos.

En este sentido, surgen otros recursos que fortalecen y acompañan al liderazgo, uno de los cuales es el *coaching* ontológico.[7] Y desde esta dimensión ontológica (estudio del ser) surge el liderazgo *coach*, un liderazgo que posee recursos reconocibles para fortalecer el ¿quién soy yo? (identidad) de las empresas.

Anteriormente ya hablábamos del liderazgo *coach* y el desafío de profundizarlo, convertirlo en cultura y práctica diaria. Liderazgo *coach* y el fortalecimiento interno:

- Los líderes *coach* son personas altamente avanzadas en el plano de la inteligencia emocional. Son líderes que comprenden que las personas son algo más que trabajo y metas. Desde esta mirada más receptiva, poseen mayores recursos para acompañar procesos individuales y grupales, generándose con esto una gran confianza.
- Estos líderes *coach* también comprenden que el aprendizaje es un motor permanente en una organización. Son personas que más que hablar de equipos lo hacen de comunidades de aprendizajes. Son líderes que valoran el conocimiento, la investigación, las preguntas y la curiosidad. Asumen que hoy el conocimiento es un recurso mayor, transformador y movilizador en el interior de la organización. Es importante plantear que estos líderes comprenden que aprender muchas veces lleva al error, pero para este líder no es problema y, aún más, lo valida como antesala de las nuevas miradas. Rafael Echeverría reflexionó permanentemente sobre el liderazgo *coach* como también sobre el conocimiento y el mundo del trabajo. Echeverría decía que antes las empresas fundaban sus resultados en el trabajo físico, en cambio hoy el desafío es generar conocimiento. También pone el énfasis en esto de "Tirar las barreras que frenan el acceso al conocimiento", y a la vez, "Compartir el conocimiento y crear capital intelectual común". Desde estas dimensiones el rol persuasivo y carismático de los líderes *coach* no es menor. "Nuestra capacidad competitiva está en nuestra capacidad para aprender" (Echeverría, 2008).

---

7. Cambio de mirada en el cómo entender los procesos de trasformación tanto en personas como en organizaciones. El *coaching* ontológico opera desde la coherencia desde tres grandes dimensiones: cuerpo, emoción y lenguaje.

- Los líderes *coach* dejan hacer, fomentan la confianza y no se sienten atemorizados frente a personas con iniciativas y carisma propio. Estos líderes están convencidos de que su rol es hacer florecer a las personas, darles alas y desde ahí potenciar un claro desafío organizacional.
- El liderazgo *coach* busca el equilibrio entre la vida personal y la vida laboral. Comprenden que el desarrollo individual es fundamental.
- El líder *coach* posee una gran capacidad para coordinar acciones, tiene poder de convocatoria y credibilidad absoluta. Sus equipos se motivan desde el compromiso, y el desafío siempre se comparte desde un entusiasmo y una ambición positiva. Es coherente.
- Otro elemento importante de este liderazgo es su capacidad de generar flexibilidad y capacidad adaptativa en sus equipos de trabajo, esto como resultado de un diagnóstico claro: frente a la sociedad de la incertidumbre el cambio debe ser abordado como un concepto permanente.
- Un líder *coach* es una persona creíble que cumple sus compromisos, que sabe pedir, que sabe hacer promesas y ofrecer. Este líder no delega responsabilidades, el líder *coach* diseña experiencias de aprendizaje, siempre bajo el marco de una ética de la convivencia validada por todos.
- Por último, el liderazgo es algo más que una suma de componentes (poder, jerarquía, desafíos y equipos); éste muchas veces nos sorprende con distinciones nuevas, con experiencias llenas de perspectivas y nuevas preguntas. El caso que contaré ahora busca eso, esto es, sumar componentes, desafiar los lugares comunes y levantar nuevos factores críticos de éxito para el cumplimiento de un desafío compartido.

CASO **PNUD y la experiencia de Quintay**

(Liderazgo transversal)

> "El liderazgo es la capacidad de transformar la visión en realidad."
> Warren Bennis

Por esas cosas del destino, en 1998 tuve la suerte de trabajar en un documental del PNUD (Programa de Naciones Unidas). El tema que había que investigar era la "Generación de polos de desarrollo, desde la organización autogestionada de las comunidades territoriales". Este proceso de investigación resultó todo un regalo para la vida, ya que hubo que salir a conocer experiencias locales, experiencias valiosas que dormían en el silencio del anonimato. Una isla cercana a Valdivia y una caleta a más de cien kilómetros de la ciudad de Antofagasta (norte del país) fueron algunos de los espacios que recorrimos… pero entre tanta visita hubo un territorio con luz propia que captó definitivamente la atención de quienes participábamos en este proyecto: la caleta de Quintay y su sindicato de pescadores. A modo de síntesis, el texto que viene a continuación está inspirado en experiencias de vida, de colaboración, gratuidad, amor a las familias, solidaridad, aprendizajes, unidad, emprendimiento, pasión… Todo esto y más ocurrió, porque un grupo de pescadores (y amigos), en un momento de necesidad vital, decidieron reinventarse, desafiando su historia, sus experiencias de vida y su entorno. Al leer este texto, el lector se dará cuenta de que el hilo conductor del relato se fundamenta en la dignidad, gran concepto que se articuló desde un liderazgo transversal, de todos.

Todos para todos…

La caleta de Quintay, a unos cincuenta kilómetros de Valparaíso, inicia sus funciones en 1997 como organización legal. Para tal efecto, se creó la Fundación Quintay, organismo liderado por un sindicato de pescadores. El objetivo de este esfuerzo colectivo era promover, fomentar y desarrollar la pesca sustentable, la protección, la defensa y la recuperación del medio ambiente marino y el manejo responsable de la costa.

Desde 1943 hasta 1967 la ballenera más grande de Chile actuó de forma sistemática en Quintay. Ingleses, alemanes y japoneses lideraron el trabajo industrial de la ballena y sus derivados (aceite, jabón, peinetas, detergente, etc.) hasta que el gobierno de la época (Eduardo Frei Montalva) decretó la prohibición de la caza de ballenas. Esta industria, donde trabajaban más de mil personas, operaba sin parar las veinticuatro horas del día, todos los días del año. Se cuenta que la intensidad de producción era tal que al igual que con la historia del salitre, existía el concepto de las "camas calientes", es decir, las camas siempre eran ocupadas para el descanso de los pescadores (turno tras turno, sin detención). En esa época se cazaban dieciséis cetáceos diarios. La técnica usada era arponear la ballena y después hacer explotar una granada que la mataba instantáneamente.

Hoy los viejos pescadores —jóvenes en aquel tiempo— cuentan que el cielo de Quintay en esa época estaba cubierto por una nube negra, nube que emergía de las largas y tóxicas chimeneas industriales. Esta contaminación también afectó el aire y la costa de la zona.

En 1967 termina la caza de ballenas —por decreto— y con esto, la costa se deprime económicamente. ¿Qué hacer ahora?, ¿de qué vivir?, ¿con qué herramientas luchar para desaprender y aprender?, ¿cómo reinventarse?, ¿cómo resignificar el territorio y, con esto, retomar el sentido de las familias de esa zona? Pasaron los años y, obviamente, nada resultó fácil para sus habitantes.

A mediados de los años noventa nuevas generaciones de pescadores quisieron revertir esta historia. Sabían que sus familias merecían una vida mejor, y que el territorio natural necesitaba cuidados y mejores prácticas para su administración. No recuerdo bien si eran sesenta o setenta pescadores, pero sí recuerdo cómo un grupo de ellos, organizados, sin estudios avanzados, trabajadores del mar, con una alta claridad y un liderazgo colectivo, caminó por la senda de profundos cambios culturales e innovación en la gestión económica y social del territorio. Era el momento de volver a crecer.

Líderes transversales

El liderazgo colectivo de este grupo humano era visionario. Todos juntos comprendieron que el desarrollo se basaba en alianzas, para eso generaron expeditos diálogos con universidades —Católica y Andrés Bello— ya que el territorio requería de conocimientos especializados. En una segunda etapa, recorrieron las orillas turísticas de Quintay y se dieron cuenta de que muchos de los vecinos que ahí pasaban las vacaciones eran conocidos e influyentes políticos del gobierno y parlamento de la época. Con esta alianza, Quintay tuvo un blindaje único, que hacía de la zona un espacio de influencias imposible de contrarrestar. En el campo económico, llegó un momento en el que el negocio de la extracción de moluscos debía profesionalizarse. Ellos eran buzos y sabían extraer el recurso, pero la comercialización era otra historia. Para eso, después de mucho debate interno, el conjunto de los pescadores tomó la decisión de contratar a un ingeniero comercial que trabajara para ellos. Pasó el tiempo y estos "campesinos" del mar, que de forma estructurada y científica planificaban y extraían los recursos del océano, asumieron que llegaría el momento en que estos moluscos tendrían que ser exportados al mundo entero. Estos líderes transversales estaban empoderados. De igual modo, existía la conciencia de que la economía debía estar fuertemente ligada al sector del turismo. Es así como los pescadores comprendieron que ya era hora de aprovechar la infraestructura; de esta forma, las oxidadas y alicaídas instalaciones de la ballenera se transformaron en una multiplicidad de espacios para el uso colectivo (museo, biblioteca, sala de eventos, espacio para los deportes acuáticos, etc.). A esto se añadió un restaurante de alto prestigio que, con gran sabiduría, fue instalado en el mejor emplazamiento de la caleta. La orilla de Quintay, poco a poco, comenzó a hacerse conocida por sus deliciosos platos de marisco y pescado fresco. Este sindicato organizado sobre la base de decisiones colectivas comprendió que el desarrollo del territorio debía hacerse a partir del liderazgo compartido, de todos, transversal.

Este colectivo durante el día navegaba e intervenía en sus costas, y por la tarde planificaba el territorio, la economía y la vida de sus familias. Ya se hablaba de maquinaria para plastificar al vacío los moluscos para la exportación; de organismos internacionales (PNUD) interesados en sistematizar la historia de esta agrupación; de viajes para expandir esta experiencia dentro y fuera de Chile... La sintonía de este colectivo hizo de liderazgos dispersos un cuerpo único de acción organizacional y transversal.

Este colectivo de gente sencilla, que dedicó esfuerzos y sacrificios, asumió que lo importante no eran los egos y los retos personales, sino la gratificación y el servicio más allá de una necesidad o aspiración personal. Esto se vivía cotidianamente, en las reuniones, en las tomas de decisiones, en los acuerdos, en los debates internos, en todo lo que emprendía el grupo.

La mirada colectiva de este sindicato de pescadores era altamente gratuita, inspirada en un compromiso total por la comunidad, y pensada para el conjunto de quienes ahí vivían.

Obviamente, y como todo gremio, las complicaciones surgían con frecuencia. Los particularismos, las pasiones individuales podían llegar a ser un obstáculo, pero sólo si se rompía este "acuerdo social" de construir un proyecto para todos, inclusivo y altamente participativo. Era clave liderar, pero esto se hizo de forma transversal, entre todos y para todos. Este cuidado del equipo, este autocuidado para preservar a la comunidad de trabajo, era el resultado de una intuición atenta, una intuición que invitaba a la calma, que convocaba para respetar la diferencia y, desde aquel punto, construir un compromiso único y colectivo. La carta de navegación estaba muy clara: habitar un territorio generoso y colaborativo, a partir de gestos desprendidos y conectados con el otro.

Fueron estas mismas personas, junto con sus familias, quienes un día compraron una "liebre"[8] deteriorada y la arreglaron para trasladar a sus hijos al colegio (en Valparaíso, a 47 kilómetros de Quintay), ya que la zona no poseía un transporte permanente al puerto. De igual forma, se trata del mismo colectivo que hoy pesca sofisticadamente con GPS, y expande sus experiencias al mundo entero con conferencias ancladas al sentido y las buenas prácticas.

Son estas comunidades cohesionadas las que también, más allá de los intereses y mezquindades humanas, observan orgullosas cómo la vida cambia, en la medida en que la visión y el corazón de muchos está al servicio del otro, de los otros. Durante siete días pude ver que nadie sobraba en este proyecto, que cada pescador era un ser con luz propia (carisma), y que el esfuerzo personal siempre apuntaba al mismo lugar y objetivo: alcanzar la felicidad y el bienestar del conjunto de la comunidad.

Aprendizajes posibles para entender este liderazgo compartido:

- Los equipos se fundamentan bajo techos que convocan, generan sueños compartidos y concluyen en experiencias inclusivas.
- El liderazgo puede ser vertical, pero también puede ser una experiencia transversal, experiencia que deberá sostener un solo concepto a lo largo del tiempo: la confianza colectiva.
- Asumir que las metas se instalan cuando una emocionalidad articula un proceso mayor de movilidad y acción (ambición, entusiasmo, pasión, etc.).
- Reinventarse es estar en conexión con el entorno y con uno mismo, comprendiendo que el proceso mayor está en la vivencia de la voluntad, como un espacio posible.

8. "Liebre" fue por mucho tiempo sinónimo de autobús en Chile, y la gente mayor o de provincias aún lo llama de esta manera. La acepción más común, en todo caso, es "micro".

- Pedir ayuda, sumar con la colaboración de otros... ¿por qué no? Imaginar, desde el mirador, o desde los miradores de otros. Todo aporta a la hora de diseñar un proyecto de envergadura, un sueño de (y para) todos.
- La creatividad no se vende, no se cosecha simplemente, ni se extrae de las flores. El talento germina en la medida que lo validamos, entrenamos... en el instante mismo que lo convocamos para diseñar una mejor vida.
- En este colectivo de pescadores todos eran líderes, así se organizaron, y desde esta premisa tomaban acuerdos y diseñaban el futuro.
- Todos los participantes sabían que el poder del grupo estaba en este liderazgo de todos, transversal, en el que el respeto, la generosidad y la convicción colectiva se transformaba en un poder propio, diferente.

En estas páginas hemos hablado del liderazgo en sus diversos contextos, la comunicación, el *coaching* ontológico y la transversalidad del poder... posibilidades todas para emprender travesías mayores. Una de las prácticas que un líder debe tener incorporada en sus rutinas diarias es subirse al balcón, y, desde aquel frente privilegiado, observar el entorno laboral. Muchas veces las empresas quiebran porque sus líderes están solucionando detalles, temas menores, tareas demasiado operativas a ratos, es decir, no están aplicando una mirada amplia, sistémica y de medio y largo plazo en sus decisiones. En una entrevista que tiempo atrás realicé a Julio Olalla (fundador y presidente de The Newfield Network) le consulté sobre este tema de la visión ampliada por parte de los líderes:

> —¿Qué estará obstaculizando que los líderes se suban al balcón y amplíen su mirada frente a la actual realidad organizacional?
>
> —Nuevamente aparece esta idea de la expansión y la contracción. Cuando estás con el corazón apretado (contracción), estás imposibilitado de salir a buscar, de estar en el conocimiento... Es la expansión el estado que te invita a leer, a saber, a pensar, a innovar, a escuchar... Un gerente que está en el balcón, ¡sí está en expansión! La sabiduría también es un signo de expansión. Desde esta perspectiva la esencia de la sabiduría está

en vivir bien, y su poder se centra en el servicio a los demás. Por su parte el conocimiento (práctico) está relacionado con el vender o el comprar, por lo general el conocimiento es claramente utilitario. En cambio la sabiduría gesta su poder ya que está al servicio de otros. Para ser sabio se necesita tiempo. Hoy las empresas dicen no tener tiempo… y tampoco lo valoran.

Qué gran verdad y que revelación de la cual hacerse cargo para innovar, crecer y, sobre todo, crecer con otros en nuestros ámbitos laborales.

Por último, deseo transcribir una entrevista que hace años hice a un líder de recursos humanos de una empresa de seguros. Este hombre, altamente carismático enlazaba sus dimensiones personales (entre éstas la música) con sus desafíos laborales. A partir del despliegue de su carisma (luz propia) este gerente construyó una organización diferente, con un sentido claro e inspirador y he aquí parte de su historia:

CASO Un líder carismático

(Gestión de personas)

> "La confianza engendra confianza. Servicios traen satisfacción. La cooperación demuestra la calidad del liderazgo." James Cash Penny

Charles Lindholm, autor de *Carisma*, resume su libro afirmando que el carisma es la luz propia que posee un ser humano. Esta definición corresponde con la vida de Luis Gumucio (gerente de personas), hombre que desde fines de los años ochenta ha fortalecido el desarrollo de las personas en diversas compañías de seguros. Sus herramientas de intervención: humanidad, creatividad y música.

—Luis, ¿cómo percibe el desarrollo desde la gerencia de las personas?

—Todo desarrollo debe ir de la mano de una actitud frente a la vida. Sumar un enfoque valórico centrado en las personas, ¡ése es el gran desafío! Un departamento de recursos humanos tiene la responsabilidad de hacer crecer a las personas, potenciar sus talentos, motivar y lograr que éstas depositen su corazón, desde una confianza absoluta.

Este gerente que funda su gestión en una "buena comunicación", es también un amante de la música. Todos los días prepara sus reuniones con melodías clásicas y, a la vez, él mismo produce música con su violín (Zimmermann), instrumento que fue creado a fines de 1800 en San Petersburgo. Luis aprendió a tocarlo a los 42 años, teniendo de profesor a un maestro de la sinfónica y actualmente su música lo acompaña tanto en su hogar y en las obras sociales como en su oficina.

—¿Cuál es el poder que genera la música de un violín dentro de una organización?

—Toca las fibras más ínfimas del alma. El violín conecta con las emociones. Para mí resulta un acto de cercanía, hay algo de humor, es gratuito, es único y humaniza. Con este violín he interrumpido reuniones de directorio. Una vez abrí la puerta y con una actitud histriónica toqué "Cumpleaños feliz" a uno de los directores, obviamente la gente se alegró y aplaudió. Es más, cuando existe la imposibilidad de la cercanía física, hasta por el móvil he tocado "Cumpleaños feliz".

Luis nos cuenta que la música sana, y que ésta representa la extensión del alma. También afirma que toda nota musical produce creatividad y disciplina dentro de los equipos de trabajo.

—Una vez se me ocurrió hacer desayunos en una de las empresas en las que trabajaba, y bueno, la música recibía a la gente. En otra empresa hicimos voluntariado con música, llegábamos a la Vega a darle desayuno a los indigentes de la calle a las seis de la mañana, con el violín, y todos quedaban felices, lo mismo ocurre en la Fundación Las Rosas...[9] son muchos los lugares en los que buscamos como empresa sumar a la calidad de vida de las personas. En Seguros de Vida La Construcción, compañía en la que estuve diecisiete años, tenía un piano en la oficina...

—¿Qué significa para usted trabajar en una buena compañía?

—Desde los recursos humanos una buena empresa debe cumplir el rol de cuidar a su gente. Aportar, dar crecimiento, desarrollar, generar cali-

9. Organización de beneficencia chilena que acoge y alimenta a personas mayores, pobres y desvalidas.

dad de vida y trascendencia al trabajo. Ésa es la base, desde ahí hay que potenciar el crecimiento organizacional.

Este músico de empresas es también bombero (hace ya treinta y ocho años), guía turístico, lector y orador sobre historia chilena; ama la montaña y es un seguidor de Bach. Aparte de instrumentos, en su oficina tiene una infinidad de sombreros (Marina, policía, gendarmería, ejército, etc.), que, según él, simbolizan las diversas identidades por las que a veces transita la organización. Escribe con tinta verde y se define como un instrumento: "Soy un instrumento de la organización e intento poner sus valores en la práctica diaria de las personas que trabajan aquí".

—En una palabra, qué significa para usted el liderazgo:
—Guiar.
—Equipo:
—Sinergia.
—Sueño:
—Realidad. Lo que he vivido lo he soñado y lo que he soñado lo he vivido.
—Gestión:
—Conducción de recursos limitados.
—Y, por último, inteligencia:
—Capacidad para resolver.

Ya terminando esta entrevista, Luis fue claro en plantear sus pasiones:

—La música es la expresión de la armonía, el equilibrio y la paz... ¿qué mejores condimentos pueden existir para levantar una organización sana y colaboradora?

Iniciativa y voluntad

Iniciativa es dar principio a algo. Según el diccionario de la RAE (2001), la iniciativa se vincula con el derecho a hacer una propuesta; a la acción de adelantarse a los demás, entre otras acepciones. No es extraño oír que un equipo de trabajo realizó una tarea de envergadura, relevante, pero que finalmente la iniciativa fue tomada por otra persona. Es así como la iniciativa se constituye en una condición especial, de impacto, que interviene decididamente, en el presente y futuro, de la vida y el trabajo de las personas. Cuando surge la iniciativa es porque previamente hubo una idea, un proceso y acciones concretas. Las distinciones suman y siguen: "Decisión, impulso, ingenio, inventiva..." (Moliner, 2007).

Muchas veces "tener iniciativa" resulta un reto no menor en las organizaciones. O no se tiene iniciativa porque no está el espacio para emprender, o no se toma la iniciativa por el miedo a errar y, con eso, sumar una sanción o un mal rato. De modo que la iniciativa es una búsqueda personal y grupal que en estos tiempos —de alta competitividad empresarial— se hace básica para innovar, crear, e integrar procesos, servicios y productos.

Un equipo con iniciativa resulta:

- Un equipo empoderado en sus desafíos.
- Un equipo innovador en sus propuestas.
- Un equipo proactivo en el conjunto de sus tareas.
- Un equipo comprometido con sus aprendizajes.
- Un equipo confiado en sus certezas y capacidades.
- Un equipo participativo para co-construir.

Anteriormente (primera parte del libro) hablé de la identidad y expuse un trabajo cualitativo, de una organización que estaba en crisis internamente. Expuse las opiniones de sus trabajadores, opiniones que habitaban en el cansancio y el resentimiento, comprensible. El punto es que todo eso era el resultado, entre otras cosas, de líderes de primera línea sin iniciativa. Estas personas conducían la organización desde el miedo. Sabían que un error tenía costos altos, por tanto anularon su iniciativa y la de sus equipos sólo para sobrevivir con una gestión "prudente". Estos líderes a sus mandos medios sólo les pedían resultados, nada más que eso. Por tanto, resulta obvio entender que la capacidad de escucha de estos líderes era baja, que su inventiva estaba al mínimo, y que su coraje definitivamente dormía en los recuerdos. Esta organización estaba en crisis, entre otras muchas razones, por su nula iniciativa de generar una mirada sistémica y proactiva. Destaquemos entonces aquí un concepto que me parece revelador y que creo suma poder a la iniciativa: la voluntad.

Es importante destacar que la iniciativa, junto con la voluntad, se transforma en una posibilidad mayúscula para toda compañía que desee diferenciarse de la competencia. Frente a la iniciativa, la voluntad es una gran aliada.

Cuando era un niño siempre escuché a mi madre decir, ante un momento de iniciativa o búsqueda, de modo enérgico: "¡Esto no me la va a ganar!". Su resolución era tal que obviamente las cosas terminaban ocurriendo como ella se lo había propuesto. Esa vocación por construir desde la voluntad ha hecho que su vida, hasta hoy, sea un cúmulo de búsquedas honestas y jugadas. Nada ha quedado en el "ojalá que..." o "podría ser que..." o "espero que algún día...". Definitivamente, no. Para ella una iniciativa es sinónimo de aplicar voluntad resueltamente, y, ahora, si los resultados no son los esperados, ¡no importa!, la iniciativa ya emprendió el vuelo.

Desde una perspectiva filosófica/psicológica, la voluntad es vista como las facultades o poderes originarios del alma, que se combinarían en su conjunto para producir las manifestaciones del hombre. Estas facultades o poderes se suman a la definición que en algún momento nos proporcionó Aristóteles: "La voluntad es la apetencia que obra de conformidad a lo racional" (Abbagnano, 1996). Por su parte, la sociología nos plantea que la voluntad es percibida como la "capacidad de dirigir la conducta personal mediante dos o más posibilidades" (Pratt, 1960). Desde la perspectiva etimológica, la voluntad tiene su origen en "*voluntas*: de *volo*, *velle*, querer" (Monlau, 1944). De esta forma, cuando hablamos de la voluntad, estamos validando el "querer", la "apetencia", las "posibilidades" y los "poderes originarios del alma"... La voluntad es entonces, una construcción personal y colectiva, una opción ecléctica, un camino posible para toda iniciativa. Esto llevó a Albert Einstein a afirmar un día que existía una fuerza motriz más poderosa que el vapor, la electricidad y la energía atómica: la voluntad.

De esta forma, cuando el norte está claro es cuando la voluntad es inamovible, dentro y fuera de las organizaciones. Lo cotidiano, el quehacer diario nos genera espacios de incertidumbre... A veces, la vida (personal y laboral) nos sorprende con experiencias que nos superan, experiencias que muchas veces nos pueden hasta vencer en nuestro proceso de vivir coherentemente. Pero la voluntad, esta energía que nos gobierna de forma natural o aprendida, nos acompaña a lo largo de la existencia con el espacio optativo de ser aplicada o no. Sobre la voluntad, Gandhi dijo un día: "Dicen que soy héroe, yo débil, tímido, casi insignificante, si siendo como soy hice lo que hice, imagínense lo que pueden hacer todos ustedes juntos".

Por otro lado, cuando la voluntad se asocia a conceptos como "fuerza" (fuerza de voluntad), se logra comprender plenamente la trascendencia de esta palabra. La *fuerza de voluntad* resulta entonces un proceso de resistencia a corto plazo, para así alcanzar metas mayores a largo plazo. Victor Hugo (escritor romántico francés) afirmó que a nadie le falta fuerza; lo que a muchísimos les falta es voluntad. Por su lado, esta *fuerza de voluntad* Friedrich Nietzsche la bautizó como "voluntad de poder", es decir, el motor principal del hombre para acceder a sus ambiciones y deseos. El hombre, según este filósofo, desde su voluntad de poder, demuestra al mundo su fuerza, y a la vez, desde esta manifestación de fuerza busca el sitio exacto desde donde habitar este mundo. Para Nietzsche esta voluntad de poder representa una expansión de energía creativa interna propia del ser humano (Nietzsche, 2010). Por último, que no finalmente, Confucio es enfático en el rol de esta voluntad de poder (o voluntad), al advertir de que "se puede quitar a un general su ejército, pero no a un hombre su voluntad".

Aprendizajes sobre la voluntad para el mundo organizacional:

- La voluntad se conecta con los resultados positivos de la iniciativa.
- Cuando la voluntad se esfuma, las iniciativas colectivas se pierden.
- La voluntad no es eterna, es episódica, debe matizarse.
- Debe sustentarse en las creencias de los equipos de trabajo.
- Debe estar vinculada a conceptos cercanos (humildad, voluntad, esperanza, etc.).
- Es importante concentrar los esfuerzos cuando se aplican en un desafío.
- La voluntad debe conectarse con el sentido final de la iniciativa.
- Los líderes deben aplicar criterios realistas en momentos determinados.

La iniciativa, nuestro gran motor dentro de las organizaciones se sostiene con la voluntad, y estas dos distinciones son el resultado de creer en uno mismo. Así es, la fe ciega que nos convoca a emprender y a cruzar la frontera de lo posible es una dimensión innata o aprendida que surge de la confianza intrapersonal. No es con el otro (interpersonal), primero debe ser conmigo mismo y después será con el otro. Frente a esta realidad, Nietzsche planteaba que el desafío no era cuidarse a sí mismo, sino que "si quieres deslumbrar a los demás con tus opiniones, empieza a alumbrar tu cabaña" (Nietzsche, 2008). Cuando ilumino mi cabaña, como diría Nietzsche, la iniciativa, la voluntad y la confianza en mí mismo surgen, y de esta forma el empoderamiento se transforma en realidad.

Conversando con el *coach* ontológico y experto en empoderamiento, Eduardo Walker, le pregunto por la importancia del empoderamiento en el interior de las organizaciones, y me plantea tres grandes puntos que hay que destacar:

> Primero, lo veo como algo constitutivo del "ser humano". Como un derecho humano esencial en su característica como ser humano. Todos tenemos el derecho de desplegar nuestro potencial en la creación del mundo que queremos vivir, o en el cual tenemos o queremos trabajar. Cuando eso no sucede, cuando no se nos toma en cuenta, cuando nuestras ideas son reprimidas o cuando se nos trata sólo como mano de obra, la mayoría tiende a resignarse, coartando su potencial, o a resentirse entrando en espacios de desconfianza, rabia, segmentación, defensa y otras emociones, no dejando que nuestro potencial creativo surja. Peor aun, inhibimos nuestra autorrealización porque no participamos en la realización de nuestra vida de manera plena y libre.
>
> Segundo, el empoderamiento en la empresa contribuye a la calidad de vida laboral. Cada vez que soy parte de las decisiones relacionadas con mi trabajo, estoy empleando mi inteligencia, mi experiencia, mi intuición y mi capacidad creativa para hacer las cosas de una u otra manera. Es una experiencia donde pongo todo mi potencial, no lo escondo, no lo inhibo, contribuyendo todo ello en la satisfacción por lo que realizo. Si soy parte de las decisiones, actúo como "dueño" de mi puesto. Si no, el puesto o lo que hago le pertenece a otro, limitando mi desempeño a obedecer.

Tercero, el empoderamiento en una organización contribuye a la productividad. Es mi negocio el que está en juego, por lo tanto, haré todo lo necesario para obtener los resultados esperados. Por el contrario, si actúo sólo como empleado o subordinado, los resultados son del jefe, no míos.

La voluntad también se puede agotar. Se puede vivir por años en la exigencia (voluntad mal entendida), y desde ese rigor continuo, apagarse paulatinamente la luz de la intensidad. La biología es clara en este sentido. Científicos de la Universidad de Toronto, después de múltiples estudios, confirmaron que las personas agotadas en el ámbito de la voluntad, mostraban menor actividad en el córtex cingulado, zona del cerebro vinculada al conocimiento. Muchas veces ocurre que, cuando la voluntad se vive desde el rigor permanente, el cerebro adquiere otra modalidad de funcionamiento. De igual forma, se plantea que cuando la voluntad está en su máxima exigencia se consume glucosa con mayor velocidad (aunque ésta obviamente se renueva con el tiempo). También está confirmado que la renovación de la glucosa genera una nueva intensidad en la fuerza de voluntad de las personas.

Otro tema que se debe destacar es que la voluntad se puede fortalecer desde nuestras propias creencias y actitudes. El investigador Mark Muraven (Universidad de Albany) plantea que las personas que viven en la obligación de ejercer autocontrol (o voluntad) se agotan fácilmente en comparación con quienes viven en armonía consigo mismos. Bajo este criterio, se comprende perfectamente el rol y la importancia de los estados de ánimo en el fortalecimiento de la voluntad. Cuanto mejor es el estado de ánimo, con mayor facilidad se superan los momentos de agotamiento de la voluntad. Por su parte, la doctora Veronika Job (Universidad de Stanford), en un reciente estudio concluyó que la autopercepción de cada ser humano con respecto a los límites de voluntad son replicados en sus propias vidas: "Los individuos que creían que la fuerza de voluntad era un recurso limitado estaban sujetos a que su fuerza de voluntad se agotara. Pero las personas que no creían que la fuerza de voluntad se pudiera agotar no mostraron signos de agotamiento después de ejercer el autocontrol (o voluntad)" (Job, 2012).

Aprendizajes desde la voluntad

- La voluntad se vincula directamente con resultados positivos.
- Cuando la voluntad desaparece, surgen los actos impulsivos.
- Cuando hay autocontrol en la infancia, la adultez resulta más fácil.
- La voluntad debe trabajarse, pero no se debe vivir en ella.
- Fortalecer el mundo interior (creencias, prácticas, estados de ánimo).
- Sumar nuevos conceptos (perseverar, esperanza, aprendizaje, humildad).
- Alimentarse con niveles estables de glucosa en la sangre (azúcar).
- Frente al agotamiento se recomienda focalizar esfuerzos (sin dispersión).
- Recordar y dar presencia a los logros obtenidos, para así emprender.
- Fortalecer la tolerancia a la frustración y, desde ahí, construir.
- La voluntad debe conectarse con el sentido final de la acción.[10]

Voluntad, identidad y organización. Conclusiones

La identidad de una organización debe fundamentarse en una voluntad resuelta. La voluntad será el recurso al que echaremos mano cuando debamos apoyar esta identidad en las crisis. También surgirá urgencia de voluntad cuando haya que aprender y desaprender. La voluntad será la que nos validará para sostener procesos de cambio, y así también estará presente en los momentos que surjan nuevos emprendimientos. Se requerirán toneladas de voluntad para empoderar a los líderes, para acercar el diálogo con el sindicato, para no olvidar nunca el autocuidado organizacional, entre otros muchos desafíos. La identidad siempre tendrá como aliado este concepto transformador, como un recurso que se debe trabajar a diario, que se basa en la acción y que aspira a transformarse en conducta permanente. El esfuerzo, la convicción y la paciencia son algunos aliados de la voluntad. Es importante plantear que la identidad de una empresa es el resultado de una serie de acciones coordinadas, ahí también se requiere de voluntad, como también se necesita cuando la incertidumbre se adueña

10. Estudio sobre la voluntad. *American Psychological Association*, extracto 2012.

de las metas y los balances. Un equipo sin voluntad, un líder, un mando medio y un trabajador sin voluntad no pueden edificar una identidad organizacional sana y centrada en la fuerza colectiva de sus empleados. La voluntad nos gobierna y empodera sólo cuando nos entregamos a ella, a su pulsión; cuando lo decidimos y tenemos la claridad que nada resultará fácil o necesariamente expedito. Por otro lado, habrá que sostenerla durante el tiempo requerido.

Para ir finalizando este apartado, otro elemento importante es que una identidad organizacional sin voluntad es, sinceramente, una identidad de alto riesgo. Por eso este concepto (voluntad) debe imprimirse en la identidad, en la cultura, en los sistemas de creencias y en el ADN de la empresa.

Por último, la voluntad se educa, se aprende, se adquiere. Será fundamental la voluntad para todo proyecto identitario, para que las metas proyectadas sean espacios posibles, con tiempo y esfuerzo, de ser habitados.

CUANDO LA ACCIÓN MOVILIZA

En su obra *La comunicación en acción*, Joan Costa (comunicólogo) describe la acción como "un desplazamiento de energía humana, mecánica o técnica en el entorno físico y social, que crea una modificación en este entorno o que introduce una nueva realidad, o un nuevo significado" (Costa, 1999). Esta acción, transformadora y dinámica, basa su poder en la voluntad humana y en la capacidad para imaginar nuevos estados, y, con esto, articula nuevos desafíos. Louis Levelle (*Acerca del acto*) nos habla del "acto, origen interior de mí mismo y del mundo" (2001), es decir, valida el acto (acción) como un espacio diferente, autónomo y ontológico en su materialización.

A lo largo de la historia, la dimensión humana ha desafiado el poder de la acción con preguntas, crisis y emprendimientos. Esta búsqueda del bienestar y la plenitud ha generado en el hombre (género humano) un emprendimiento mayor para así sostener en pos de nuevos resultados.

Robert Dunham es fundador del Instituto para el Liderazgo Generativo y, entre otras cosas, un destacado investigador en el campo de las conversaciones para la acción. Según Dunham, "la conversación para la acción es la que pone de acuerdo a dos (o más) personas para tener interpretaciones compartidas de los resultados, normas, acciones, compromisos y del cuidado. Ésta va más allá de la aceptación de un compromiso con resultados específicos, también incluye los compromisos futuros y las conversaciones que se tengan"

(Dunham, 2011). Para este relator del Programa Internacional CEO, la acción en sí posee una anatomía desde donde poder comprender su real impacto en las personas y organizaciones. La anatomía de la acción es un recurso que sistematiza todo proceso activo, diferenciando cinco etapas importantes, para concluir con un resultado reconocible por todos. Estos cinco procesos cumplen tareas diferentes, todas inspiradas en lograr una meta final.

Los componentes que forman parte de la anatomía de la acción son:

1. *Lo que importa*: lo que nos moviliza, nos importa. Esta importancia nos hace tomar decisiones, repensar nuestras acciones y tomar protagonismo. Lo que importa es sinónimo de un sentido mayor, de un norte claro y único que hace que me motive, esté sereno y convencido para emprender acciones resueltas. Lo que importa resulta un motor, un elemento que me mantiene coherente y consistente con mis creencias y búsquedas personales. Lo que importa es el inicio de un proceso mayor, de un proceso lleno muchas veces de incertidumbres y preguntas, pero que como me importa, me moviliza y me desafía a tomar caminos personales desde un empoderamiento real. Lo que importa es el inicio de la acción.
   - Nuestro motor movilizador.
   - El sentido último de nuestras búsquedas.
   - Lo que no se negocia ni claudica, ¡lo que es!
   - ¿Le hago caso a lo que me importa?, ¿sé reconocer lo que me importa?, ¿creo en mi intuición?, ¿veo en mis creencias y preguntas un espacio que me ayude a comprender lo que realmente me importa?, ¿qué debo hacer para confiar en mis búsquedas personales?

2. *Las conversaciones*: cuando tomo el camino, cuando lo que me importa me obliga —positivamente obvio— a emprender tareas, en ese instante necesito conversaciones relevantes, conversaciones que generen coordinación de acciones con otros. Las conversaciones representan la validación de un proyecto en conexión con otras personas, un proyecto que responde a un presente y a un futuro sistémico, por tanto, de diálogo permanente con el entorno. Porque me importa converso con otros, los involucrados, y será sobre la base de estas conversaciones que podré vincular acciones. Las conversaciones responden a la necesidad de dar

presencia y práctica a la idea, son las conversaciones las que generarán movilidad y continuidad.

- Un espacio de encuentro para coordinar.
- Diálogo sistémico para emprender y movilizar.
- Instancia para incluir y penetrar en otros.
- ¿Valido las conversaciones que tengo con otros?, ¿escucho sus consejos, preguntas y diferencias?, ¿tengo la capacidad para negociar, aceptar y sostener diferencias?, cuándo converso, ¿percibo y acepto los mensajes que me desean entregar?

3. *Los compromisos*: muchas veces las acciones no ocurren porque no hay compromisos claros. Cuando éstos existen sujetan los sueños, les dan materialidad y un fin último. Los compromisos fortalecen el poder de impacto de una idea. Los compromisos más que obligar, encausan con rigor una serie de prácticas para que las cosas finalmente ocurran. Comprometerse es responder a una actitud resuelta, en la que la voluntad se sostiene día a día y la claridad de lo que se busca es compartida por todos. Un compromiso es sinónimo de comunión, encuentro, claridad compartida, entendimiento y vocación por resultados claros. Sólo con compromisos lo que importa se transforma en realidad.
   - Sello colectivo con vocación de poder.
   - Prácticas reconocibles que articulan conversaciones acotadas.
   - Dimensión alineada a resultados reales, abordables sí o sí.
   - ¿Sostengo mis compromisos?, ¿creo en el compromiso de los otros?, ¿confío en el compromiso como un motor generador de movilidad?, ¿valido los acuerdos, les doy presencia y reconocimiento?, ¿sé corregir complejidades de un acuerdo?

4. *Las acciones*: éstas son el eje central de un sueño o una idea. Las acciones transforman la realidad y son el resultado de "lo que importa", de las "conversaciones" y "compromisos". Las acciones generan transformaciones profundas, son el desenlace, apuntan a concluir una búsqueda mayor. Las acciones son sinónimo de una actitud resuelta, empoderada, convencida. Las acciones son el desenlace de una personalidad que sostuvo, que creyó y apostó por un camino. La confianza resulta un elemento central en este concepto (acción): confiar en uno mismo, en

lo que me importa, en los tiempos y en el proceso. Muchas veces los resultados llegan después y aquello debe ser sostenido resueltamente.

- Hay que sostenerlas a como dé lugar.
- Deben ser coherentes con nuestras creencias.
- La confianza y la resolución son gravitantes.
- ¿Usted sostiene sus acciones?, ¿cree en sus iniciativas?, ¿confía en las acciones de otros?, ¿qué emociones le llevan a la acción?, ¿cómo evalúa su grado de resolución en la vida?, ¿qué requiere para poseer un accionar más claro, directo y sostenido en el tiempo?

5. *Los resultados*: muchas veces aspiramos a cambios y los sostenemos, porque en nuestra imaginación surgen los resultados de forma nítida. El resultado de la acción es la materialización del sueño. Los resultados son el indicador que nos demuestra qué conversaciones tuvimos, cómo fueron nuestros compromisos, qué nivel de acciones emprendimos, etc. Los resultados transitan por una gama de emociones, creencias, contextos y decisiones. Todo lo que se transforma en un resultado es una suma de dimensiones en suspensión que, en un momento dado, se unifican y se ponen al servicio de un fin mayor. La anatomía de la acción representa un recorrido de coherencias y consistencias, donde cada proceso es un mundo.
   - Son nuestro motor para imaginar y sostener lo que importa.
   - Es un mapa que nos enseña y materializa nuestros procesos previos.
   - Representa el desafío por alcanzar, nos da la mirada sistémica.
   - ¿Qué le ocurre cuando accede al resultado planificado?, ¿qué lo motiva para imaginar y transitar por una serie de etapas para alcanzar resultados concretos?, ¿qué necesita para imaginar y alcanzar lo que desea?, ¿qué aprende cuando las cosas no ocurren?

Deseo concluir esta reflexión sobre la acción con la epistemología de Humberto Maturana (*La objetividad*), que integra la emoción como un motor dinamizador y ejecutor en la vida diaria. "Son nuestras emociones lo que guía nuestro hacer, no nuestro razonar, aun cuando pensamos que nuestra conducta es racional" (Maturana, 1985).

CASO Cable aéreo en Colombia

(Manizales/Mariquita, Colombia)

"Nuestra recompensa se encuentra en el esfuerzo y no en el resultado. Un esfuerzo total es una victoria completa." Gandhi

En la primera década del siglo XX, la ciudad de Manizales, territorio conocido por su compleja conectividad con otras regiones de Colombia, tuvo que crear su propio sistema de conexión para el traslado de materiales y así fortalecer el desarrollo del territorio. Esta ciudad utilizó un cable aéreo para suplir la falta de carreteras y ferrocarriles de esta zona montañosa y con profundos barrancos. El cable cubrió 72 kilómetros, es decir, desde Mariquita (Tolima) hasta la ciudad de Minizales (Caldas). La empresa The Ropeway Extension, con un capital de más de un millón de dólares, inició en 1912 este revolucionario medio de transporte. Esta iniciativa tenía como objetivo fortalecer y dinamizar el traslado de carga y, a la vez, activar el tránsito de productos y servicios entre las comarcas. Esta obra fue liderada por el ingeniero nacido en Nueva Zelanda James Lindsay, que, en diez años, levantó un total de 376 torres, todas traídas desde Londres. En 1922 se inaugura este cable que transporta sobre todo cargas de café (más de diez toneladas por hora). Esta urgencia por transformar la adversidad del territorio en una oportunidad hizo que múltiples zonas de Colombia se vieran beneficiadas (Manizales, Mariquita, Padua, Fresno, etc.). Es importante destacar que en Mariquita existía un tren y un río (Magdalena) que facilitaban el proceso de transporte del café. Este proyecto de ingeniería (que funcionó hasta 1962), de alto impacto en la economía cafetera colombiana, llegó, además, a convertirse en el cable aéreo de mayor extensión en el mundo. Como ya se ha dicho, el conjunto de las maquinarias, herramientas, insumos y provisiones eran importados desde Inglaterra. Esta travesía por el Atlántico, en plena Primera Guerra Mundial, complicó aún más el proceso de transporte entre las naciones. La altura de este medio de transporte fluctuaba entre los cuatro y los 55 metros. En el proceso de construcción del cable aéreo hay un capítulo que definitivamente merece un tratamiento especial. En mitad del traslado de la torre 22 desde Inglaterra a Colombia, cruzando el Atlántico, un submarino alemán hundió el barco con una de estas torres. Esta complicación obligó a utilizar expertos colombianos (Arturo Jiménez y Robayo), siendo en esta ocasión la madera el recurso empleado para construir la torre, la más grande de todas, que fue instalada en un terreno complejo que contaba con una gran depresión geográfica, conocido como el salto de Yolombal.

Este cable funcionó durante cuarenta y cinco años de forma ininterrumpida, transportando carga y pasajeros. Es más, vivió conflictos armados como el de la década sombría, en la que liberales y conservadores se enfrascaron en una pugna que llevó a la tumba a más de medio millón de colombianos. En 1967 las carreteras comenzaron a funcionar, y con esto concluyó el proceso de uso del cable aéreo (Alcaldía de Manizales, 2013).

Anatomía de la acción de este caso:

a) *Lo que importa*:
    - Importa que Manizales debe desarrollarse (económica y socialmente).
    - Importa que el eje cafetero tenga movilidad, desarrollo y crecimiento.
    - Importa que la calidad de vida de las personas de esa zona mejore.
b) *Las conversaciones*:
    - Conversaciones dentro del gobierno local de Manizales.
    - Conversaciones con el gobierno regional y nacional de Colombia.
    - Conversaciones con el extranjero para coordinar acciones.
c) *Los compromisos*:
    - Compromisos con la comunidad local (ciudadanos, comerciantes, etc.).
    - Compromisos con el gobierno local, regional y nacional por el desarrollo.
    - Compromisos con los países (para emprender, para comercializar, etc.).
d) *Las acciones*:
    - Acciones para construir el cable aéreo (coordinación con Inglaterra).
    - Acciones para coordinar otras acciones con los habitantes de la zona.
    - Acciones para emprender soluciones a las múltiples complicaciones.
e) *Los resultados*:
    - Resultados pensados para las necesidades económicas de la zona.
    - Resultados enfocados para el mejoramiento de la vida de las personas.
    - Resultados para nuevos emprendimientos (caminos, aeropuertos, etc.).

LA FELICIDAD COMO UN NORTE A SEGUIR (UN DESAFÍO DE TODOS)

Me ha tocado en muchas ocasiones conversar con gerentes sobre temas organizacionales, y cuando les consulto sobre las posibilidades reales de ser felices al interior de la empresa en la que trabajan, en ese mismísimo segundo ellos ríen y bajan la mirada. Todo indica que la felicidad no es tema para el mundo del trabajo o, mejor dicho, no lo era hasta hace unos pocos años.

Tiempo atrás, buscando libros, bibliografías cargadas de nuevos ángulos sobre la felicidad, encontré un texto que, por decirlo de algún modo, me extrañó. En las típicas librerías de Manuel Montt (Santiago) me llamó la atención una mesa llena de textos usados, y, del conjunto de estas obras, hubo una que tenía una presencia particular. Este libro definitivamente marcaba un punto de inflexión visual, ya que se trataba de una obra encuadernada en un tono dorado intenso (como un lingote de oro), pequeña, y se titulaba: *La felicidad, cómo hallarla*. Compré el libro, que era barato, y me puse a ojearlo. Fueron varias las cosas que me llamaron la atención de esta publicación: ya se habían impreso quince millones de ejemplares, estaba traducido a treinta idiomas y lo publicaba una organización religiosa.

Profundizando un poco más, percibí en el texto un relato cercano a un sermón, narrativa que, para ser honesto, no es de las que más me atrae. Por otro lado, este libro hablaba de la felicidad y hacía una danza con una serie de dimensiones como el dinero, dios, el sexo, la familia, el fin del mundo, etc. No sé, mientras leía parte de este librito dorado, aprecié que el relato buscaba dar consejos para encontrar la felicidad, una felicidad que a veces entendí como demasiado estandarizada. A medida que transcurría la lectura observé que el camino para el lector ya estaba trazado. Después de un buen rato de lectura empática pensé: ¡ojalá fuera así la vida!, pero no lo es. Otras conclusiones que extraje de este extraño libro fueron que utilizar el miedo como recurso articulador de nuevas prácticas —en este caso para ser felices— resultaba una errada forma de construir una identificación entre el lector y los contenidos. “Ningún ser humano sabe el día y hora exactos del fin que viene, pero lo que ha sucedido en la tierra durante nuestra vida prueba que ese fin está cercano” (Watchtower Bible Students, 1980).

Soy de la idea que vivir dentro de una amenaza es el último de los senderos en los que se debe pensar a la hora de situar la felicidad como un norte posible. El miedo finalmente se aborda con la intuición que surge de nuestra experiencia y aprendizajes arquetípicos. "La voz del miedo te dice que te mantengas a salvo, la voz de tu intuición te dice que te abras y crezcas" (Nobel, 2013). También me ha ocurrido que en variadas ocasiones, cuando hablo sobre la felicidad con las personas, no son pocas las que me dicen que ésta es episódica, y que cuesta que se sostenga en el tiempo.

Frente a estos comentarios surgen algunas preguntas:

- ¿Será agotador vivir la felicidad las veinticuatro horas al día? (en relación con ello: ¿existe una felicidad a tiempo completo?).
- Si siempre somos felices, ¿podrá ser que el aprendizaje experiencial del día a día resulte menor?
- Vivir el dolor, habitar la rabia, experimentar el miedo, ¿son estas emociones las que verdaderamente nos articulan un sentido real y profundo sobre lo que significa vivir en plenitud, ser felices y apreciar la felicidad?

La vida, la felicidad y el ser humano son dimensiones dinámicas, imperfectas y finitas. Desde sus estadios de desarrollo, la felicidad aparece y desaparece, nos saluda y se esfuma... para nuevamente aparecer más tarde. Este contexto irregular se enfatiza muchas veces tanto desde la advertencia como desde la invitación: "La felicidad, propiamente dicha, es de una duración efímera, mientras que la dicha supone un estado relativamente estable, casi permanente" (Finot, 1966).

La felicidad es un estado de ánimo. Esta satisfacción, este gusto muchas veces por haber conseguido algo, por haber vivido algo... La felicidad nos sorprende y la buscamos, la enjuiciamos cuando no está, le rogamos cuando desaparece por mucho tiempo y, también, la construimos en ocasiones con prácticas de simulación, como la pulsión de compra consumista que nos hace creer en que cuantos más bienes de consumo tengamos, más felices seremos. Cuando nos sumamos a esta forma de entender la felicidad (desde el consumo), estamos validando el pensamiento que dicta que, para ser feliz, hay que salir a buscar. Que todo está fuera, que nosotros casi no tenemos incidencia en el tema, que somos meros receptores, observadores capturados por un destino ya escrito.

Días atrás mi querido amigo Franklin Otero (*coach* ontológico) me contó que por televisión vio la siguiente historia: una persona había vivido durante décadas en la cárcel (casi toda su vida), abusaron de él periódicamente y llegó al extremo de convertirse en un esclavo del penal. Esa persona, que todos despreciaban y cuya vida se había transformado en un verdadero espanto, un día quedó libre y consiguió un trabajo lavando platos en un restaurante. El trabajo consistía en lavar platos en un subterráneo. El lugar, como lo contaba Franklin, era un espacio muy inhóspito. Trabajaba casi en una cárcel subterránea, sin luz y con un mínimo de espacio para lavar la vajilla. Las columnas de platos sucios eran interminables, los turnos también y la paga consistía casi en un trueque (trabajo por techo y comida). Este lugar, insalubre al extremo, tenía algo distinto a su primera cárcel: todos los días a la hora del almuerzo sus amigos cocineros le enviaban por el ascensor de los platos un contundente sándwich y una bebida bien helada con hielo. Mi amigo me cuenta que esta persona iba narrando muy tranquilo —y a la vez trabajaba— su historia de vida y que cuando llegó su almuerzo ocurrió algo impactante para la audiencia. En ese instante, surgió de su rostro una sonrisa única. Un primerísimo primer plano enfocó sus ojos, su sonrisa y su expresión de felicidad genuina, y con una voz entusiasta y agradecida dijo: "¡Esto es vida!". En ese instante mastica el generoso sándwich y bebe con felicidad su bebida. El hombre se sentía feliz.

Esta historia, como la vida misma, tiene miles de lecturas, pero yo deseo enfatizar dos: a) este hombre es agradecido y aprovecha toda posibilidad que surge para ser feliz y disfrutar; o b), este hombre ha sufrido y ha sobrevivido tanto que se contenta con lo que aparece, con lo que le toca.

La felicidad, que los griegos visualizaron junto a la virtud y el conocimiento, se relaciona complementariamente con la sabiduría. Esta última a veces se entrampa en nuestra propia condición humana, en nuestra propia naturaleza, naturaleza imperfecta que nos facilita ser crueles, traicionar y ser injustos en muchos momentos de nuestras vidas. La gran mayoría de los filósofos a lo largo de la historia han visto en la felicidad una dimensión única y articuladora de sentido para el género humano. Algunos de ellos, por ejemplo, hablaron de meditar sobre lo que buscaba la felicidad (Epicuro), otros planteaban que la felicidad era el fin último de todos nuestros actos (Aristóteles), también se decía que la felicidad venía justo después de esta vida (Aquino), como, de igual forma, surgían voces que afirmaban que la felicidad estaría vinculada con la armonía del alma (Séneca) y que también se relacionaba con el anhelo de todo ser racional (Kant)... Es decir, la definición de la felicidad y su persecución han sido un gran tema, y lo serán siempre, ya que ésta resulta una quimera para nuestro proceso humano de subsistencia.

Nos cuesta ser felices desde nuestra condición humana. Las guerras siguen existiendo, las hambrunas persisten y la codicia aún es un flagelo para nuestras economías. La sabiduría que proclamaban los griegos muchas veces no es suficiente para alcanzar nuestra felicidad... definitivamente nos falta aprender.

Más perspectivas sobre la felicidad:

- "Podría decirse que la búsqueda de la felicidad, algo tan ansiado y tan poco poseído, es el motor invisible que ha impulsado, subterráneamente, tanto la vida individual del hombre como el devenir de la historia" (Peña y Lillo, 1990).
- "El equilibrio felicitario viable es el del cálculo razonable en función de las propias capacidades y de las posibilidades circunstanciales. Y en el cálculo de esa ecuación, el término que permanece siempre bajo el control del sujeto es el deseo" (Fernández, 2001).
- "¿Quiénes somos nosotros para no ser felices? ¿Por qué nos asusta más la luz que la oscuridad? ¿Por qué pensamos que no nos merecemos ser felices?" (Shahar, 2008).
- "La felicidad hay que vivirla en cada momento, en cada lugar. Salvo quienes fueron premiados por la lotería genética, la felicidad requiere de trabajo y esfuerzo para traerla a nuestras vidas" (Fischman, 2010).
- "La felicidad, objeto escurridizo a la comprensión del hombre, errático en su goce, deviene meta y camino, realidad y señuelo, intención y acto [...] es esperable que los sujetos la deseen, anhelen o ansíen" (Corbo, 2007).
- "Nuestra vida y nuestra felicidad dependen no poco del género de pensamientos que tengamos: si éstos son alegres, estamos alegres... (Nogler, 2006).
- "La felicidad no es un destino, sino que forma parte del paisaje que se ve por las ventanillas de ese viaje que es la vida" (Figueras, 2006).

En el mundo del trabajo la felicidad con el tiempo se ha ido jibarizando. Las prácticas no han sido las mejores, y al parecer muchas veces la felicidad va en contraposición a la propia tarea diaria, con la exigencia, la meta, las crisis, los cambios... el negocio mismo. Pero, por otro lado, vivimos un tercio del día en el trabajo; durante un tercio del día nos convencemos de que la felicidad debe quedar fuera de nuestras oficinas, y ese cambio nos acarrea un sinsentido en el por qué y el para qué del trabajo que realizamos todos los días.

En su libro *La hipótesis de la felicidad*, Jonathan Haidt nos habla, entre otras cosas, sobre el budismo y el desapego a lo material, a lo externo. Se instala esta certeza única del nosotros —los individuos— como seres cargados de un particular virtuosismo para alcanzar la felicidad. "La felicidad sólo se puede encontrar en el interior, al romper con las ataduras a cosas exteriores y cultivar una actitud de aceptación" (Haidt, 2006). Esta certeza budista, que sinceramente considero poderosa, única y transformadora a veces, se encuentra con la realidad del mundo del trabajo, con la realidad de la sociedad de mercado y la supervivencia. Y ocurre también, en muchas ocasiones, que la realidad nos aplasta y sitúa, desde una resignación aprendida, en la perspectiva que la felicidad nunca será una prioridad para nuestra agenda laboral, ya que sólo pensar en la subsistencia de nuestras familias (colegios, cuentas, dividendo, salud, etc.), el trabajo se transforma en nuestro único camino posible por recorrer.

Frente a esta realidad, el monje budista Matthieu Ricard (*En defensa de la felicidad*) hace una sugerencia sobre el deber y la felicidad, exponiendo el concepto del "sentimiento de responsabilidad", concepto que explica planteando que "el deber sólo tiene sentido si resulta una elección y es fuente de un bien mayor". "Steven Kosslyn (investigador de Harvard) me decía que lo que le venía a la mente al empezar el día no era el deseo de ser feliz, sino el sentimiento del deber, el sentido de la responsabilidad para con su familia, con el equipo que dirige y con su trabajo" (Ricard, 2005). Estas dos perspectivas, ambas válidas, son también un puente de encuentro para aprender, para concluir o desafiar la vida que deseamos en el ámbito productivo. Hay que buscar en los matices, hay que reconocer en cada opción posible, una ventana que nos generará nuevas preguntas, nuevas prácticas y desafíos en el cómo deseamos llevar a cabo nuestra vida laboral. Es así como para muchos expertos la felicidad laboral son sentimientos positivos que nos hacen estar satisfechos con nuestras vidas, y en muchas ocasiones son la consecuencia de dos grandes búsquedas: lo que tenemos y lo que deseamos alcanzar (salud, amor, bienes, etc.).

La materialización de la felicidad en la vida de las personas, más allá de que puede significar un desafío abstracto e imposible de materializar desde dimensiones plenamente empíricas, poco a poco, está generando prácticas y preguntas no menores. De igual forma, esta felicidad a ratos banalizada por los libros de autoayuda y las campañas de productos, con el paso de los años también se está transformando en un espacio de experimentación, modelaje y factibilidad. Para precisar estas ideas deseo narrar dos casos:

CASO La felicidad de Bután

(FIB, Felicidad Interna Bruta)

> "La felicidad suprema en la vida es tener la convicción de que nos aman por lo que somos, o, mejor dicho, a pesar de lo que somos."
> Victor Hugo

La Felicidad Interior Bruta de Bután, situada en la falda del Himalaya (nación con 47.000 metros cuadrados de territorio, 730.000 habitantes y considerada una de las más aisladas del mundo), hoy es un espacio de aprendizaje para el conjunto de las naciones "desarrolladas". Es así como Bután representa actualmente un verdadero enigma para nuestros tiempos de alta competitividad económica. Esta dimensión de éxito —la felicidad—, que se comenzó a investigar en 1972, apareció cuando en aquel tiempo se empezó a reflexionar respecto a cuál sería la filosofía que sostendría el desarrollo de esta pequeña nación que limita entre dos superpotencias, China e India. El rey de esa época, después de recorrer el país conversando con sus ciudadanos, concluyó que todos los habitantes del país deseaban ser felices, y que el gran desafío sería diseñar un modelo de desarrollo económico basado en la felicidad de las personas.

Se comprendió en aquel tiempo que la gente era feliz compartiendo. Esta búsqueda del desarrollo espiritual y material validado por el imaginario budista de sus habitantes debía ser la gran misión a emprender como cultura nacional.

Bután no es un país rico, pero sí es un país feliz; los estudios así lo indican. Y a la vez, los estudios también plantean que el desarrollo económico también ha ido creciendo con el paso de las décadas. A modo de ejemplo, antes la alfabetización alcanzaba sólo a un 10%, y actualmente se encuentra en un 60%; antes la esperanza de vida era de 43 años, actualmente es de 66 años; la tasa de mortalidad infantil años atrás era de 163 muertes por mil personas, hoy es de 43; el 72% del país está cubierto de vegetación, y esta cifra sube año a año; el crecimiento anual es de un 4%, entre otras muchas cifras.

Bután, a lo largo de estas décadas, poco a poco se ha abierto a la cultura occidental, siempre asumiendo que su identidad interna debe ser fuerte y única en el proceso formativo de sus habitantes. Hoy, éstos disfrutan de cuidados en el ámbito de la salud y la alimentación. La electricidad es casi en su totalidad subvencionada, la agricultura, centrada en dimensiones ecológicas, con una planificación urbanística regulada y un turismo no invasivo.

La filosofía de la felicidad en Bután se centra en uno de los grandes ejes del budismo, el no apego a lo material.

Cada dos años los butaneses responden el cuestionario sobre la felicidad, es así como se mide el índice de la felicidad en los habitantes de la nación. Organismos como el Banco Mundial, el Fondo Monetario Internacional y la ONU, entre otros, hoy están muy atentos a estos nuevos paradigmas de cómo actuar los gobiernos y sus procesos de desarrollo. Metodológicamente, el proceso se articula a través de cuatro pilares: la economía, el patrimonio cultural, el medio ambiente y la buena gobernabilidad. Estas cuatro dimensiones se subdividen en nueve dominios: bienestar psicológico, salud, educación, cultura, ecología, uso del tiempo, nivel de vida, vitalidad de la comunidad y gobernabilidad. Y cada uno de éstos toma una relevancia frente a 72 nuevos indicadores. Son los resultados finales de estas consultas los que definirán las políticas futuras del gobierno de Bután.

David Escamilla (*La semilla de la felicidad, Bután una idea que inspira al mundo*) nos cuenta sobre las consultas que estaban presentes en este cuestionario: Definiría su vida como: a) muy estresante, b) algo estresante, c) nada estresante, d) no lo sé. Sus preocupaciones ¿le han impedido dormir? ¿Ha percibido cambios en el último año en el diseño arquitectónico de las casas de Bután? En su opinión, ¿qué grado de independencia tienen los tribunales? En el último mes, ¿con qué frecuencia hizo vida social con sus vecinos? ¿Cuenta usted historias tradicionales a sus hijos? (Escamilla, 2012).

Esta nación, en su 80% agraria, años tras año nos sorprende con sus cifras. Más allá de sus fuentes económicas, entre las que está el turismo y la energía hidráulica, esta nación tiene claro que aún le falta avanzar en múltiples puntos para salir de su estado, en proceso de desarrollo económico.

Optar por un sendero y no por otro, sostener las creencias, los valores y la intuición sobre lo que significa el desarrollo y la felicidad, desde esta búsqueda atenta Bután sostiene su proceso. "A pesar de poder posicionarse como líderes en otras industrias, como la maderera, puesto que el 72% del territorio está poblado por árboles, el gobierno desestima posibilidades como ésta si no encajan con los valores de la FIB. 'La filosofía no incumbe sólo a personas, sino también a animales y naturaleza', apunta el ministro de Trabajo. Desde el gabinete de Medio Ambiente, han creado férreos comités de control para que la deforestación no exceda el 60% del territorio. Los leñadores, so pena de multa, precisan de permisos para talar cada uno de los árboles que derriban" (Mercedes de la Rosa, 2013).

Pregunta posible frente a este caso inédito: si un país emprendió un sendero diferente acerca de cómo pensar el desarrollo, el crecimiento y la felicidad, y hoy el mundo está pensando en cómo imitar esta iniciativa de más de cuatro décadas, ¿por qué las empresas no instalan esta dimensión (la felicidad) como un factor crítico de éxito no sólo para el fortalecimiento del negocio, sino también para validar una nueva forma de habitar el mundo del trabajo?

Cuando respondamos esta pregunta y pasemos a la acción, tendremos muchas posibilidades de que el espacio del trabajo no sea más aquel lugar en que nos encapsulamos y exiliamos gran parte de nuestros días, para poder transformarse, cada vez más, en un lugar de mayor plenitud y de desarrollo personal y colectivo.

CASO **Gerencia de felicidad**

(BancoEstado Microempresas)

Años atrás supe de un banco chileno que tenía en una de sus filiales una gerencia de felicidad. Con el tiempo me enteré de que esa entidad era el BancoEstado Microempresas, más conocida como BEME. La sorpresa no fue menor, ya que sonaba extraño que un banco estatal, con más de ciento cincuenta años de tradición, tuviera en una de sus filiales una gerencia tan innovadora en el ámbito de las personas. Pasó el tiempo y, en mis conferencias, dentro y fuera de Chile, en muchas ocasiones hablé de este caso hermosamente extraño y fascinante. Transcurrió el tiempo y hace unos pocos meses tuve la suerte de entrevistar a Rodrigo Rojas (psicólogo y *coach* ontológico), una de las personas que fundó y actualmente lidera la gerencia de felicidad en BancoEstado Microempresas. Hoy desempeña el cargo de gerente de felicidad. La relajada conversación se llevó a cabo tomando un café en el centro de Santiago. La entrevista se centró en poder conocer cómo surgió esta inédita e innovadora experiencia. Ese día quedé gratamente sorprendido, ya que llevaba mucho tiempo buscando un proyecto organizacional verosímil y consistente, iniciativa que mostrara resultados exitosos en el ámbito del fortalecimiento y el cuidado organizacional.

La entrevista se realizó y pasaron los meses. Un día, leyendo el diario, me encontré con los resultados de la encuesta de *Great Place To Work* (Las mejores empresas para trabajar en Chile). Para grata sorpresa mía, vi cómo BEME había obtenido el primer lugar de este prestigioso ranking organizacional. Y, además, pude constatar que BEME lleva años entre los mejores lugares para trabajar en Chile y Latinoamérica. Cuando contemplé la noticia me convencí de que cuando los megacambios culturales se inician desde la honestidad y la consistencia del trabajo diario con el tiempo rinden verdaderamente frutos, distintos y únicos. Y es así como la gerencia de felicidad de BancoEstado Microempresas se ha convertido en un ejemplo digno de imitar.

En estas páginas transcribiré parte de la entrevista que realicé a Rodrigo Rojas, gerente de felicidad, porque soy proclive a pensar que toda buena práctica debe multiplicarse —con creces— y, de esta forma, fortalecer la calidad de vida de las personas dentro de sus organizaciones.

—Rodrigo, ¿cómo entienden ustedes (BEME) el concepto de la felicidad?

—Hace ya casi diez años, varios miembros del comité de gerentes nos preguntábamos ¿por qué y para qué trabajamos? ¿Cuál es el sentido de nuestro trabajo? Después de muchas conversaciones y reflexiones, concluimos que las personas trabajamos para ser felices y para contribuir a la felicidad de otros, para aportar y con ello trascender en el hacer del que son parte. Las empresas te dan la posibilidad de esto. Ahora, hace un par de años, cuando nace la gerencia de felicidad formalmente, declaramos y definimos la felicidad organizacional como algo tan simple y significativo a la vez como sentirse contento y cómodo donde trabajas. Nuestro desafío, expresado en nuestra oferta de valor, es que las personas puedan desarrollarse personal y profesionalmente en BEME, con un excelente ambiente laboral y con un profundo cariño y amor por lo que están haciendo. Esto va sin duda ligado a los pilares organizacionales, o ADN, como decimos nosotros, y que también orienta nuestro accionar, éstos son: a) preocupación por los clientes; b) responsabilidad por hacer las cosas con excelencia e innovación; c) preocupación por las personas.

—¿Cuáles son los ejes centrales de la gerencia de felicidad?

—Nosotros creamos un modelo de gestión de la felicidad que se sostiene en cuatro ejes: 1. liderazgo; 2. participación; 3. equilibrio de la vida laboral y personal —o lo que llamamos conciliación—, y 4. el sentido del trabajo.

—¿Cuál es el poder del escuchar en la gerencia de felicidad?

—Clave, central. Nosotros en BEME siempre hemos realizado mediciones y estudios de clima. Actualmente tenemos una parrilla de herramientas que nos permite ir monitoreando cómo están las personas, en sus percepciones, juicios y opiniones. Esto es tanto cualitativo como cuantitativo. En este último tenemos tres monitoreos de clima al año: una encuesta anual de clima que es para BEME; participamos en la encuesta *Great Place To Work* (anual); tenemos una evaluación ascendente donde las personas pueden evaluar a sus jefaturas. Eso en lo formal. El tema ahí es revisar los números y "escuchar e interpretar" lo que los números nos dicen. Además podemos reconocer cuáles son los dolores y cuáles son las características positivas que tienen los equipos (jefaturas y equipos). A esto sumamos un set de herramientas cualitativas (visitas en el terreno, conversar, compartir en las actividades corporativas, tomarnos cafecitos con las personas, en fin, pretendemos generar lazos de cariño y afecto y también buenas comunicaciones. Y, lo más importante, estar siempre en el terreno. Esto te permite reconocer la realidad de mejor forma, con tus propios ojos. El otro tema central para nosotros es el rol de los jefes o líderes que tenemos. Otro recurso poderoso para el fortalecimiento de la escucha son los espacios de planificación, por ejemplo, nuestras instancias de las Cumbre BEME. Esta iniciativa anual busca fomentar el diálogo, la identidad del equipo y los reconocimientos en BEME que son parte de nuestra cultura.

—¿Cómo se relaciona la felicidad con la estrategia de negocio?

—En nuestro modelo de gestión estratégica, usamos la herramienta de Balanced Scorecard, explicitamos y declaramos —y lo escribimos— que las personas están en el centro de la estrategia. Por lo tanto, hoy día, todos nuestros compañeros saben y reconocen en esta declaración un principio central de nuestra gestión y de nuestra forma de gestionar. Cuando esto es en serio, somos capaces de definir lo que entenderemos por felicidad organizacional; inventar un modelo que gestione la felicidad organizacional y, además, hacer cambios en, por ejemplo, el nombre de la gerencia, que, de llamarse "de personas", pasa a denominarse "de felicidad". Cambios potentes que, a partir de las declaraciones, van construyendo nuevas realidades. No es lo mismo hablar de felicidad que hacer cosas concretas que apuntan a trabajar este concepto, en concreto, en la realidad interna.

—¿Qué rol cumplen los líderes en la gerencia de felicidad?

—Hoy aproximadamente el 90% de los líderes de BEME son nacidos y formados aquí. Por tanto el tipo de liderazgo que difundimos es un liderazgo que es muy horizontal, de mucha cercanía y mucho compromiso y cariño por las personas. Aquí lo llamamos liderazgo coherente porque en esta empresa la coherencia y la consistencia de mis actos y mis declaraciones son centrales para construir confianza. Por ejemplo, cuando tienes que tomar una decisión la tomas, pero nunca dejando de lado la perspectiva del otro. Por ejemplo, la única diferencia que yo tengo con otra persona es mi nivel de responsabilidades. Sólo eso. Yo tengo los mismos deberes y derechos que mi compañero de al lado, tengo las mismas expectativas, los mismos temores, los mismos sueños y los mismos anhelos. Yo puedo ser jefe tuyo, y eso no me da derecho a complicarte la vida, al contrario, mi deber y compromiso y responsabilidad ética es que tú estés mejor, y que estés más contento en esta empresa. El tema del liderazgo es central, como te mencioné antes. En éste se sustenta la confianza y la coherencia... es vital. Estamos convencidos de que los primeros en construir y fomentar la cultura son los líderes. Por tanto, siempre decimos que liderar en esta empresa es cuestión de cariño. Si yo no quiero a las personas como individuos, como seres humanos, ésta no es la empresa para mí. En la práctica, si yo veo que un gerente o jefe no está cuidando a su equipo, si veo que no es coherente con lo que declaramos, yo voy y le digo, "ojo, cuidado, estemos atentos a eso". Esto tiene que ver con la confianza y los cuidados. Soy de la idea también que la cultura se construye desde todas las dimensiones y rincones de la empresa, con ello, ¿cómo no va a ser relevante el rol de los jefes?

—¿Cuáles son las características de esta comunidad de trabajo?

—Te puedo decir varias cosas; lo primero: "No se puede hablar desde lo que no se tiene". Si yo no confío en otros, no puedo pretender que confíen en mí, esto es relevante. Por lo tanto, la confianza es central. Segundo: "Compromiso" con lo que haces, compromiso con tus compañeros, compromiso con tus clientes, compromiso con tu trabajo. Tercero: "Coherencia": inevitablemente en este camino tienes que ser coherente, obviamente no somos perfectos. Tenemos conciencia de nuestros errores y buscamos enmendar el camino. Tratamos de cuidarnos. Nosotros nos preocupamos de las personas, y no es que nos preocupemos porque van a ser más o menos productivos, claro que no. Nos preocupamos de las personas como tales, y ése es nuestro modelo de negocio, somos una empresa que siente y tiene muy claro que ser empresa es también una responsabilidad ética por cuanto desde ésta también se contribuye a nuestra sociedad. Cuando acompañamos a nuestros clientes en el cumplimiento de sus sueños por medio de los créditos que otorgamos y la asesoría que entregamos, sentimos que estamos ayudando a hacer un Chile mejor y a emparejar la cancha. Cuando hablamos de la coherencia, de la confianza y el cariño... hablamos también de que todo esto nos ayuda y permite apoyar a nuestros clientes en sus sueños".

—Rodrigo, en una palabra, cómo definirías estos conceptos:

—Participación = Gestión.

—Ética = Responsabilidad.

—Creatividad = Innovación.

—Comunicación = Estratégica.

—Sueño = Inspiración.

—¿Cuál es el sueño de la gerencia de felicidad?

—Si no tienes un sueño tienes que repensar el sentido de tu vida. A nosotros nos mueven los sueños que tenemos, ¡y son muchos! Esta empresa (BEME) nació de un sueño, nació con el sueño de bancarizar y dar acceso con financiamiento a emprendedores que antes de nosotros no tenían ninguna posibilidad de mejorar su vida (pescadores, campesinos, comerciantes pequeños, agricultores, transportistas), de ayudarlos a cumplir sus sueños; así nació esta empresa. Por tanto, tiene una responsabilidad para afuera y otra para adentro. Y en este sentido creo que hay un desafío para los jefes: yo como jefe, como líder, como quieras llamarlo, tengo una responsabilidad ética de hacerle el trabajo más grato a la gente que trabaja conmigo. Nosotros trabajamos para algo, y si tú puedes dejar huellas, y si en ese cargo pudiste darle tranquilidad y la oportunidad de trascender, claramente es una gran satisfacción. Hablamos de la responsabilidad ética de las organizaciones y claramente en ésta se vive.

Más información de este exitoso caso organizacional:

- Sinónimo de esta gerencia: generosidad, participación, solidaridad y democracia, transparencia, comunicación y convicción.
- Alta participación: el 30% de la organización participa en solicitudes voluntarias de trabajo.
- Asunto básico: los valores reconocibles, operacionables y aspiracionales y la existencia de habilidades emocionales.
- El proceso de selección es relevante para cuidar la cultura existente, es muy exigente.
- Las personas están en el centro de la estrategia, se trabaja en coherencia.
- La base de todo: coherencia y consistencia en todos los actos. Cariño y amor en lo que se hace.
- Existencia de una real meritocracia, participación y cuidado interno.
- Las prácticas de compensaciones incluyen lo monetario y, sobre todo, lo emocional, el sentido del trabajo y el reconocimiento.
- No se promete felicidad, sí se trabaja para generar las condiciones para estar contento y feliz de trabajar en BEME.
- La ética es un tema central en esta nueva mirada.
- La felicidad interna es básica para generar lazos con los clientes.
- La tasa de rotación voluntaria es de un 2%, el promedio de la industria bancaria es de un 17%.
- Liderazgos claros, justos, respetuosos y colaborativos (los estudios plantean que más de un 75% de la felicidad de una institución se alcanza sosteniendo una relación positiva con los líderes directos).
- Profundas convicciones que hacen que el equipo directivo (que dirige BEME) esté articulado bajo el sueño de la empresa.

CASO Transbank y su fortalecimiento interno

(Construyendo felicidad)

> "La moral es una ciencia que enseña, no cómo hemos de ser felices, sino cómo hemos de llegar a ser dignos de la felicidad." Immanuel Kant

Reproduzco el extracto de una entrevista realizada a Carmen Gloria Castellano, jefa de comunicaciones de Transbank, organización altamente reconocida en el ámbito del desarrollo organizacional dentro del país.

—¿Cómo se genera un espacio laboral centrado desde el eje de la felicidad?

—Creando espacios de conectividad y sentido compartido, donde la horizontalidad, la humildad y el equilibrio entre el indagar y proponer es un prerrequisito para sentarse a conversar, no es una decisión que hoy en día tomen las organizaciones respecto a sus líderes. La voluntad de construir un mejor lugar para trabajar basada en la profunda convicción de que no hay otra forma posible de hacer un mundo más sano, más justo, más equilibrado y más humano, fue gestándose de forma evidente desde el primer día de esta empresa, que hoy ya tiene 24 años. Transbank no ha permanecido ajena a problemas y, como muchas otras empresas, grandes eventos la han golpeado, pero es precisamente esto lo que ha permitido desarrollar una capacidad de resiliencia potente, que pese a la adversidad nos ha hecho más fuertes, más felices, más conectados y unidos. Hablar de felicidad en el interior de un trabajo en épocas en que lo único que primaba era la productividad, parecería una locura, sin embargo, la persistencia de quienes creen en esta nueva mirada del mundo laboral, triunfó. Fueron los expertos quienes hablaron y dijeron con indicadores serios que aquellas empresas con un buen clima laboral tenían el mejor valor de la acción en la bolsa norteamericana. Dicho de otra forma, cuanta mayor felicidad en el interior de una empresa, más productividad.

—¿Tuvieron que ocurrir situaciones mayores para esta toma generalizada de conciencia?

—Pero claro, Robert Levering, creador del ranking *Great Place to Work*, hizo su aportación, contándonos acerca de su concepto GIFTWORK, que dice que cuando una compañía da a un trabajador algo más que sólo salario, él te devuelve algo más que sólo trabajo. Un círculo virtuoso que hace brotar lo mejor de cada parte de manera maravillosa. Este concepto tiene varias dimensiones, todas ellas se centran en el trabajador (contratando y acogiendo, inspirando, desarrollando, cuidando, compartiendo, escuchando y comunicando, celebrando y agradeciendo).

—El desafío, me imagino, es trazar un camino propio...

—Definitivamente propio. Con el fin de estar entre las grandes ligas, Transbank se mide año a año en el ranking del GPTW, que nos dice cuáles son nuestros puntos fuertes y cuáles las áreas más débiles. La encuesta tiene un 70% del peso y consta de algo más de sesenta preguntas que en su mayoría evalúan al jefe y a la compañía en relación con el respeto, la credibilidad, la imparcialidad, el orgullo y la camaradería. El 30% restante lo constituye el Culture Audit, que es el informe de políticas y prácticas de recursos humanos. Desde el año 2004, Transbank ha estado entre los seis mejores puestos, siendo la única empresa 100% chilena en mostrar esta consistencia. Consistencia que en 2010 nos llevó a ser la número uno de Chile y la octava de América Latina. En todos estos años nuestros indicadores han mostrado que la rentabilidad ha superado con creces las metas planteadas, han disminuido las bajas médicas y la deserción. Por otra parte, los profesionales interesados en trabajar en Transbank han aumentado, encontrándonos que por cada currículum recibido antes ahora se reciben ocho.

—Carmen Gloria, ¿cuáles son las acciones que han sostenido con el paso de los años y que han permitido construir una organización sólida en su cultura y prácticas internas?

—Cuando la felicidad se conecta con la gestión, ¿qué círculo virtuoso surge? Muy simple: construir grandes lugares para trabajar es una tarea de líderes con visión y decisión. No sólo ganan las personas, gana la familia, gana la empresa y gana indudablemente la sociedad.

Lo que define al trabajador de Transbank:

- Alta motivación de logro: ser productivo para el negocio.
- Capacidad lúdica: ser capaz de divertirse en el trabajo, afrontar las dificultades de manera optimista y aceptar la crítica como una oportunidad.

- Inteligencia emocional: ser empático, asertivo y psicológicamente responsable en el equipo y su clima.
- Capacidad de compromiso afectivo: dispuestos a involucrar las emociones y las pasiones en la organización.
- Motivación por el aprendizaje: dar importancia y valorar el aprendizaje permanente (Transbank, 2013).

La felicidad, poco a poco, y más allá de sus disputas y prejuicios, se está percibiendo como una dimensión justa que merece estar presente en el mundo del trabajo. Martín Seligman (*La auténtica felicidad*) trata en su obra el tema de la felicidad, afirmando que el dinero no es el único componente que hace que una persona se sienta plena en su trabajo. "¿Por qué una persona cualificada escogerá un puesto de trabajo en vez de otro? ¿Qué hará que un trabajador sea incondicionalmente fiel a la empresa que lo emplea? ¿Por qué tipo de incentivo un empleado se dedicará en cuerpo y alma a la fabricación de un producto de calidad?" (Seligman, 2011). Pero, por otro lado, el dinero sí puede asentar criterios de justicia en ciertos ámbitos, como el del rol de la mujer en el interior de las organizaciones. La mujer en Chile —por lo general— accede a un sueldo un 25% menor al de los hombres. Ellas hacen las mismas tareas, poseen el mismo cargo, las mismas profesiones y competencias... pero su presencia económica dentro de la organización es inferior, ¡así de simple! De esta forma, la felicidad transita por una serie de escenarios altamente relevantes para generar una vida plena dentro de las empresas. La justicia y la ética en lo que respecta a la igualdad de género son factores críticos de éxito para el logro de cuotas de felicidad mayor dentro de una empresa. Alejandra Vallejo en su texto *Felicidad y trabajo*, destaca: "El trabajo no tiene por qué proporcionarnos felicidad, pero podemos conquistarla trabajando. Cuanto más competentes nos percibamos en cualquier cosa que hagamos, más acentuada se volverá la sensación de recompensa", concluye (Vallejo, 2012).

Muchos estudios relacionan la felicidad con el sentido de la vida, y éste, en la gran mayoría de los casos, se sostiene desde nuestros propios propósitos. La felicidad sin propósitos resulta un desafío vulnerable y difícil de soportar en el tiempo. Cuando no tenemos propósitos, la vida se centra en el presente, y desde ese presentismo los grandes proyectos o las búsquedas más ambiciosas se detienen. El sentido y los propósitos nos enfatizan el ¡aquí! y el ¡ahora!, como una dimensión concreta de felicidad: trabajo, familia, sociedad, etc. El sentido de la vida genera consistencia a medio y largo plazo, debilitando con esto el poder de la angustia (o miedo al futuro), por ejemplo. La felicidad es también sinónimo de relaciones sociales permanentes y, al mismo tiempo, posee recursos mayores para resignificar las múltiples etapas de nuestras vidas. La felicidad no posee recetas o consejos, es una emoción que nos genera placer. De esta forma, es comprensible leer textos como el de la *Oda al día feliz*, de Pablo Neruda, uno de los dos premios Nobel de Literatura en Chile:

Esta vez dejadme
ser feliz,
nada ha pasado a nadie,
no estoy en parte alguna,
sucede solamente
que soy feliz
por los cuatro costados
del corazón, andando,
durmiendo o escribiendo.
Qué voy a hacerle, soy
feliz...

PODERES SIN LÍMITES: COACHING *ONTOLÓGICO E INDAGACIÓN APRECIATIVA*

El *coaching* ontológico (CO) y la indagación apreciativa (IA) son dos herramientas que, para ser honesto, intervinieron fuertemente en mi sistema de creencias. Estos dos conocimientos me cambiaron los paradigmas en múltiples materias, y una de las más importantes fue preguntarme por la calidad de vida de las personas que trabajan dentro de las empresas. Cada uno de estos senderos (CO e IA) tiene un poder transformacional propio, desde el cual sostienen nuevas coherencias (nuevos aprendizajes, una nueva actitud) y prácticas tanto a escala individual como grupal dentro de las empresas.

La "coherencia" es, en esta primera etapa del texto, fundamental para comprender el poder final del *coaching* ontológico en las personas. El origen de la coherencia surge del "estar pegado", del "estar unido". Desde este concepto emana la "cohesión" y lo "cohesivo". Es decir, cuando situamos la dimensión del vivir en la coherencia, estamos planteando que debemos mantener unidos nuestros discursos y creencias con nuestro actuar diario. Este proceso transformacional lo comprende plenamente la ontología del lenguaje.

La ontología del lenguaje representa el marco teórico del *coaching* ontológico, por tanto es a partir de esta ontología (estudio del ser) desde donde buscaremos comprender al ser humano que somos, al individuo que hoy y siempre ha vivido en procesos de cambio desde la vida misma. Rafael Echeverría (*Por la senda del pensar ontológico*) sintetiza esta idea diciendo que "para la ontología del lenguaje, toda realidad remite y se constituye en la mirada del ser humano" (Echeverría, 2007). Por su parte, las ciencias en general (sociales y otras), y un cúmulo de saberes durante siglos han buscado, desde la investigación, generar aproximaciones y una mayor comprensión sobre la existencia del género humano. Dentro de este "aprender permanente", la ontología del lenguaje es uno más de estos saberes, que se integran para aproximarse al ser y a su interpretación del mundo que observa y juzga. Respecto a este tema, Echeverría (*Ontología del lenguaje*) nos plantea que "interpretamos a los seres humanos como seres lingüísticos; interpretamos el lenguaje como generativo; interpretamos que los seres humanos se crean a sí mismos en el lenguaje y a través de él" (Echeverría, 2008). De esta forma, los seres humanos somos lingüísticos, y es desde esa dimensión (lenguaje) que le damos sentido a la vida. Por tanto, no sabemos cómo son las cosas, sólo cómo las observamos, desde esta perspectiva surge el observador que somos, o la individualidad que tenemos.

Cada ser humano es un observador autónomo, distinto, único. Y la individualidad que poseemos es el resultado de una suma de códigos culturales, vivencias personales (y arquetípicas), opiniones e intereses. Para acceder a un proceso de cambio transformacional en nuestras vidas, debemos aprender a conocer al observador que somos, es decir, a profundizar nuestra mirada intrapersonal y, desde ese lugar, atrevernos a cambiar. Esto, obviamente, de forma consciente, atenta y dispuesta.

No son pocos los momentos en la vida en que las actividades del día a día, con el paso del tiempo, nos automatizan y nos llevan a vivir una existencia mecanicista y práctica. En esos contextos nada nos sorprende, todo nos parece obvio y, desde ese punto de vista, nuestra energía concluye en prácticas mecanicistas de la vida, rutinas que de forma directa e indirecta silencian nuestros interrogantes individuales, nuestras búsquedas y preguntas más profundas. El mismo Rafael Echeverría (*El búho de Minerva*) plasma esta realidad de modo ejemplar, planteando que "... a veces estamos tan inmersos en los acontecimientos del mundo, que no sólo dejamos de asombrarnos por el ser, sino que ni siquiera nos asombramos de nuestra falta de asombro" (Echeverría, 2012).

Surge el modelo del observador, el cual define dos procesos de aprendizaje:

a) *Aprendizaje de primer orden* (acción = resultados). Si no obtengo los resultados esperados, cambio las acciones. Por lo general, ésa es la forma habitual que nosotros hemos aprendido a lo largo de los siglos.
b) *Aprendizaje de segundo orden*. Este aprendizaje es transformador, y nos plantea que para generar cambios profundos en la vida de las personas no basta con intervenir sus acciones, sino que lo que se necesita es cambiar al observador que somos (observador + acciones = resultados). Ahora, tomar conciencia del observador que soy, tomar conciencia de cómo influyo en el mundo que observo y juzgo, ¡ése es el gran desafío que hay que seguir! Lo que se busca con este aprendizaje (de segundo orden) es acceder a una nueva coherencia en nosotros, en nuestras vidas. Surge la coherencia ontológica, transformacional, profunda.

La coherencia ontológica busca generar (y sostener) una nueva coherencia en las personas, ésta basada en tres grandes dimensiones: el lenguaje, el cuerpo y la emoción.

- *Lenguaje*. El lenguaje construye realidad, el lenguaje genera acción. Describe el mundo, y desde ahí produce distinciones (generativo). El lenguaje también coordina acciones y se basa en la experiencia con otro (no es individual). El lenguaje se basa en un domino consensual (signos, objetos, acciones). Desde el lenguaje surgen los actos del habla: afirmaciones, declaraciones/juicios, ofertas, promesas y peticiones. Se suma también el poder de las conversaciones, el fenómeno/explicación y el silencio. Por último, el lenguaje define nuestras relaciones con el mundo; por tanto, vivimos en el lenguaje. Un ejemplo sobre el lenguaje lo precisa Humberto Maturana (*Emociones y lenguaje*) cuando dice que "las palabras son nodos en redes de coordinación de acciones, no representantes abstractos de una realidad independiente de nuestro quehacer" (Maturana, 2005).

- *Cuerpo*. Nuestra corporalidad nos describe. Caminamos agachados, bailamos, fruncimos el ceño, bajamos la mirada... El cuerpo, de forma certera, expone nuestro ser interno, nuestra persona de modo integral. El cuerpo posee disposiciones para el movimiento: estabilidad (capacidad de permanencia); apertura (capacidad de escuchar); resolución (capacidad de acción) y flexibilidad (capacidad de cambio). Son estos movimientos los que muchas veces nos generan posibilidades (nos expanden), como, de igual forma, también nos pueden restar posibilidades. El cuerpo es en sí un espacio de aprendizaje.

  Rodrigo Pacheco, *coach* y director del programa Cuerpo y Movimiento de la escuela internacional de *coaching* ontológico The Newfield Network, reflexiona sobre el cuerpo y su capacidad de aprendizaje diciendo que "... el cuerpo resulta un espacio fundamental para develar quiebres maestros (relevantes dimensiones de la vida que nos marcaron o nos marcan la conducta diaria), para sostener la necesidad de transformación, para registrar nuevas maneras de existir, y para mostrar caminos de prácticas de recurrencia de nuestros nuevos aprendizajes. El cuerpo revela, sostiene y acompaña, y, a la vez, articula nuevos movimientos, nuevos sentidos y aprendizajes" (Pacheco, 2013).
- *Emoción*. Respecto a las emociones, deseo comenzar destacando lo que expuso en su libro *Amor y juego* Humberto Maturana. Este epistemólogo y premio Nacional de Ciencias, es claro en relación con el tema de las emociones cuando afirma que "nosotros, como mamíferos, y en particular nosotros, como seres humanos, vivimos en un continuo fluir emocional consensual que aprendemos en nuestra coexistencia en comunidad con otros animales, humanos y no humanos, desde el seno materno" (Maturana, 2011). Esta idea, surgida de la naturaleza misma de la existencia de la vida humana, da recursos de sobra para comprender la complejidad y la trascendencia arquetípica de la emoción en el desarrollo individual y grupal de las personas. Las emociones, por tanto, poseen una serie de características y distinciones que las hacen un saber en proceso permanente; un ejemplo de esto: la abundante entrega de información que día a día surge desde la neurociencia frente a las incógnitas de la emoción; la felicidad es uno de estos casos.

  Otros elementos que caracterizan a las emociones es que éstas son reactivas (en conexión con los acontecimientos), cada estado emocional genera un mundo. Muchas veces se habita en una emoción, es más, se puede llegar aprender a habitar en una emoción determinada (rabia, miedo, etc.). Entre las emociones básicas está la alegría, el erotismo, el miedo, la ternura, la tristeza. Y también están los estados de ánimo: resentimiento, aceptación, resignación, ambición, entre otros. Las emociones y los estados de ánimo predisponen a la acción. Por último, las emociones no son ni buenas ni malas, las emociones son un motor para la vida. En su libro *El sentido de lo humano*, Humberto Maturana (autor también de *El árbol del conocimiento*), hace un énfasis sobre la emoción: "Si queremos conocer la emoción del otro, debemos mirar sus acciones; si queremos conocer las acciones del otro, debemos mirar sus emociones" (Maturana, 2010).

La coherencia ontológica de estas tres dimensiones es la que hará remover los juicios maestros que todos tenemos de nosotros mismos. A lo que se aspira finalmente es a generar cambios reales en nosotros y en nuestras vidas. En relación con el cambio, Julio Olalla (*Del conocimiento a la sabiduría*) expone que "... vemos el cambio como algo que nos ocurre a través del tiempo de manera inevitable, sin ninguna participación activa, y nos negamos a la posibilidad de dirigir el cambio hacia donde nosotros queremos" (Olalla, 2014).

Por otra parte, vivimos en mundos interpretativos, nuestra identidad está asociada a nuestros relatos, es decir, como hablamos vivimos; fundamentamos nuestra mirada desde las distinciones que manejamos, y cuando abro mis distinciones accedo a diversos aprendizajes. Un ejemplo: si observamos el cielo en la noche podremos reconocer sólo algunas estrellas, ya que no somos expertos en astronomía. Ahora, si esa misma práctica la realiza un astrónomo, ese experto reconocerá una serie de estrellas y, a la vez, nos hablará de las galaxias, el cosmos y los cometas. Es decir, manejar mayores distinciones es sinónimo de una mirada más amplia, con una mayor comprensión sobre el mundo que se habita. Por tanto, ampliar las distinciones es erradicar las creencias de que lo que he visto es lo "verdadero", lo "único", lo "objetivo". Respecto a este punto, deseo recordar a Paul Watzlawick de la Escuela de Palo, un destacado teórico de la comunicación, que fue quien planteó un día que "el mapa no es el territorio". Este académico y psicólogo austríaco buscó con esta frase remarcar que un mapa es un mapa, y un territorio es un territorio, es decir, que el mapa no es más que una interpretación del territorio. Ese efecto interpretativo, por lo general, nos ocurre en diversos ámbitos de la vida. O sea, estamos convencidos de que lo que vemos es sinónimo de verdad. Craso error.

Así, el *coaching* ontológico nos plantea que para vivir un proceso de cambio real se requiere de un proceso de cambio transformacional desde una perspectiva personal. El desafío de esta búsqueda: cambiar al observador que somos desde un nuevo y mayor aprendizaje, esto es, desde un aprendizaje transformacional. "Aprendizaje transformacional significa que se trabaja más allá de las formas. Nosotros no sólo formamos gente, sino que acompañamos su transformación, en el sentido de que lo que aprenden cuestiona el viejo aprendizaje, trasciende a la vieja interpretación de lo que era aprender" (Newfield Network, 2013).

Lo que también ocurre en muchas ocasiones es que nuestros propios procesos de cambio son frenados por nuestros enemigos del aprendizaje, enemigos que definitivamente todos tenemos. Cada uno de estos enemigos detiene nuestras posibilidades de alcanzar una nueva coherencia, disminuyendo con esto nuestras posibilidades para desafiar al observador que somos. Son múltiples nuestros enemigos del aprendizaje, y algunos de ellos son: incapacidad de admitir que no sabemos; no dar prioridad al aprendizaje (no tengo tiempo); trivializarlo todo (banalizarlo); desconfiar (de quien enseña, del contenido, etc.); ser excesivamente grave (serio); no saber que no sabemos (vivir en la ignorancia); confundir aprender con adquirir información; no dar autoridad a otro para que me enseñe (no validar); ausencia de contexto emocional adecuado; el olvido del cuerpo; querer tenerlo todo claro todo el tiempo; incapacidad de aprender; tal como soy no puedo aprender, entre otros factores. Ahora, cuando nos damos cuenta de que en el caso de una empresa, por ejemplo, la obsesión está más centrada en generar respuestas que preguntas, podemos comprender las palabras de Julio Olalla (*El ritual del coach*), cuando dice que "el *coaching* es un romance con las preguntas" (Olalla, 2008). Serán estas preguntas las que desafiarán nuestros miedos e inseguridades, articulándose así los nuevos aprendizajes para el futuro.

Hablaremos del *coaching* ontológico comprendiendo la dimensión ontológica del ser humano. Deseo iniciar esta parte del libro destacando una frase acuñada tiempo atrás (2009) por Ivonne Hidalgo (*Gestión ontológica*): "El *coaching* permite que uno pueda ver luz donde hay oscuridad", es decir, se valida el poder del *coaching* como un faro para estos tiempos de incertidumbre. Esta convicción surge como respuesta a una sociedad que, cada vez más, experimenta procesos de cambio de alto impacto. La cultura, la sociedad, la economía... una diversidad de sistemas, en estos momentos, necesita de otros ojos con los cuáles ser observados. Desde esta perspectiva, la dimensión "aprendizaje transformacional" surge como un elemento relevante para entender el paradigma del cambio. Bajo esta premisa, la escuela internacional The Newfield Network plantea que "el *coaching* ontológico es una disciplina que nace como un intento de hacernos cargo de las paradojas que tenemos en las organizaciones actuales. Alta efectividad junto con altas dosis de sufrimiento; especialización técnica junto con entornos de trabajo tomados por la desconfianza; altas posibilidades tecnológicas y de recursos para afrontar el futuro desde la resignación" (Newfield, 2013). Desde este paradigma, el *coaching* está al servicio de las personas, de su calidad de vida y aspiraciones frente al presente y futuro.

Las preguntas que muchos se hacen son: ¿cómo transitar de un estado a otro?, ¿cómo ampliar la mirada y con esto intervenir en las acciones diarias?; ¿cómo desafiar décadas de actos aprendidos, y cómo hacerlo desde una mirada diáfana y sin juicios previos? En resumen, ¿cómo cambiar la vida que tenemos por otra con mayores posibilidades y espacios de crecimiento? Esta necesidad de expandir las capacidades del otro (acción, efectividad y bienestar) es sinónimo también, en el *coachee*, de ampliar sus propias interpretaciones sobre el mundo que observa. De esta forma, otra gran pregunta que habría que hacerse es: ¿y qué es lo que hace —y genera— el *coaching* ontológico en las personas? Desde la perspectiva de lo que realiza un *coach* (persona que acompaña el proceso) con un *coachee* (persona que se deja acompañar), surgen observaciones importantes que hay que destacar:

- Un *coach* no ayuda, no genera "nuevos conocimientos", no soluciona problemas, no aconseja, no maneja guiones preestablecidos, no da pautas ni recetas, no es un gurú al que hay que seguir.
- Un *coach* sí genera relaciones personalizadas; trabaja con situaciones reales (aquí y ahora); acompaña los procesos de cambio; facilita el aprendizaje desde las conversaciones; desafía el cómo mirar (problemas, rupturas, preguntas, etc.); aumenta y desafía el potencial de las personas; propone nuevas acciones; su poder de acción se centra en las preguntas (indaga); genera la posibilidad de analizar, reflejar y tomar decisiones; la confianza y el respeto son su eje central (o espacio sagrado); amplía el campo de interpretaciones; desafía juicios personales;

trabaja desde la coherencia ontológica (cuerpo, emoción y lenguaje); incentiva la búsqueda de nuevos saberes, entre otras prácticas.

En lo específico del *coaching*, más allá de lo ontológico, debemos integrar otras miradas: "El *coaching* es una práctica que pertenece al dominio del aprendizaje" (Newfield, 2013); "Un *coach* es precisamente un facilitador de la adaptabilidad" (Caby, 2004); "El *coaching* es un arte y una ciencia" (Anwandter, 2008); "... se podría decir que el *coaching* es la forma como alguien ayuda a otro a ser capaz de conseguir sus propios resultados, en conexión con el equipo al que pertenece (Abarca, 2010); "El *coaching* es una tarea de aprendizajes conjuntos" (Wolk, 2008); "El *coaching* empieza a establecerse cada vez más como una de las disciplinas más importantes en el apoyo a las empresas, ya sea en las áreas de logro de las metas, resultados y gestión" (Flores, 2009).

De esta forma, centrando la mirada en el mundo de las organizaciones, "el *coaching* como herramienta de consultoría o liderazgo puede ser comprendido, básicamente, como un 'arte' que ofrece al ejecutivo de hoy la posibilidad de expandir su poder de acción, su efectividad y bienestar profesional y personal. El *coaching* proporciona las distinciones que permiten la ampliación o modificación de las interpretaciones con las que están trabajando las personas y los equipos que producen inefectividad o insatisfacción en determinados ámbitos" (Newfield Network, 2013).

Dimensiones en las que interviene el *coaching* ontológico dentro de las organizaciones: en las comunicaciones, el liderazgo, la inteligencia emocional, la inteligencia corporal, el desarrollo de la actitud de aprender, la ética del compromiso y el trabajo en equipo. En relación con el liderazgo, consulté a Julio Olalla (considerado por la Federación Internacional de Coaching, ICF, uno de los mejores *coaches* del mundo) qué mensaje se les podría enviar desde el mundo del *coaching* a los líderes empresariales del país, a lo cual me respondió: «Lo primero es que para ser líder hay que tomar decisiones, y éstas muchas veces son difíciles... Muchas de estas decisiones nos exigen... Soy un convencido de que sin coraje no hay liderazgo. Y lo segundo es pensar que vamos a tener que tomar decisiones desde nuevos paradigmas, éstos no sólo economicistas. Otros campos del saber tendrán que sumar para así acceder a una vida plena, a la formación de un ser humano integral, más feliz. De esta forma, el desafío para las empresas no es menor, por lo que se requiere de procesos de cambio verdaderamente transformacionales y profundos, coherentes y verosímiles… procesos que finalmente se sostengan en el tiempo" (Véliz, 2012), concluyó. Esta respuesta ratifica un estudio publicado en 2009 por la revista *Harvard Business Review*, investigación que planteaba las tres principales razones por las que se contrataba a los *coaches*: "1. Desarrollar ejecutivos de alto potencial o facilitar su transición, 48%; 2. Actuar como caja de resonancia, 26%; 3. Lidiar con conductas descontroladas, 12%" (Gorchov, 2009).

Como expuse al inicio de esta parte del libro, en lo personal, el *coaching* ontológico —inspirado desde la ontología del lenguaje— me cambió cómo entender la comunicación humana en su globalidad. Ahora, también considero que hay otro recurso que tiene un poder igual de transformador para el mundo de las organizaciones y la calidad de vida de sus trabajadores: la indagación apreciativa.

La indagación apreciativa busca fortalecer el desarrollo organizacional de las empresas, basando su poder en el involucramiento absoluto por parte de las comunidades de trabajo en un bien mayor: construir el presente y el futuro laboral desde las luces (certezas) de la organización… desde las personas. Para Federico Varona (*La intervención apreciativa*) la IA representa "… un proceso de búsqueda colaborativa que se centra en el núcleo positivo de una organización, es decir, en sus competencias, habilidades, talentos, y en sus mejoras relacionales y prácticas" (Varona, 2009). De esta forma, la IA se basa en la suposición que las compañías que indagan desde sus engaños y problemas, por lo general, obtienen resultados cercanos a sus propias fragilidades e inconsistencias; por tanto, el desafío es cambiar el paradigma, es decir, pasar del error y la culpa al logro y el acierto.

Iniciar un proceso de cambio donde el eje central no sean las crisis y los errores, sino lo que ha generado éxito y metas cumplidas, ¡eso es sinónimo de indagación apreciativa! Esta nueva "actitud" en cómo comprender el desarrollo de una organización se inicia desde una imagen compartida, positiva y de logros colectivos. Esta forma de mirar apreciativamente, surgió en la década de los ochenta gracias a la particular mirada de David Cooperrider y Suresh Srivatsva, quienes planteaban que una empresa era más un milagro para ser abrazado, que un problema para ser resuelto.

Relacionarse positivamente, desde una mirada sin prejuicios y derrotas aprendidas, ¿por qué no? Por lo general la cultura de las organizaciones basa sus prácticas en indagar conforme a sus fisuras y problemas, es decir, es cultural en nosotros funcionar con los FODA (fortalezas, oportunidades, debilidades y amenazas) y, desde ahí, fijar la atención en las debilidades y los errores que durante años hemos cometido —parecido a la psicología que a lo largo de décadas ha centrado sus esfuerzos en las patologías de las personas—. Habitualmente nos quedamos con los errores y nos obsesionamos por mejorarlos. Una pregunta no menor: ¿qué ocurriría si esto fuera al revés? Si lo relevante no fuera investigar sobre las crisis y sus causas, sino investigar sobre los éxitos y cómo se hizo para alcanzar ese logro tan preciado y valorado por todos.

La indagación apreciativa pasa por cuatro etapas básicas:

a) *Descubrimiento* (apreciar):
   - ¿Qué da vida a la organización?
   - Generar entrevistas apreciativas.

b) *Sueño* (imaginar):
   - ¿Qué resultados podríamos llegar a tener?
   - Formular declaraciones de aspiraciones. El sueño, la visión.

c) *Diseño* (construir):
   - ¿Qué sería lo ideal?
   - Formular proposiciones provocativas. Diseñar una nueva organización.

d) *Destino* (sostener):
   - ¿Cómo empoderar, aprender e improvisar?
   - Definir y ejecutar los programas para hacer realidad el sueño y la visión.

El desafío es captar y aprender desde lo que funciona, y así potenciar tanto los logros como las buenas prácticas. Lo habitual es lo otro, es decir, dedicar tiempo y esfuerzo —a ratos desmesuradamente— a lo que no funciona. Por lo general en los fallos hay "errores", "culpables", "incompetencias", "faltas", "crisis", etc. Por el contrario, la indagación apreciativa busca multiplicar los logros, comprender qué ocurrió para que los resultados fueran los óptimos, qué tipo de liderazgo hubo, qué prácticas y emprendimientos hicieron que los resultados fueran tan positivos, qué acciones se emprendieron, desde qué emocionalidad se generaron las tareas, etc. Cuando se fortalecen las certezas y se da visualidad a los éxitos, la confianza se fortalece y con esto la coordinación de acciones y los buenos resultados fluyen. El conjunto de estas prácticas generarán un alineamiento interno mayor, más eficaz y centrado en el cumplimiento de los compromisos. Otro aspecto que se debe destacar es que es recurrente en las prácticas de indagación apreciativa realizar eventos masivos (cumbres) donde la pregunta es una sola: ¿qué han hecho bien?, ¿qué ha funcionado?, ¿qué han logrado para que todos se sientan orgullosos? Como consultor me ha tocado participar en estas cumbres en diversas ocasiones, con organizaciones absolutamente disímiles (industrias, bancos, hospitales, entre otros), y siempre me ha llamado la atención la respuesta inicial de estos colectivos, en los que participan líderes, mandos medios y base organizacional. En una primera etapa existe desconcierto absoluto por la pregunta (qué han hecho bien, qué han logrado); posteriormente, se abre un silencio extenso en el que se intenta buscar algo positivo de la institución, para, finalmente, desde una timidez insólita, comenzar a proponer indicios de experiencias positivas pero que, claramente, han sido olvidadas o tratadas como "no importantes" con el paso del tiempo. Ahora, cuando las personas logran observar los núcleos de luz que poseen sus organizaciones (y equipos), cuando dan visualidad a sus logros y méritos… justamente en ese momento la conversación cambia. Posteriormente, lo que viene es un proceso de desaprender (mirada negativa aprendida) y aprender (mirada positiva) desde una narrativa más atenta y dispuesta a fortalecer la identidad (ritos, mitos e hitos) de la organización.

Es importante destacar que, por lo general, emprender intervenciones de indagación apreciativa en las compañías es el resultado de una reflexión mayor por parte de sus líderes, también apreciativos. "Generar energía nueva y un nivel de logro inesperado son los efectos que revelan la mayor contribución del liderazgo apreciativo" (Cortés, 2009). Otro elemento transformador en esta nueva dinámica de cómo entender a las organizaciones es aplicar no sólo metodologías y fórmulas de intervención a escala estructural dentro de las organizaciones, sino desafiar la propia conciencia interna de la compañía. "La conciencia apreciativa puesta en acción ocurre cuando alguien identifica, valora y reconoce positivamente alguna característica presente en otro individuo, grupo u organización" (Astudillo, 2008). Es así como esta primera práctica, con el tiempo, se transformará en cultura y de esta forma en conducta colectiva.

Para el mundo de las empresas, donde los cambios están "a la orden del día", el concepto "cambio" es algo más que transitar de un estadio a otro. Miriam Subirana (*Indagación apreciativa*) plantea en relación con este tema que "el cambio es más profundo en la medida en que somos capaces de crear nuevas imágenes del futuro que sean atrayentes y nos estimulen a ser creativos. Las imágenes positivas influyen en el cambio personal, relacional, político, social, cultural, comunitario y organizacional". Desde esta afirmación, es fácil comprender cómo un líder apreciativo puede observar con otros ojos lo que un liderazgo clásico percibiría desde la perspectiva habitual: quién fue el culpable, quién cometió el error, dónde está la falta, cómo se generó la crisis, etc. Por tanto, se hace básico en este cambio de paradigma y también cambiar ciertos valores que están dentro del imaginario colectivo de las organizaciones. Al respecto, el doctor Mario Peressón (*Educar en positivo*) instala una mirada precisa sobre la educación y los valores positivos (mirar apreciativamente). Más allá de que su mensaje se encuentra dirigido al segmento de los jóvenes, considero el fondo de su mensaje transversal a todo ser humano: "La educación en positivo consiste en una permanente intervención pedagógica, estimulante y promocional, tendiente a ayudar a los jóvenes —en nuestro caso organización— a descubrirse, interiorizarse y exteriorizar aquel conjunto de valores profundamente humanos que deben inspirar y orientar toda su vida" (Peressón, 2006).

La psicología positiva es otra rama del saber que enfatiza la necesidad de articular prontamente un cambio de mirada en cómo comprender y pensar las organizaciones modernas. Claudio Ibáñez (*Nuestro lado luminoso*), director ejecutivo del Instituto Chileno de Psicología Positiva, plantea que "el enfoque tradicional de gestión de las organizaciones y las personas está sufriendo un cambio lento, pero radical. Los supuestos tradicionales de que la corrección de las debilidades y el arreglo de los problemas es la mejor forma de movilizar a las personas y a las organizaciones hacia desempeños superiores están, simplemente, errados" (Ibáñez, 2011).

A continuación les pongo un ejemplo sobre lo que podríamos plantear como una mirada tradicional y una mirada apreciativa, desde el ámbito de las preguntas diarias:

PREGUNTAS NEGATIVAS	PREGUNTAS POSITIVAS
¿Por qué me salen mal las cosas?	¿Qué es lo beneficioso de esta situación?
¿Quién es el culpable?	¿Qué puedo hacer para ayudar en esta situación?
¿Cómo puedo demostrar que estoy en lo correcto?	¿Qué es lo que puedo aprender?
¿Por qué me tocó trabajar con el peor del equipo?	¿Cuáles son los mejores recursos que tiene este equipo?
¿Para qué voy a molestarme?	¿Cuál es la mejor aportación que puedo hacer en esta situación?

Para Federico Varona (*La intervención apreciativa*), el poder de estas preguntas positivas posee tres niveles de análisis: "a) Descubrir lo positivo que ya existe y describirlo; b) Profundizar y analizar el valor de lo positivo, el porqué; c) Invitar a la creatividad y a visualizar un futuro ideal" (Varona, 2009). Con estas preguntas, el autor nos hace una invitación no menor, invitación que nos exige repensar cómo estamos indagando hoy, y reflexionar sobre cómo hemos construido nuestras narrativas y discursos internos que, al parecer, con décadas de instalación en nuestras rutinas diarias, nos han acostumbrado a sostener conversaciones basándonos en temas fundamentados desde lo negativo. Es primordial, así pues, resignificar hoy la realidad, reinterpretarla y desplegar nuevas acciones. Walter Mischel (*Psicología del potencial humano*) pone el énfasis en este punto cuando señala que "los humanos no son simplemente organismos 'impulsados': aunque la gente no siempre sea capaz de cambiar el curso de los hechos, puede interpretarlos y conceptualizarlos de manera diferente y más constructivamente, es decir, contemplarlos de tal manera que puedan incrementar su posibilidad de ejercer la libertad de acción y la voluntad" (Mischel, 2007).

CONCLUSIONES SOBRE EL MAR (MODELO DE ACCIÓN RESILIENTE)

El MAR es un modelo de intervención altamente flexible y adaptativo, que se suma a cualquier realidad organizacional. No importa el rubro de la empresa, tampoco varía si se trata de una organización productiva (o de servicios), de un partido político o una iglesia. El MAR está diseñado para sumarse a todo grupo humano que esté alineado tras un desafío común.

El MAR sostiene desde criterios individuales y grupales una mirada sistémica, humanista y comprometida con el desarrollo de las personas. Su capacidad para preguntar y levantar información lo transforma en un modelo altamente interactivo e inclusivo en la búsqueda de soluciones a problemáticas internas de una organización.

El MAR entrega dimensiones, hace preguntas y delimita espacios de cuidado y fortalecimiento organizacional para, con el tiempo, sostener una nueva cultura interna, una cultura del autocuidado organizacional. Este desafío de construir de forma consciente una identidad atenta y proactiva fortalece no sólo el discurso interno de la organización, sino también sus prácticas conductuales.

El MAR posee un discurso alineado a una comprensión integral del ser humano. Dimensiones ontológicas (estudio del ser), axiológicas (estudio de los valores) y gnoseológicas (estudio del conocimiento), lo desafían constantemente a repensar el cómo comprender el desarrollo de las personas, con criterios de mayor alcance. El MAR, desde esta dimensión integradora, busca intervenir las políticas internas de las compañías.

El MAR es un modelo que se adapta al proceso de las empresas, no sólo desde el discurso teórico que lo sustenta, sino también desde prácticas reconocibles como los factores protectores, junto con una serie de medidas de uso diario en pos del mejoramiento del clima organizacional. Desde esta práctica, el MAR despliega sus factores críticos de éxito como recursos reales de acompañamiento e intervención.

El MAR asume que los contenidos de una organización (misión, visión, valores, etc.) deben sostenerse en la conducta de las personas, en sus rutinas diarias, en la práctica organizacional. Los contenidos de una compañía no existen si sólo se manifiestan desde la escritura y los documentos. El MAR en este sentido busca practicar sus miradas, creencias y contenidos. De esta forma la dimensión práctica del MAR es una certeza, un tema indiscutible.

El MAR apuesta por el fortalecimiento de la identidad organizacional de las empresas, es decir, le da presencia al quién soy yo como institución, siempre validando el interior de las organizaciones como el corazón y la dínamo transformadora. La identidad posee una serie de dimensiones y prácticas, validándose la mirada sistémica del conjunto de estos recursos.

El MAR se hace cargo de la identidad organizacional desde la propia memoria activa, dando materialización a los ritos, mitos e hitos del grupo humano. Esta memoria da consistencia al discurso, y también contexto de presente, pasado y futuro a las prácticas diarias. La memoria activa se sostiene en un sistema de creencias que busca habitar desde una coherencia constante dentro de las conductas individuales y grupales de las compañías.

El MAR apunta a que las organizaciones se transformen más que en equipos de trabajo en comunidades de aprendizajes. Esta nueva dimensión (comunidades de aprendizajes) invita al MAR a generar nuevos desafíos para emprender un espacio de conocimiento permanente. El mundo de las preguntas es, por ejemplo, un nuevo criterio que obviamente proporciona a este modelo mayor presencia para indagar, generar nuevas conversaciones y mayor altura para reflexionar.

El MAR aspira a generar una mirada sistémica, donde la coherencia y la consistencia de las conductas sean algo absoluto. Este criterio de acción busca hacer del modelo un campo de alto dinamismo en sus prácticas organizacionales. El MAR resulta hoy un instrumento que está al servicio del fortalecimiento de las empresas y sus colaboradores.

El MAR comprende que su rol de fortalecimiento organizacional, de cuidado interno, está al servicio del modelo de negocio que se esté llevando a cabo. El MAR buscará permanentemente generar un trabajo organizacional interno alineado a dimensiones comerciales, asumiendo que la empresa y el conjunto de sus esfuerzos están al servicio de un criterio integrativo (negocio y personas).

El MAR comprende que su diálogo será continuo, con el conjunto de las partes de la organización. El MAR, desde su criterio sistémico, validará la comunicación como el recurso transformador y fidelizador para emprender nuevos desafíos dentro de las compañías. La buena comunicación será la puerta de entrada a procesos de identificación mayor (trabajador-empresa).

El MAR es un modelo que se sostiene en conceptos relevantes como la coherencia, la ética, la comunicación, lo sistémico, el aprendizaje, la identificación, entre otros. Cada uno de estos conceptos, desde una dimensión integradora, conducen decisivamente hacia un único sendero de intervención. No funcionan de forma separada.

El MAR es un modelo que si se asume dentro de una organización se transforma en un desafío. No basta con sólo sostener el MAR desde una gerencia. Este recurso de intervención requiere del apoyo del conjunto de los líderes de la organización para así transformarlo en conducta colectiva. Este modelo funciona desde una práctica colectiva, desde un reconocimiento mayor.

El MAR, desde un criterio apreciativo, busca intervenir las conversaciones de las empresas. El reto de esta práctica está en sostener desde los sectores iluminados —y desde lo logrado—, nuevos emprendimientos dentro de las compañías. Mirar apreciativamente es una dimensión importante de este modelo que, desde un compromiso con la realidad actual, buscará proponer e invitar a una reflexión mayor sobre cómo sostener nuevas conductas colectivas.

El MAR no sólo debe mapear e introducir dimensiones de cambio en la articulación de la identidad organizacional, sino que también debe sostener los procesos de cambio desde una consistencia permanente, estable y atenta. Los procesos transformacionales requieren del rigor de la constancia.

4. SEIS AÑOS DESPUÉS... CUANDO LA COVID-19 DESAFIÓ LA EXISTENCIA HUMANA

"Del sufrimiento surgen las almas más fuertes. Los caracteres más sólidos están plagados de cicatrices." Kahlil Gibran

Han pasado más de seis años desde que lancé la primera edición de *Resiliencia Organizacional* en las dependencias de la Organización Internacional del Trabajo, OIT. Eso fue en Santiago de Chile en 2014. En esa época, cuando se promocionó el libro, muchas personas me preguntaron qué tanta necesidad de resiliencia requería el mundo del trabajo frente a escenarios "supuestamente" adversos. Cuando surgían esas consultas, me imaginaba múltiples contextos de alta complejidad, pero para ser honesto, jamás imaginé que una crisis de esta magnitud (COVID-19), impactara con tanta intensidad en el hacer laboral del mundo entero.

Por lo general, el campo empresarial iberoamericano ha sido lento para levantar culturas organizacionales preventivas y resilientes en momentos adversos. Y eso ocurre por una razón muy simple, porque, por lo habitual, nuestra cultura corporativa habita más en el presente que en el futuro. ¡Somos presentistas! Es decir, habitamos el aquí y el ahora sin darnos cuenta de un cúmulo de puntos ciegos que nos dificultan el poder observar con precisión nuestras propias fragilidades. Y cuando se vive en la coyuntura, en el día a día, se vive también a la deriva y en la improvisación frente a las posibles crisis.

Bajo un contexto como esta pandemia, la incertidumbre puede transformarse en una verdadera trampa, literalmente mortal.

En estos meses de confinamiento en Bogotá, Colombia, me he dedicado a dar múltiples conferencias virtuales a organizaciones de toda Iberoamérica: escuelas de negocio, facultades universitarias (comunicación, administración, psicología), empresas públicas y privadas, cámaras de comercio, organizaciones sociales, entre otras. Y concluidas las charlas, siempre ha surgido la misma pregunta: ¿qué hacer con la crisis?

Un caso específico que me llamó la atención, fue el de un conglomerado de empresas en Guatemala que, posterior a un proceso de fusión, recién realizado en febrero (2020), ya en marzo estaban todos sus colaboradores dispersos trabajando vía remota desde sus hogares. Es decir, esta nueva empresa a las pocas semanas de haberse fusionado, sin casi conocerse entre sus propios trabajadores y desde un aislamiento absoluto, tuvieron que aunar esfuerzos desde la dispersión, para así dar cumplimiento a metas y acciones previamente acordadas. Situaciones como éstas dan para pensar, no sólo por el resultado de la tarea, sino también por la convivencia interna y el desgaste humano frente a una alta e insospechada exigencia como ésta.

Por otra parte, con esta pandemia han sido también intensos los cambios que ha experimentado la propia agenda de temas laborales. Antes, el énfasis estaba en la robotización, la destrucción de empleos, entre otros. Hoy, el único desafío es la sobrevivencia de las empresas. ¡Así de simple! Bajo este contexto de adversidad y tensión, es importante destacar que las compañías que iniciaron esta crisis con una cultura organizacional consolidada, con un clima interno óptimo, con liderazgos validados, con innovaciones permanentes, con una confianza compartida y con comunicaciones expeditas, claramente han podido navegar en estas aguas turbulentas con mayor precisión y efectividad. Y a la inversa, si la empresa estuvo siempre en deuda con todas estas materias, lo más seguro es que sus posibilidades de crisis deben haber sido exponencialmente mayores.

El gran aprendizaje de este momento adverso, es saber que una cultura organizacional consolidada, coherente y consistente resulta un capital (intangible) invaluable para toda compañía que diseñe su proyecto de gestión pensando en el corto, mediano y largo plazo.

Otro gran aprendizaje de esta crisis sanitaria, es que los valores (axiología) de un territorio, de sus habitantes, son los motores que predisponen a la acción conductual del colectivo.

Es decir, y a modo de ejemplo, cuando se solicitó cuarentena en los diversos países de nuestra región, muchas personas salieron a la calle, no necesariamente por necesidad, sino más bien, por un individualismo exacerbado. "Me piden que no salga para no enfermar a otros y para no enfermarme yo. Pero mis valores se centran en mí, en mis intereses y deseos personales. Y obviamente, desde ahí me comporto en coherencia con el entorno." (Anónimo.) Conclusión: nula empatía. Lo mismo ocurre con las empresas. Dependiendo de los valores de la cultura organizacional, colectiva e individual, será la dinámica relacional al interior del grupo de trabajo.

A mayor crisis ética, a mayor desconexión emocional, menor cohesión frente al contexto de amenaza.

Por ahora continúan las cuarentenas, los *peaks* de contagio se mantienen en las parrillas programáticas de los medios de comunicación, y los gobiernos del mundo entero intentan sostener desde un equilibrio precario, una confianza tenue y muchas veces cuestionada por la opinión pública. Esta crisis sanitaria no sólo se enfrenta con fármacos y ventiladores, sino también con acciones confiadas y educación coherente para la población en su conjunto. Y son sus líderes quienes motivan, inspiran y movilizan tras un propósito de autocuidado social. Pero esto también puede suceder en forma contraria, un ejemplo son los gobernantes de EE.UU., Brasil, México y Chile. Todos liderazgos errados que han confundido a la población con desinformación sobre la COVID-19; que han subvalorado el impacto de la crisis y que, desde éticas cuestionables (el lucro por sobre la vida), han invisibilizado las consecuencias de la pandemia en la salud de las personas. ¿Qué podemos aprender?, que un mal liderazgo puede polarizar una crisis a niveles insospechados.

También es cierto que las crisis pueden transformarse en una gran oportunidad para las empresas, por ejemplo, con esta pandemia muchos países han sido develados en su pobreza y real crisis económica, exponiendo en forma brutal la desigualdad y las carencias de las grandes mayorías para sostener y sobrevivir a esta debacle sanitaria. Esta fractura social, con el tiempo y desde la buena fe, podría transformarse en una verdadera oportunidad para el país. De igual forma ocurre con las organizaciones. Después de esta tensión epidemiológica, se podrán mapear las inconsistencias culturales y económicas de cada una de las compañías y, con el tiempo, sostener un trabajo de fortalecimiento y articulación de coherencia organizacional, levantando empresas más justas, comprometidas y responsables con el bienestar de su gente, de sus trabajadores.

Esta pandemia nos cambiará la vida, hasta donde nosotros estemos dispuestos a mutar. El tema de fondo no es ni la esperada vacuna o los tratamientos frente el coronavirus, el desafío final somos nosotros mismos, y el cómo deseamos vivir la existencia con sus insospechadas derivas. Bajo qué valores, emocionalidad, creencias, en fin, lo que hoy estamos experimentando resulta una posibilidad más, para así alcanzar una vida con sentido, y al servicio de algo más allá de nuestros propios intereses personales.

Escribo estas líneas a principios de agosto (2020), y las noticias son insistentes con respecto a las vacunas que hoy buscan alcanzar la meta de la inmunidad. Pese a lo tedioso de sostener este proceso de confinamiento, también surge la posibilidad de ver el vaso lleno y, desde ahí, plantear una explanada de ideas sobre el cómo nos gustaría que fueran las empresas pos COVID-19. ¿Qué tipo de organizaciones y con qué valores deseamos que surjan? Frente a estas consultas aparecen certezas:

- Empresas con culturas coherentes y consistentes entre lo que dicen y hacen.
- Instituciones con climas internos comprometidos con la expansión humana.
- Organizaciones con liderazgos verosímiles, consolidados, justos y nutritivos.
- Ya no más equipos de trabajo, sino más bien, comunidades de aprendizaje.
- Con confianzas efectivas y al servicio de la coordinación de acciones.
- Con una participación compartida, transversal, incluyente y empoderada.
- Empresas conscientes y proactivas de sus estados emocionales y anímicos.
- Comunicaciones que busquen el entendimiento humano.
- Empresas comprometidas con propósitos inspiradores, para todos y todas.
- Organizaciones con sentido de urgencia y con una gestión de excelencia.
- Culturas conscientes del rol del autocuidado y el bienestar organizacional.
- Prácticas conversacionales inspiradas en el respeto y la colaboración.
- Empresas motivadas por un aprendizaje curioso, continuo y transversal.
- Con equipos de RRHH eficientes y al servicio del cuidado de las personas.
- Instituciones con amplia capacidad para escuchar, empatizar y actuar.
- Empresas apreciativas en su forma de observar y actuar con el entorno.
- Compañías que validen el reconocimiento y agradecimiento de su gente.
- Organizaciones que asuman un rol sistémico y sinérgico en su gestión diaria.
- Empresas más humildes, responsables y sustentables con el medio ambiente.
- Instituciones justas con sus sueldos, beneficios e incentivos para su personal.
- Líderes que cumplan las leyes laborales y protejan los derechos de su gente.

El mundo del trabajo depende de la cultura en la que se encuentra. Nada es monolítico e inmodificable. La cultura, desde su plasticidad y dialéctica, nos expone posibilidades de rediseño en la convivencia. Por ejemplo, el concepto

Kitsuroi fue creado por los japoneses, con la intensión de reparar lo quebrado. Esta cultura oriental plantea que cuando un jarrón está trizado, esta falla se puede restaurar rellenando la grieta con oro y plata, dándosele presencia a la reparación. Es decir, cuando se sufre un daño, el objeto que ya tiene una historia se vuelve aún más hermoso. El mensaje es simple: las fallas y errores no se deben ocultar, sino que se deben honrar con aceptación y orgullo, ya que no somos lo que logramos, sino que lo que superamos. Y es la superación el eje central de todo proceso de resiliencia.

En momentos adversos como los que hoy estamos viviendo, resulta fundamental empoderarnos y ser conscientes que todo ser humano es resiliente. Es esa actitud proactiva la que logrará enfrentar esta crisis, articulando un "darse cuenta" (quiebre ontológico), y desde ahí resignificar el momento adverso. Cuando esto ocurre, el desafío es tener claridad sobre nuestros reales recursos de acción y, desde una actitud apreciativa, asumir y valorar todas nuestras fortalezas, y colocarlas al servicio de un propósito común. Bajo este escenario, la planificación concluirá con acciones resueltas para fortalecer esta resiliencia ascendente. Importante es destacar que los verdaderos procesos transformacionales surgen desde el ser al hacer, validando la nueva coherencia como el único objetivo por cumplir.

> "No me juzgues por mis éxitos, júzgame por las veces que me caí y volví a levantarme." Mandela

HABITAR UNA NUEVA COHERENCIA

A esta dimensión individual de desarrollo exponencial del ser resiliente, se suma el Modelo de Acción Resiliente, "MAR". Dimensión teórica-práctica lanzada en la primera edición de mi libro, y que con los años ha ido sumando nuevas distinciones.

El "MAR" (Modelo de Acción Resiliente) busca el blindaje organizacional, instancia de autocuidado para generar un fortalecimiento continuo en los equipos de trabajo. Entendiéndose el autocuidado interno, como un acto consciente de consolidación del capital social de la organización (ganar-ganar). Y desde este fortalecimiento interno, el objetivo final es la concreción de la confianza como motor dinamizador para la coordinación de acciones al interior de la gestión laboral. De igual forma, el "MAR" asume el poder de la esperanza, la libertad y la dignidad laboral, como pilares formativos para el buen desarrollo de todo trabajador consciente y comprometido con su propia dimensión y expansión ontológica (introspectiva).

Este modelo también mantiene espacios de cuidado organizacional, elementos estratégicos que sí o sí deben preservarse a lo largo del tiempo desde una coherencia y consistencia continua. Por lo mismo, resulta importante que las empresas cuiden, desde todas las áreas de gestión: la inclusión organizacional, los derechos laborales, la prevención de accidentes, el aprendizaje organizacional, el clima organizacional, las políticas organizacionales, la gestión organizacional, el liderazgo organizacional, las tradiciones organizacionales y la infraestructura organizacional. A la vez, este cuidado interno debe abordar cuatro preguntas que todo trabajador debiese responder así mismo en forma honesta: ¿quién soy yo en esta empresa?, ¿qué es lo que tengo en esta empresa?, ¿qué es lo que quiero hacer en esta empresa? y ¿qué realmente puedo hacer en esta empresa? Cada una de estas consultas buscan transparentar la realidad individual del colaborador al interior de la organización y, con esto, generar mayor pertenencia, compromiso, arraigo y sentido laboral al interior de la compañía.

Todos estos conceptos se interiorizan bajo un espacio de entendimiento humano que, con el tiempo, buscan permear consistentemente los ecosistemas individuales (intrapersonal) y grupales (interpersonal) del conjunto de los trabajadores. A la vez, el "MAR" moviliza sus saberes y acciones desde dos grandes agentes dinamizadores, el primero es la identidad, distinción que lo que busca es dar consistencia al quién soy yo como organización. Y el segundo es la memoria, recurso que analiza el andar institucional y desde ahí, diseña el presente y el futuro corporativo desde una narrativa propia e inspiradora (relato). El desafío final del conjunto de estos conceptos es fusionar a la comunicación con la pedagogía, y transformar a las empresas en espacios de aprendizaje (y entendimiento) continuo y, en este caso, centrados en el cuidado del ser humano desde su hacer laboral.

> "Toda existencia individual está determinada por innumerables influencias del ambiente humano." Simmel

El “MAR” es un instrumento que dialoga con la realidad de las organizaciones, con sus recursos, culturas y personas. Y desde esa flexibilidad y adaptabilidad busca blindar y cuidar frente a lo adverso. Desde ese lugar, la actual crisis sanitaria puede generarnos nuevos espacios de aprendizaje, uno de estos, es sumar el concepto de Redarquía a nuestro diccionario laboral, y así agregarle, mayor agilidad y gobernabilidad a nuestras acciones cotidianas.

La Redarquía es un modelo organizativo abierto y de colaboración, que funda su poder en la interacción simultanea entre múltiples agentes corporativos. Desde esta inteligencia social (o nuevo orden), se comparte la innovación, la gestión, el talento y el saber, en forma transparente y expedita. Acá las relaciones son simétricas (horizontales) y están al servicio de un propósito común, de todos. Las dimensiones que fortalecen la Redarquía son la comunicación transversal, el aprendizaje adaptativo, la gestión proactiva en red, la ética grupal colaborativa, la conexión emocional integral y la confianza para co-crear entre todos y todas. La Redarquía más que un término laboral, busca transformarse en un espacio axiológico de gestión, inspirado desde una conectividad emocional compartida.

Escribo este último capítulo después de varios años de haber publicado el libro, con la idea de contarles a todos(as) ustedes que la Resiliencia Organizacional ¡sigue más vigente que nunca! Pero sí deseo hacer un hincapié, esta teoría se escribió no para ayudar a vivir las crisis, sino que para anticiparse a ellas. Es decir, educarnos en esta filosofía de vida organizacional (resiliencia), para cuando lleguen los tiempos adversos, sostenerlos con fortaleza, flexibilidad y adaptabilidad interna.

El mundo del trabajo no puede seguir improvisando con sus compañías, trabajadores, negocios y culturas corporativas. Urge comprometerse con la edificación de identidades organizacionales resilientes, sólidas y eficaces para todo evento. Todo esto será posible, como resultado de una actitud consciente y responsable.

Un día el *speaker* y autor anglosajón, Jim Rohn (*Las estaciones de la vida*), fue enfático al afirmar que: “La actitud determina cuánto del futuro podemos ver. Decide el tamaño de nuestros sueños, e influencia nuestra determinación cuando nos enfrentamos a nuevos retos. Ninguna otra persona en la tierra tiene el dominio sobre ella. La gente puede afectar nuestra actitud, enseñándonos malos hábitos de pensamiento, desinformándonos; pero nadie puede controlar nuestra actitud, a menos que voluntariamente entreguemos ese control”.

Este extracto concentra la globalidad de mi libro. Espero que usted lector(a), no sólo se quede con la experiencia literaria de la obra, sino que también se atreva a viajar introspectivamente, con usted mismo, y desde esa tensión ontológica y gnoseológica, asuma que todo proceso transformacional no es con otras personas, sino que con usted mismo. Cuando asumimos que nuestro viaje no es para afuera (con otros) sino que para dentro (con uno mismo), comprendemos que los procesos de cambio no son sólo actos declarativos: "Todos piensan cambiar el mundo, pero nadie piensa en cambiarse a sí mismo" (Tolstoi).

Narro un ejemplo sobre esta necesidad de fluir desde adentro hacia fuera (desde el ser al hacer): Hace casi cuatro años, antes de venirme a vivir a Bogotá, estando en Chile, una importante institución vinculada a temas empresariales me pidió que desarrollara un modelo de adaptación cultural, ya que en ese momento (fines de 2016) Colombia estaba viviendo su proceso de Paz entre las FARC y el Gobierno de Juan Manuel Santos, a la sazón el presidente de ese país. Las expectativas eran altas, por lo mismo, había un incipiente interés por prepararse para sumar inclusión a la gestión diaria de las compañías colombianas. Muchos ex guerrilleros(as) se sumarían a estas organizaciones, y obviamente había que flexibilizar las culturas organizacionales existentes en ese momento. Desde este desafío, cree una matriz para sumar inclusión a las empresas, y posteriormente viajé a Colombia para iniciar una nueva vida junto a mí familia. A los dos días de estar viviendo en Bogotá, recibí una invitación para participar como oyente en una serie de charlas sobre el proceso de paz. Fue un soleado día sábado en la mañana, y recién llegado, y me desplacé a un pequeño café céntrico bogotano para aprender sobre este histórico tema. En ese lugar, durante toda la mañana, múltiples expertos reflexionaron sobre el proceso de paz, sus desafíos e incertidumbres. Ya pronto a concluir el evento, una señora de edad desde una actitud humilde, levantó su mano y consultó si era posible dar su opinión sobre todo lo que había escuchado durante la mañana. Ella muy pausada comenzó: "Para mí, el gran desafío de este proceso de paz, está en crear una verdadera pedagogía de la paz, en donde yo pueda aprender a vivir en paz primero conmigo misma; para, posteriormente, vivir en paz con mis hermanos colombianos". Ese mensaje produjo en mí, una profunda lección de vida.

De esta forma, la Resiliencia Organizacional conecta con el aceptar la realidad, sea cual sea, y desde ahí, transformarla desde nuestro SER.

De igual forma, el mundo del trabajo, desde estas dimensiones, tiene el desafío de reinventarse y sostener. Y, dentro de este proceso, ir poco a poco cambiando su propia esencia corporativa -modelo de negocio, cultura, liderazgo, gestión, etc.

Es decir, muchas veces, posterior a una crisis, urge plantar una nueva semilla, y multiplicarla desde actos resueltos y consolidados bajo valores pensados, conscientes y comprometidos con un nuevo renacer, con un nuevo orden de las cosas, Hoy refundarnos resulta un desafío.

Bajo este escenario, un caso digno a destacar, es el del jardín botánico japonés Shukkeien del siglo XVII, antiguo sector de preservación natural que está ubicado a 1,7 kilómetros del hipocentro de la explosión atómica que hubo en Hiroshima el 6 de agosto de 1945, hace 75 años. La bomba atómica que explotó con 600 megatoneladas, en altura, generó la muerte a más de 140 mil personas, borrando todo rasgo de vida de aquel territorio. En aquella época, los sobrevivientes a la explosión pensaban que en esas tierras nunca más surgiría vida vegetal, como resultado de la ola de radiación. Esta catástrofe carbonizó árboles y dejó sin color a la ciudad entera. Todo era gris y se afirmaba que Hiroshima estaba muerta.

Pese a lo extremo de la crisis, unos pocos árboles quemados y expuestos a la radiación pudieron sobrevivir. Uno de estos fue un ginkgo biloba de 300 años. Pasaron décadas y ya en 2011, voluntarios de una fundación liderada por el activista, Tomoko Watanabe, comenzaron a recoger semillas de este mítico árbol, y poco a poco las enviaron a diversos países del mundo entero. Naciones como Irán, Singapur, EE.UU., Rusia, Egipto, Argentina, Colombia, Chile, etc., recibieron estas semillas para posteriormente reproducirlas y sembrarlas. Watanabe plantea que estas semillas son verdaderos embajadores con mensajes de paz, y que resulta fundamental el proteger estos árboles sobrevivientes ya que son un tesoro para la humanidad. “Nosotros deseamos dar un mensaje a las futuras generaciones, queremos enviarles amor a través de estas milagrosas semillas”, expresa este líder pacifista que ha dado su vida para difundir el pasado traumático de su ciudad natal, Hiroshima. Con esto, la memoria se consolida como un factor de aprendizaje: toma de conciencia y nueva coherencia para articular una vida renovada. Y este renacer lo puede vivir tanto un territorio, como una familia, una persona o una organización. El desafío siempre será el mismo: habitar el dolor y posteriormente ver qué hacer con él, cómo encauzarlo y con esto, rediseñar un futuro distinto.

Esta historia, como todas las que conectan con el mundo de la resiliencia, por lo general surgen de la sobrevivencia, de la lucha, de la resistencia, del aprendizaje, de la voluntad, de la resignificación y la actitud. Y todos estos conceptos son también pertinentes para el mundo organizacional, aún más en tiempos de crisis.

Este capítulo lo estoy cerrando junto a los últimos días de agosto, han transcurrido semanas desde que lo inicié. La pandemia continúa galopando por el mundo y al parecer, será el 2021 el año de la vacuna y la inmunidad sanitaria. Ojalá sea antes. La única certeza que tenemos hoy es que ¡ya nada será igual! El mundo cambió y nosotros con él. En estos momentos las noticias hablan de recesión, desempleo, quiebras, incertidumbre, muertes, pobreza, "nueva normalidad", crisis, próximas pandemias, entre otros adversos escenarios.

Estamos en medio de un túnel, sin luz y con un océano de preguntas sin responder y, al parecer, sólo nos queda emprender el vuelo. ¡Y eso haremos!

Ser resiliente es sinónimo de vivir la realidad con humildad, coraje y resolución. Y para eso no hay fórmulas ni modelos, solo actitud y vocación por una mejor vida.

> "El mundo rompe a todos, y después, algunos son fuertes en los lugares rotos."
> Hemingway

DICCIONARIO ORGANIZACIONAL RESILIENTE

Actitud: Acto. Disposición anímica y corporal frente a un estado o situación.

- *Organizacionalmente*: Acto dispuesto al cumplimiento de un objetivo determinado dentro de la organización. Esta disposición se alinea a un estado de ánimo positivo, en apertura y apreciativo con el entorno organizacional. La actitud también resulta una invitación a la acción para el conjunto del equipo.
- *Apreciativamente*: Una oportunidad para inyectar entusiasmo y carisma a todo lo que se emprende, gestándose así un sello propio en la gestión diaria.
- *Preguntas*: ¿Cuál es la actitud que hoy se requiere para liderar un equipo? y ¿cómo integrar una actitud positiva en la cultura organizacional de su empresa?
- *Aprendizajes*: a) La buena actitud hay que difundirla y transformarla en ejemplo para otros. b) La actitud puede usar apellidos (colaborativa, participativa, integradora, etc.).

Adaptabilidad: Capacidad de adaptarse, acomodarse, ajustarse, avenirse, etc.

- *Organizacionalmente*: Habilidad personal y grupal para sumarse a un proceso de cambio. Ser adaptativo resulta un acierto en escenarios altamente dinámicos, de incertidumbre. Todo proceso transformacional muchas veces experimenta conductas de resistencia y aprendizajes para así alcanzar, posteriormente, un nuevo sistema de creencias.
- *Apreciativamente*: Instancia para sumar conocimientos y nuevos desafíos a emprender, desde esta flexibilidad, se suman experiencias y se desarrolla una conducta en apertura.
- *Preguntas*: ¿Cuán adaptativo es usted frente a un escenario dinámico, de cambio? y ¿cómo hacer del cambio un espacio más de aprendizaje que de estrés?
- *Aprendizajes*: a) El miedo y la resignación son emociones que frenan los procesos adaptativos. b) Toda adaptación resulta una apuesta, un espacio de fe, un acto de entrega.

Alineamiento estratégico: Colocarse en línea recta por un requerimiento mayor.

- *Organizacionalmente*: Acción empresarial interna, pensada para ordenar y optimizar criterios. Alinearse es el resultado de un grupo humano comunicado y coordinado para, así, dar respuesta a diversas urgencias y requerimientos organizacionales. La coordinación de acciones resulta importante para el cumplimiento de una meta.

- *Apreciativamente*: Oportunidad para generar coordinaciones y aprendizajes comunes; de igual forma, optimización en el uso del tiempo (entre líderes, entre equipos, etc.).
- *Preguntas*: ¿Cuando exige alineamiento, logra usted alinearse, da el ejemplo, convoca? y ¿cómo sostener el alineamiento de una organización a lo largo del tiempo?
- *Aprendizajes*: a) El alineamiento existe cuando el norte está claro y los líderes son verosímiles. b) El orden, la coherencia y la consistencia son para el acto, insumos vitales.

Aprendizaje: Actitud positiva para acceder y generar un nuevo conocimiento.

- *Organizacionalmente*: Condición de acceso a nuevos criterios y acciones, después de adquirir insumos teóricos y/o experienciales. Éstos impactan en los sistemas de creencias y en las conductas del grupo, generando nuevas prácticas. El aprendizaje es más que una experiencia cognitiva, el aprendizaje es también un estado emocional: actitud de apertura.
- *Apreciativamente*: El aprendizaje representa el camino —posible— articulador para los futuros cambios. Aprender es sinónimo de crecer y sumar a otros.
- *Preguntas*: ¿Le gusta aprender?, ¿qué valor le da al conocimiento?, ¿lo aplica? y ¿cómo construir una cultura del aprendizaje?, ¿cómo sostenerla en el tiempo?
- *Aprendizajes*: a) El aprendizaje genera desarrollo sostenido en la sociedad del conocimiento. b) Cuando una organización aprende, ésta es más adaptativa, flexible y dinámica.

Ascenso: Subida, elevación, aumento, incremento.

- *Organizacionalmente*: Recurso utilizado para dar movilidad interna dentro de la organización. Un ascenso representa un signo de confianza en otro (subalterno), una posibilidad de desarrollo en el interior de la empresa. Éstos deben realizarse desde el mérito y las competencias de la persona. Responden a una necesidad estratégica.
- *Apreciativamente*: Una instancia para motivar la buena gestión, un reconocimiento al trabajo óptimo. A la vez, una señal de movilidad interna para el resto de la empresa.

- *Preguntas*: ¿Qué ocurre cuando no se respeta la "meritocracia" a la hora de ascender? y ¿qué emoción genera saber que existe movilidad interna dentro de la organización?
- *Aprendizajes*: a) Cuando hay ascensos hay futuro, desarrollo y posibilidades dentro de la organización. b) Transparentar los procesos de un ascenso es signo de confianza y equidad interna.

Base organizacional: Comunidad de trabajo —en general— sin jerarquía de mando.

- *Organizacionalmente*: Grupo humano carente de roles de mando, fundada en áreas administrativas o de ejecución directa. La base organizacional representa a la gran mayoría de una compañía, es este colectivo el que debe experimentar autocuidados organizacionales, espacios continuos de aprendizaje y procesos de alineamientos estratégicos frente a los requerimientos del mercado.
- *Apreciativamente*: La base organizacional representa el corazón de una compañía, esta base es la que ejecuta y busca crecer (intereses individuales y grupales) en el tiempo.
- *Preguntas*: ¿En su compañía cuidan a la base organizacional, la proyectan en el tiempo? y ¿qué capacidad de "escucha" tienen sus líderes frente a los colaboradores?
- *Aprendizajes*: a) Los trabajadores (base organizacional) son "el" recurso y capital real de una compañía. b) Los líderes deben construir relaciones éticas con sus comunidades de trabajo.

Beneficios: Entrega de bienestar por parte de la organización a sus trabajadores.

- *Organizacionalmente*: Los beneficios representan acciones, recursos e instancias de ayuda entregados por el área de RR.HH. a sus trabajadores. Muchas veces se piensa que éstos debiesen ser entregados solamente por la empresa, error. Una buena gestión podría sumar, por ejemplo, recursos de políticas de Estado, gobiernos regionales, políticas sociales locales (salud, vivienda, educación, etc.).
- *Apreciativamente*: Los beneficios representan espacios estratégicos de fidelización interna. Un beneficio es sinónimo de cuidado y agradecimiento a los trabajadores.

- *Preguntas*: ¿Qué gestión ha realizado su equipo de RR.HH. en esta área? y ¿cómo comunican los beneficios, le dan presencia y difusión... se conocen?
- *Aprendizajes*: a) Hay que entender los beneficios como un recurso de fidelización interna. b) Trabajar los beneficios internos (privados) y externos (públicos) de la empresa.

Buenas prácticas: Conductas dignas de imitar en el interior de la organización.
- *Organizacionalmente*: Las buenas prácticas representan el "buen hacer" dentro de la organización. Es decir, se hace imprescindible darle presencia y visibilidad a los esfuerzos, a la excelencia, al compromiso, no sólo declarándolo sino también transformándolo en conducta colectiva. Las buenas prácticas son también un agradecimiento a quienes desean sumar con un "valor agregado".
- *Apreciativamente*: Las buenas prácticas representan los insumos virtuosos, para que un colectivo logre un mejor desarrollo en el campo de la gestión.
- *Preguntas*: ¿Usted le da presencia y reconocimiento a las buenas prácticas en su organización? y ¿comprende que al reconocer, también agradece la buena práctica?
- *Aprendizajes*: a) Dar visibilidad y reconocimiento a las buenas prácticas. b) Éstas deben fomentarse en procesos educativos y en liderazgos diarios.

Cambio organizacional: Instancia transformacional interna, espacio de aprendizajes.
- *Organizacionalmente*: Lo único claro en la vida es que siempre estaremos en procesos de cambio (cambios físicos, intelectuales y emocionales). Desde esta premisa las organizaciones experimentan el mismo proceso, con la diferencia de que en muchas de estas ocasiones el miedo y la incertidumbre frenan los procesos y generar colapso al interior de los equipos. Cambiar es sinónimo de sobrevivir.
- *Apreciativamente*: El desafío es tomar los procesos de cambio como espacios de aprendizaje y crecimiento. Éstos nos invitan a descubrir nuevas certezas.
- *Preguntas*: ¿Que está dejando de ganar cuando se resiste a los procesos de cambio?, ¿qué emoción experimenta cuando triunfa frente a un nuevo desafío?
- *Aprendizajes*: a) Cambiar es una decisión llevada a la acción, y ésta existe en la medida en que el miedo se reconoce y se controla. b) Cambiar es creer en uno.

Carisma: Poseer un estilo propio, un beneficio que ilumine, inspire y convoque.

- *Organizacionalmente*: El carisma representa la "luz propia" de un equipo (líder, cultura organizacional o marca). Éste surge desde una serie de acciones virtuosas, de impacto directo con los diversos públicos y que, claramente, se debe sostener en el tiempo. El carisma genera cercanía, confianza y participación. Ejemplo, un líder carismático es alguien que convoca y articula sueños compartidos por todos.
- *Apreciativamente*: El carisma es un "imán social" factible de crear, en la medida en que las personas o equipos están dispuestos a trabajar con sus luces y certezas.
- *Preguntas*: ¿Cuáles son sus luces aún no descubiertas por otros?, ¿está dispuesto a integrarlas a su oferta personal? y ¿le gustaría trabajar en un equipo carismático?
- *Aprendizajes*: a) El carisma no es un milagro ni un acto de magia, el carisma es un sello propio, se tiene o se trabaja. b) El carisma nos desafía a vivir en coherencia.

Celebraciones internas: Momentos recreativos, de encuentro y disfrute organizacional.

- *Organizacionalmente*: Los ritos, mitos e hitos son, por lo general, un espacio de sinergia humana. Las personas cuando celebran, conmemoran y recuerdan, lo que están haciendo es fortalecer la emocionalidad del grupo. El Día de la mujer, el Día del trabajo, el Día de la institución, las premiaciones, los cumpleaños, son todos instancias para convocar y compartir (desafíos, intereses, historias de vida, etc.).
- *Apreciativamente*: Celebrar es humanizar la gestión, es reforzar una fecha y desde ahí, construir un imaginario grupal más comprometido y fidelizado en sus logros.
- *Preguntas*: ¿Celebra en su organización?, ¿le da visualidad a las fechas y/o personas que lo ameritan?, ¿logra dimensionar los efectos positivos en la gente?
- *Aprendizajes*: a) Celebrar es sinónimo de agradecer, unificar, comprometer y desafiar. b) Una celebración impacta positivamente en la emoción de un equipo.

Clima organizacional: Estado emocional (y de relaciones) en un colectivo de trabajo.

- *Organizacionalmente*: El clima organizacional es un recurso de medición interno, que aspira a testear las diversas dimensiones de la organización, dimensiones que resultan estratégicas para el buen desenvolvimiento de los equipos de trabajo. Esta evaluación del "estado de ánimo" organizacional analiza temas como las comunicaciones, el liderazgo, la gestión, los equipos y la confianza, entre otros.
- *Apreciativamente*: Resulta una oportunidad sumar nuevas dimensiones al estudio de clima (sueños, sentido, felicidad, búsquedas, innovaciones, afecto, autorrealización, etc.).
- *Preguntas*: ¿Ha pensado alguna vez en diseñar una identidad organizacional que fortalezca permanentemente el buen clima? y ¿cuánto está dispuesto a innovar?
- *Aprendizajes*: a) Si mido el clima con las mismas dimensiones, sostendré los mismos paradigmas y creencias. b) Innovar es intervenir la agenda y la práctica diaria.

***Coaching* ontológico:** Disciplina que acompaña procesos de cambios tanto en personas como en grupos.

- *Organizacionalmente*: El *coaching* ontológico es hoy un sendero de crecimiento para las organizaciones. La mirada ontológica (del ser) aspira a dar saltos mayores en la búsqueda de nuevas coherencias, ellas siempre validadas desde el cuerpo, la emoción y el lenguaje. El *coaching* ontológico persigue transformar los paradigmas, desde un aprendizaje transformador, colectivo y con sentido.
- *Apreciativamente*: Hacer un viaje ontológico es conocerse, desafiarse y articular nuevos desafíos para la construcción de un mejor habitar en este mundo.
- *Preguntas*: ¿Cuánto sé de mí?, ¿cuánto más deseo saber?, ¿qué juicios míos deseo desafiar?, ¿cuáles son los aprendizajes que hoy deseo emprender?
- *Aprendizajes*: a) El *coaching* ontológico así como invita también desafía a cambiar. b) La coherencia ontológica es la suma del cuerpo, la emoción y el lenguaje.

Competencias: Habilidades, aptitudes y cualidades que suman al desempeño de la tarea.

- *Organizacionalmente*: Las competencias buscan revestir desde una práctica técnica el conjunto de las tareas existentes dentro de una organización. Las competencias hablan de las habilidades y conocimientos que se necesitan para cada uno de los oficios existentes. "Certificar competencias" es validar el real conocimiento, la real práctica frente a un desafío en el campo de la gestión.
- *Apreciativamente*: Fortalecer las competencias es el resultado de una organización que comprende su ruta de navegación, y que se prepara técnicamente para cumplirla.
- *Preguntas*: ¿Qué capacidad posee para sumar nuevas competencias a su perfil profesional?, ¿qué hace para no encasillarse en un conocimiento específico?
- *Aprendizajes*: a) Éstas nutren desde el tecnicismo, el reto es no perder la mirada sistémica. b) Una competencia es una ventana a nuevas competencias.

Competitividad: Capacidad de competir, articulación de acciones con un fin último.

- *Organizacionalmente*: La competitividad es la capacidad de instalación que posee una empresa dentro de un mercado. Lo anterior como resultado de una gestión de calidad, sumado a un liderazgo atento a las oportunidades. Las empresas son competitivas cuando poseen un alineamiento interno acotado, y productos (o servicios) definidos y de excelencia (precio, calidad, distribución, etc.).
- *Apreciativamente*: La competitividad busca la excelencia en los procesos, como también, optimiza esfuerzos, ideas e innovaciones para generar impacto.
- *Preguntas*: ¿Cómo evalúa su aporte en pos de la competitividad?, ¿cuál es su aportación?, ¿qué esfuerzos se pueden hacer para fortalecer la actual oferta?
- *Aprendizajes*: a) La competitividad resulta un tema sistémico para toda organización (diversas aristas). b) El análisis debe ser global y de excelencia.

Comunicación: Cumple el rol de alinear, generar entendimiento y motivación.

- *Organizacionalmente*: La comunicación resulta la sangre de una organización, da vida a cada uno de sus órganos. La comunicación genera movilidad, coordinación y sentimiento de pertenencia. Ésta se funda en una diversidad de narrativas, y su desafío final será el de generar mensajes claros, directos y creíbles. Una buena comunicación es una organización confiada y colaborativa, atenta al aprendizaje continuo.

- *Apreciativamente*: Ésta da flexibilidad, adaptabilidad y capacidad de aprendizaje a una organización. La comunicación da entendimiento a las personas.
- *Preguntas*: ¿Cómo comunica usted?, ¿genera confianza?, ¿sólo informa o también busca dialogar?, ¿cómo evalúa su capacidad de escucha?
- *Aprendizajes*: a) Una buena comunicación debe motivar y desde ahí generar acciones. b) La comunicación se funda en la confianza colectiva.

Comunidad de trabajo: Colectivo humano con un sentimiento de pertenencia en común.

- *Organizacionalmente*: Pensar una comunidad de trabajo es pensar en el trabajo mismo, y es pensar también en las motivaciones, los valores y las prácticas que hacen de ese colectivo un grupo humano diferente, con sello y carisma propio. Las comunidades de trabajo se gestan con el tiempo, se construyen con prácticas coherentes y emociones al servicio del grupo, no de intereses personales.
- *Apreciativamente*: Una comunidad de trabajo, por su configuración valórica, se nutre de solidaridad, colaboración, gratuidad, compañerismo, eficiencia y sentido.
- *Preguntas*: ¿Percibe a su equipo como una comunidad de trabajo?, ¿qué le estaría faltando para lograrlo?, ¿cuál tendría que ser su rol en este proceso?
- *Aprendizajes*: a) Las comunidades de trabajo son el resultado de un proceso formativo tanto laboral como personal. b) La coherencia del liderazgo es clave.

Confianza: Esperanza absoluta que se tiene sobre una persona, situación o creencia.

- *Organizacionalmente*: La confianza resulta para una organización un puente que facilita acciones, desafíos, conversaciones y prácticas. La confianza representa un facilitador de procesos, un articulador de voluntades, una demarcación de prácticas y creencias colectivas. La confianza se debe cuidar, alimentar y nutrir.

- *Apreciativamente*: Cuando se confía se delega, se coordina desde la autonomía, se construye validando al otro, asumiendo que todo es inclusivo y valioso.
- *Preguntas*: ¿Confía en sus equipos?, ¿crea espacios de confianza?, ¿confía en usted?, ¿sabe delegar?, ¿le gusta delegar?, ¿qué le pasa con el control?
- *Aprendizajes*: a) Vivir en la confianza es fundamental para alcanzar alto rendimiento. b) La confianza debe cuidarse como el gran activo de una empresa.

Crisis: Momento decisivo en un asunto de importancia, instancia de incertidumbre.

- *Organizacionalmente*: Las crisis representan, desde la resignificación catastrofista, una situación de estrés, una fisura, un dolor, un espacio de lamentos. Vivimos en la "Sociedad de la Incertidumbre", desde esta dimensión el desafío resultará un aprendizaje constante frente al control de las cosas (resulta imposible) como, de igual forma, cómo reaccionamos frente a situaciones de mayor complejidad.
- *Apreciativamente*: Una crisis es una oportunidad. Una crisis es un espacio para repensar y rediseñar nuevas ideas y prácticas para el presente y el futuro.
- *Preguntas*: ¿Cómo reacciona usted frente a las crisis?, ¿se siente flexible y adaptativo?, ¿ha pensado alguna vez en buscar lo positivo de una crisis?
- *Aprendizajes*: a) Las crisis existen, en la medida que mi actitud es de colapso y entrega. c) Resignificar el concepto desde la templanza ayuda a abordar el tema.

Cultura organizacional: Sistema de creencias, acuerdos y prácticas diarias compartidas.

- *Organizacionalmente*: La cultura debe validar, en el conjunto de la organización, valores, creencias y prácticas. El reto es homogeneizar prácticas y transformarlas en conductas reconocibles para todos aquellos que trabajan en esa organización. Se hace crucial que la cultura convoque, desafíe, coordine e innove. La cultura se debe declarar y vivir en forma colectiva, coherentemente.
- *Apreciativamente*: Espacio para nutrir con valores nobles, instancia para dar presencia a las buenas prácticas y fomentar, así, el liderazgo *coach* transversalmente.

- *Preguntas*: ¿Se viven los valores en su organización?, ¿en su empresa hay confianza, trabajo en equipo, colaboración, buena gestión?... Todo eso es cultura.
- *Aprendizajes*: a) La cultura organizacional debe practicar los contenidos de la empresa (misión, visión, valores y prácticas). b) La cultura organizacional debe vivirse.

Desarrollo organizacional (DO): Intensión por desarrollar humana y profesionalmente a una organización.

- *Organizacionalmente*: El desarrollo organizacional es hoy una alternativa para potenciar la vida laboral de las personas. No sólo se deben entrenar sus conocimientos y competencias, sino también integrar sus luces, intereses, habilidades e inquietudes. Un desarrollo organizacional moderno es el que funda sus prácticas en un ganar-ganar constante (gana el trabajador y gana la empresa).
- *Apreciativamente*: Es una oportunidad para sumar conocimiento, motivación, carisma y competencias al colectivo de trabajo. Se requiere de un escuchar activo.
- *Preguntas*: ¿Qué valor le da usted al desarrollo humano?, ¿sólo lo aplica para temas técnicos?, ¿qué ocurre con el desarrollo personal, ético, cultural y espiritual de las personas?
- *Aprendizajes*: a) El desarrollo organizacional puede ser el gran espacio de compromiso (mutuo) trabajador/empresa. b) Dimensionar integralmente el DO es sinónimo de altura, profundidad y claridad organizacional.

Dircom (director de comunicaciones): Profesional encargado de administrar comunicacionalmente la marca de la organización.

- *Organizacionalmente*: El dircom resulta hoy un puente cargado de diálogos que busca facilitar tanto los procesos internos como externos de las organizaciones, desde el campo comunicativo. Los dircom deben convocar, alinear, educar y persuadir en cada una de sus acciones comunicativas. Comunicaciones oportunas son sinónimo de eficiencia.
- *Apreciativamente*: Una comunicación interna exitosa es la que acompaña los cambios, fortalece las confianzas y genera participación desde el entusiasmo.
- *Preguntas*: ¿Cómo comunica usted?, ¿cómo son las comunicaciones internas

de su empresa?, ¿se informa (dar) o se comunica (entenderse)?, ¿son coherentes?

- *Aprendizajes*: a) La comunicación interna construye la identidad organizacional (el ¿quién soy yo?). b) La comunicación externa, la imagen (el ¿cómo me ven?).

Educación continua: Formación permanente de las personas a lo largo de su vida laboral.

- *Organizacionalmente*: El aprendizaje, el conocer, el acceso al conocimiento (y la creación de conocimiento) se transforma en estos tiempos en un tema fundamental para el mundo organizacional. Estar siempre aprendiendo y desaprendiendo, vivir capacitándose para mirar con mayor perspectiva y consistencia, resulta hoy un modelo a seguir para quienes componen las organizaciones del presente y el futuro.
- *Apreciativamente*: Cuando se aprende en forma continua se es más flexible, adaptativo y curioso. Se amplía el criterio y la empatía se profundiza con creces.
- *Preguntas*: ¿Cómo planificar una formación integral?, ¿aparte de acceder al conocimiento, le gusta crearlo?, ¿cómo crear una comunidad de aprendizaje?
- *Aprendizajes*: a) Importante sentir que el aprendizaje sumará al trabajo y a la persona también. b) Fundamental es crear una cultura del aprendizaje continuo.

Evaluación: Evaluar es señalar el valor de algo (conocimientos, aptitudes, resultados, etc.).

- *Organizacionalmente*: La evaluación es el semáforo que testea el funcionamiento individual de las personas en el interior de una organización. Éstas evalúan diversos factores (gestión, relaciones, estilo, etc.), todos al servicio de un objetivo común: cumplir los desafíos trazados. Una buena evaluación es la que tiene un retorno, una retroalimentación honesta y asertiva. Un líder debe preocuparse de ese punto.
- *Apreciativamente*: Una evaluación bien entregada generará posibilidades reales de cambio, ya que delimita los espacios de aprendizaje en el futuro. Eso se agradece.
- *Preguntas*: ¿Usted da buenos *feedback* a sus colaboradores?, ¿delimita los temas a superar?, ¿acompaña en los procesos de mejora?, ¿transmite confianza?

- *Aprendizajes*: a) Resulta óptimo que las evaluaciones sean en 360°. b) Por lo general se hacen y no se dan los retornos, eso imposibilita aprender y mejorar.

Gerencia de personas: Gerencia que educa, motiva y alinea a las personas.

- *Organizacionalmente*: Esta gerencia se preocupa de cuidar a las personas que componen la empresa. Esta gerencia educa, desafía, alinea, planifica y convoca para la construcción de una mejor institución. Desde este espacio se articula el sueño, y se dan todos los recursos para que éste se cumpla. Se asume que las personas están en el centro del negocio.
- *Apreciativamente*: La oportunidad que tiene una empresa para fortalecer a las personas, empoderarlas y generarles un sentido (trabajo y vida).
- *Preguntas*: ¿Cree en sus equipos?, ¿los cuida?, ¿qué rol cumple esta gerencia en su empresa?, esta gerencia, ¿convoca, seduce, nutre, educa y motiva?
- *Aprendizajes*: a) Esta gerencia existe sólo cuando las personas están en el centro de la estrategia. b) Esta gerencia debe estar alineada a los líderes y sus prácticas.

Gestión: Concepto que aborda la calidad del trabajo, sus procesos y resultados.

- *Organizacionalmente*: La calidad del trabajo resulta un desafío diario. Tener una óptima gestión es la síntesis de una serie de conocimientos, acuerdos y coordinación de acciones. La buena gestión hace que los productos sean validados y reconocidos. Muchas veces, ésta sólo se controla, y obviamente sus necesidades son mayores: pensarla permanentemente, y desde ahí, generar cambios y mejorar sus resultados.
- *Apreciativamente*: Mejorar la gestión es una buena excusa para fortalecer la motivación, la unidad del equipo, validar la identidad organizacional y refundar prácticas y conocimientos.
- *Preguntas*: ¿Cómo evalúa la gestión de su organización?, ¿qué falta por aprender para mejorarla?, ¿qué importancia le da usted a la motivación para el mejoramiento de la gestión?
- *Aprendizajes*: a) La gestión tiene dos grandes dimensiones, una es la técnica (competencias) y la otra, la motivacional. b) La gestión es la síntesis de una organización: su gente, sus valores, sus conocimientos, entre otros.

Gestión de talento: Busca destacar (y retener) a las personas de alto potencial laboral.

- *Organizacionalmente*: La gestión de talento está centrada en hacer florecer a las personas que cargan con fortalezas en el campo de la gestión. ¿Cómo potenciarlas y retenerlas? Muchas veces las organizaciones no son ofertas para estos perfiles, que por lo general trabajan no sólo por dinero, sino también por un sentido mayor. Los talentos fluyen en sus trabajos y lo concluyen con éxito.
- *Apreciativamente*: Se dice que el 20% de la empresa (los talentos) hace el 80% del trabajo de la organización. Los talentos se deben fidelizar sí o sí.
- *Preguntas*: ¿Conoce a los talentos de su organización?, ¿comprende sus necesidades?, ¿qué hacer para fidelizarlos?, ¿cómo acompañarlos?
- *Aprendizajes*: a) Hay que conocer a los talentos, escucharlos e imaginar nuevos desafíos para ellos. b) Se hace básico traspasar sus prácticas a la organización.

Identidad organizacional: Conjunto de valores, creencias y prácticas en común.

- *Organizacionalmente*: La identidad nos habla del quién soy yo como organización, es decir, define los valores, las creencias, las prácticas, los ritos, mitos e hitos de la institución. La identidad es la que funda la posterior imagen y reputación. La identidad organizacional es el eje central del cómo una organización sostendrá sus desafíos, prácticas y sueños. Este quién soy yo debe sostenerse, debe habitarse para así vivir en coherencia.
- *Apreciativamente*: Cuando la identidad de una compañía es fuerte, la claridad interna es absoluta (valores, liderazgos, prácticas, acciones, etc.).
- *Preguntas*: ¿Cómo definiría la identidad de su empresa?, ¿ésta es coherente con la imagen y la reputación de su compañía?, ¿qué es aquello que no se ha preguntado sobre la identidad?
- *Aprendizajes*: a) La identidad se fortalece desde la coherencia y consistencia diaria. b) La identidad surge de ritos, mitos e hitos.

Liderazgo *coach*: Liderazgo alineado a las emociones, a la confianza y al sentido.

- *Organizacionalmente*: El líder *coach* es la persona que encabeza al colectivo humano, pero jamás desde el autoritarismo y la verticalidad. El líder *coach* es la persona que convoca desde el carisma y la credibilidad. Este estilo de liderazgo funciona desde la emocionalidad y apuesta por el aprendizaje en sus equipos de trabajo. Estos liderazgos viven en la coherencia y en la consistencia del discurso.

- *Apreciativamente*: Este liderazgo hace que las empresas no sólo aprendan sino que también generen conocimiento y habiten en la confianza.
- *Preguntas*: ¿Cuánto de líder *coach* posee en sus prácticas diarias?, ¿qué lo imposibilita a generar un liderazgo mayor?, ¿cómo se relaciona con el nuevo conocimiento?
- *Aprendizajes*: a) El liderazgo no nace, no se regala ni hereda, el liderazgo *coach* se construye todos los días. b) La confianza es el eje central de todo.

Motivación: Sincronía emocional grupal que busca el fortalecimiento interno.

- *Organizacionalmente*: La motivación es hoy el tema gravitante de las organizaciones; las ciencias y el conocimiento avanzan sin límites, pero el espíritu de inclusión y compromiso resulta una tarea mayor. Una empresa motivada es sinónimo de un círculo humano virtuoso, atento y comprometido con el desarrollo continuo de la compañía. La motivación se relaciona con las emociones, los valores, el entusiasmo y el liderazgo.
- *Apreciativamente*: Una empresa motivada es una organización atenta y confiada. Estar motivado genera pasión, ambición (positiva) y carisma.
- *Preguntas*: ¿Cómo sostiene usted la motivación de su equipo de trabajo?, ¿qué valores sostienen una buena motivación?, ¿cómo se motiva usted?
- *Aprendizajes*: a) La motivación surge de un liderazgo claro y coherente. b) Motivar es el reto de todos, es una comunidad la que debe sostener.

Normas: Reglas (o dimensiones) que precisan el funcionamiento interno de la organización —personas, gestión.

- *Organizacionalmente*: Las normas delimitan los temas, las tareas, las prácticas y desafíos. Las normas de una organización deben apuntar a la razón, y deben, más allá de la obligación, articular coordinación de acciones y motivación para así sostenerlas (individual y grupalmente). Las normas deben ordenar no complicar ni trabar los procesos internos, ellas deben sostenerse desde la práctica y la coherencia de los líderes.

- *Apreciativamente*: Las normas ordenan, delimitan funciones y acciones. Lo positivo de las normas es que estructuran las tareas y generan procedimientos para ordenan la gestión.
- *Preguntas*: ¿Qué hacer para que las normas faciliten más que compliquen la gestión diaria?, ¿qué hacer para evitar las resistencias y sumar en su uso cotidiano?
- *Aprendizajes*: a) Las normas hay que comunicarlas, explicarlas, mostrar sus beneficios y cumplirlas. b) Éstas funcionan cuando hay un sentido claro.

Organigrama: Sistematización de la estructura y las tareas de una organización.

- *Organizacionalmente*: Estructura de gestión de una organización. Espacio segmentado con roles, tanto individuales como grupales. La tendencia en las empresas modernas es que los organigramas sean planos, sin tanta jerarquía, esto suma finalmente al proceso comunicativo de la organización, entregando autonomía, conexión y sinergia entre los diversos estamentos de la organización.
- *Apreciativamente*: Un organigrama plano habla de una organización más comunicada, en donde la estructura está al servicio de la eficiencia colectiva.
- *Preguntas*: ¿Qué le pasa a usted con los organigramas verticalistas?, ¿fluye su trabajo, la comunicación es expedita, se articula la confianza como es debido?
- *Aprendizajes*: a) Hoy muchas organizaciones trabajan con organigramas planos. b) Para que éstos funcionen se necesita mucha confianza y eficiencia interna.

Proceso: Segmento (acotado) de la gestión colectiva que responde a una necesidad mayor, a una realidad sistémica.

- *Organizacionalmente*: Los procesos representan el mapeo absoluto de una gestión. Cada proceso es la suma de un todo. Cada proceso tiene un tiempo, un número de personas, ciertas prácticas, un recurso financiero delimitado e insumos específicos. El desafío de conocer los procesos es asumir una mirada integral y particular, y desde aquello, mapear las fortalezas y debilidades, para hacer foco en lo que importa, en lo relevante.
- *Apreciativamente*: Conocer los procesos es manejar el detalle de la gestión.

Mapear procesos es acceder a mayor y mejor información, ésta siempre al servicio de una gestión de excelencia.

- *Preguntas*: ¿Ha mapeado los procesos de su organización?, ¿qué nuevas preguntas le han surgido posteriormente?, ¿qué necesita para conocer sus procesos?
- *Aprendizajes*: a) Un proceso es un conocimiento acotado, con información relevante y exacta. b) Un proceso es sinónimo de preguntas y acciones.

Rumor: Es el resultado de una mala comunicación, vaga y poco transparente.

- *Organizacionalmente*: Muchas veces los rumores surgen cuando no hay una imagen clara sobre el uso adecuado de la comunicación. El rumor aparece en empresas verticalistas y poco claras. El costo del rumor es la incertidumbre que genera en las personas. Éste con el tiempo debilita la participación, el sentido y la actitud de los equipos. Los rumores también son el resultado de liderazgos poco claros, a ratos herméticos y difusos.
- *Apreciativamente*: Son un signo de crisis, lo positivo es detectarlo para emprender acciones claras (diálogo interno, mejorar la escucha, etc.).
- *Preguntas*: ¿Qué le ocurre a usted con los rumores?, ¿cuáles son los daños que genera en las comunidades de trabajo?, ¿qué haría para erradicarlos?
- *Aprendizajes*: a) Representan un engaño de la comunicación interna. b) Desafía a generar mejoras (reuniones, soportes internos, líderes, etc.).

Sindicato: Organización interna de las empresas que convoca al conjunto de sus trabajadores.

- *Organizacionalmente*: Instancia que convoca al mundo trabajador para coordinar su representación frente a la gerencia. Un sindicato busca cumplir los derechos de sus afiliados, por tanto centra sus temas en pos de una mejor calidad de vida laboral (salud, ingresos, derechos, condiciones de trabajo, etc.). Cuando las empresas son éticamente correctas (ganar-ganar), con los sindicatos se genera una alianza mayor, de confianza.
- *Apreciativamente*: Un sindicato es una gran oportunidad para co-construir colectivamente una mejor organización, es un aliado, un eje central.
- *Preguntas*: ¿Cuál es la relación que tiene con el sindicato?, ¿se lo imagina colaborando?, ¿qué espacios reales han generado para que esto ocurra?

- *Aprendizajes*: a) Cuando una empresa se relaciona éticamente, en ese momento un sindicato resulta un aliado. b) Sindicato es sinónimo de representación válida.

Sueños colectivos: Idea central que convoca, inspira y moviliza a una comunidad de trabajo.

- *Organizacionalmente*: Un norte compartido con el cual se pueden emprender acciones, motivar y generar posibilidades para salir adelante. Un sueño resulta un espacio de esperanza, articula el entusiasmo y fortalece los lazos del grupo. El desafío del sueño es sostener el espíritu interno, emprendiendo acciones resueltas, que convoquen al conjunto de las personas. Los sueños generan espacios laborales virtuosos.
- *Apreciativamente*: Tiene el poder de entusiasmar, de alinear tras un propósito. Un sueño transforma a un equipo en un colectivo con sentido.
- *Preguntas*: ¿Cuáles son los sueños de su organización?, ¿usted tiene algún sueño?, ¿cómo transformar un sueño en realidad?, ¿desea soñar?
- *Aprendizajes*: a) Un sueño colectivo es una gran excusa para fortalecer a una organización. b) Soñar es sinónimo de trabajar mancomunadamente.

Trabajo en equipo: Experiencia grupal que busca desafiar prácticas y creencias frente al cumplimiento de un desafío común.

- *Organizacionalmente*: Los equipos poseen el desafío de funcionar, aprender y organizarse para logros comunes. El trabajo en equipo es un trabajo coordinado, cooperativo, comunicado, alineado y siempre conectado con una motivación al logro. Un equipo atento es un equipo que tiene sentido de urgencia, y en donde el alto rendimiento se materializa con resultados óptimos y una emocionalidad positiva.
- *Apreciativamente*: Un buen equipo es sinónimo de nuevas posibilidades, nuevos aprendizajes, iniciativas constantes, prácticas de autocuidado, etc.
- *Preguntas*: ¿Usted cuida a su equipo?, ¿cómo lo motiva?, ¿qué valor le da al aprendizaje?, ¿cómo sostiene la motivación interna?, ¿lo escucha?
- *Aprendizajes*: a) Una organización que trabaja en equipo tiene altas posibilidades de triunfar. b) Trabajo en equipo = confianza colectiva.

Valores: Sistema de creencias que se funda en principios compartidos por el conjunto de los integrantes de los equipos de trabajo.

- *Organizacionalmente*: Los valores son fundamentales en una organización. Una empresa que no viva sus valores resulta una empresa con altas posibilidades de experimentar crisis. Los valores ordenan las acciones e instalan los sistemas de creencias. Los valores hay que sacarlos de la literatura organizacional y hay que llevarlos a la práctica diaria. Un valor debe ser sinónimo de conducta. Los líderes deben siempre dar el ejemplo.
- *Apreciativamente*: Los valores representan un motor virtuoso para las empresas, son también un espacio para alinear criterios y prácticas.
- *Preguntas*: ¿Conoce los valores de su compañía?, ¿los vive?, ¿los conoce la gente?, ¿qué relevancia le da usted a la aplicación de los valores?
- *Aprendizajes*: a) Un valor es un norte a seguir desde la conducta. b) Los valores deben relacionarse permanentemente con la estrategia de la empresa.

CONCLUSIONES

Actualmente el mundo de las organizaciones habita en una realidad altamente dinámica, realidad que no sólo interviene muchas veces en los modelos de negocio de las empresas, sino también en sus culturas organizacionales, en sus estilos de liderazgo, en sus comunicaciones y también en sus narrativas internas. Hoy las compañías requieren de nuevos relatos que generen en las personas y en sus equipos de trabajo un nuevo sentido del por qué hay que dar lo mejor de sí para el fortalecimiento de una marca o/y organización. La investigadora colombiana (Universidad de Manizales) Diana Victoria Vargas Pedraza es enfática al afirmar: "Si la organización es una microsociedad, un mundo de relaciones que se comunica a través del lenguaje y por medio de artefactos que dan cuenta de la creatividad y la innovación, la narración se constituye en la evidencia que se plasma en ese escenario" (Vargas, 2012). Es así como estas nuevas narraciones deben apuntar a instalar el cuidado interno (de las personas) como la piedra angular, para constituir lo que podríamos denominar el nuevo paradigma del mundo de las empresas, la resiliencia organizacional.

Esta idea de colocar a las personas que trabajan en las organizaciones en el centro de la estrategia (o del negocio) busca reconocer el poder de una compañía (que son sus personas), y desde ese punto de inflexión (el cuidado interno), emprender nuevas prácticas para aspirar a una organización espontáneamente resiliente, esto como resultado de un proceso fundacional: el ser humano y el mundo del trabajo van de la mano.

"Como capacidad humana, la resiliencia puede existir de modo latente mucho antes de manifestarse. Eso es lo que hace posible los efectos preventivos, sea en un programa intencionado o en la vida diaria tal como se construye espontáneamente". Stefan Vanistendael es coautor de *La resiliencia: resistir y rehacerse*, obra compilada por Michel Manciaux; con esta cita nos acerca al mundo de la resiliencia haciendo hincapié en la prevención, posibilidad que genera desde una actitud atenta mayores probabilidades de revertir un momento de estrés organizacional. El modelo de acción resiliente aspira a eso, a hacer de la resiliencia un contenido promocional y, desde ahí, una conducta aprendida y transformacional en los resultados finales del día a día corporativo.

Aplicar el modelo de acción resiliente será el resultado de una mirada en altura, sobre cómo hacer que las compañías e instituciones alcancen un fortalecimiento interno mayor, sostenido y basado en la coherencia y consistencia de la conducta de sus trabajadores (empleados, mandos medios y líderes). Desde estas certezas y nuevos aprendizajes, plasmados en la cultura organizacional de las compañías, se obtendrá una capacidad de entendimiento, flexibilidad y adaptabilidad mayor para los tiempos de estrés y tensión propios de esta sociedad de la incertidumbre.

Por último, que no finalmente, como autor estoy convencido de que el mundo de las organizaciones tiene un futuro mejor en la medida que comprenda la complejidad de los seres humanos y con esto genere un nuevo contrato social en el que el trabajo y la vida plena se transformen en una experiencia diaria.

BIBLIOGRAFÍA

Abarca, Nureya, *El líder como coach*, Aguilar, Santiago de Chile, 2010.

Abbagnano, Nicola, *Diccionario de filosofía*, Fondo de Cultura Económica, México, 1996.

Aconcagua Summit, *Humanizar la globalidad*, Desafíos, Santiago de Chile, 2011.

Adler, Alfred, *El sentido de la vida*. Editorial Cultura, Santiago de Chile, 1936.

Ader, J. J. *Organizaciones*, Paidós, Barcelona, 2000.

Albaiges, Josep, *El poder de la memoria*, El Aleph, Barcelona, 2005.

Alberoni, Francesco, *La esperanza*, Gedisa, Barcelona, 2001.

Alonso Puig, Mario, *Ahora yo*, Plataforma, Barcelona, 2011.

Amabile, Teresa, *El principio del progreso*, Norma, Bogotá, 2012.

Antunes, Celso, *El desarrollo de la personalidad y la inteligencia emocional*, Gedisa, Barcelona, 2000.

Anwandter, Paul, *Introducción al coaching integral*, Ril Editores, Santiago de Chile, 2008.

Babini, José, *El saber*, Ediciones Galatea Nueva Visión, Buenos Aires, 1957.

Barudy, Jorge, y Marquebreucq, Anne-Pascale, *Hijas e hijos de madres resilientes*, Gedisa, Barcelona, 2006.

Benavente, Carlos Alberto, *La rebelión contra el cuerpo*, Facultad de Arte, Universidad de Chile, Santiago de Chile, 2006.

Bendahan, Jean, *Carta a mis hijos sobre la felicidad*, Del nuevo extremos, Buenos Aires, 2008.

Blanchard, Ken, Randolph, Alan, y Grazier, Peter, *Trabajo en equipo*, Deusto, Barcelona, 2006.

Brandolini, Alejandra, González, Martín, y Hopkins, Natalia, *Comunicación interna*, lcrj'apero, Buenos Aires, 2009.

Brooks, Robert, y Goldstein, Sam, *El poder de la resiliencia*, Paidós, Madrid, 2010.

Caby, Francois, *El coaching*, Editorial de Vecchi, Barcelona, 2004.

Canals, Agustí, *Gestión del conocimiento*, Gestión 2000, Barcelona, 2003.

Cantoni, Félix, *El factor humano en la organización*, Intermedio, Bogotá, 2002.

Capriotti, Peri, *Branding corporativo*, Colección libros de la empresa, Santiago, 2009.

Cavallé, Mónica, *La sabiduría recobrada*, Mr ediciones, Madrid, 2006.

Ceanim, *Manual para intervención en resiliencia*, Santiago de Chile, 2011.

Chernin, Andrew, *Rescate la historia de los 33*, Ediciones Debate, Santiago, 2011.

Chevalier, Jean, *Diccionario de los símbolos*, Herder, Barcelona, 2006.

Ciamberlani, Lilia, y Steinberg, Lorena, *Comunicación y transparencia*, Granica, Buenos Aires, 2012.

Cirlot, Juan Eduardo, *Diccionario de símbolos*, Siruela, Madrid, 2011.

Coromines, Joan, *Breve diccionario etimológico de la lengua castellana*, Gredos, Madrid, 2011,

Cosacov, Eduardo, coomp., *Comunicación organizacional*, Ciespal, Quito, 2006.

—, *Diccionario de términos técnicos de la psicología*, Brujas, Buenos Aires, 2007.

Corbo, Eduardo, *Sentido y sin razón*, Ediciones B, Buenos Aires, 2007.

Costa, Joan, *La comunicación en acción*, Paidós, Buenos Aires, 1999.

Csikszentmihalyi, Mihaly, *Fluir (Flow)*, Kairós, Barcelona, 2011.
Cyrulnik, Boris, *La maravilla del dolor*, Granica, Buenos Aires, 2007.
—, *Autobiografía de un espantapájaros*, Gedisa, Barcelona, 2009.
—, *Los patitos feos*, Gedisa, Barcelona, 2010.
—, *Me acuerdo*, Gedisa, Barcelona, 2010.
Cyrulnik, Boris, Tomkiewicz, Stanislaw, Guénard, Tim, *et al.*, *El realismo de la esperanza*, Gedisa, Barcelona, 2003.
Darwin, Charles, *El origen de las especies*, Debate, Madrid, 1998.
Diel, Paul, *El miedo y la angustia*, Fondo de Cultura Económica, México, 1993.
Díez, Félix, *Diccionario Etimológico*, Editorial Mayfe, Bilbao, 1968.
Dreyfus, Hubert, *Ser en el mundo*, Cuatro Vientos, Santiago, 2003.
Echeverría, Rafael, *Por la senda del pensar ontológico*, JC Saéz Editor, Santiago de Chile, 2007.
—, *Ontología del lenguaje*, JC Sáez Editor, Santiago de Chile, 2008.
—, *El búho de Minerva*, JC Sáez Editor, Santiago de Chile, 2012.
Escamilla, David, *La semilla de la felicidad*, Plataforma, Barcelona, 2012.
Escríbar, Ana, *et al.*, *Homenaje a los 150 años del nacimiento de Friedrich Nietzsche*, División Fondo de Cultura del Ministerio de Educación, Santiago de Chile, 1995.
Fernández, Gonzalo, *Sobre la felicidad*, Ediciones Nobel, Oviedo, 2001.
Fernández, Ignacio, *Psicología para la vida*, JC Sáez Editor, Santiago de Chile, 2009.
—, *GPS interior*, Vergara, Santiago de Chile, 2011,
Fernández, Pedro, *Lecciones de filosofía*, Liceo Valentín Letelier, Santiago de Chile, 1944.
Figueras, Albert, *Optimizar la vida*, Alienta optimiza, Barcelona, 2006.
Filosofía hoy, Barcelona, 2012.
Finot, Juan, *La ciencia de la felicidad*, Prometeo, Valencia, 1966.
Firth, David, *Smart, lo fundamental y lo más efectivo acerca del cambio*, Mc Graw Hill, Bogotá, 2000.
Fischman, David, *El espejo del líder*, Aguilar, Santiago de Chile, 2009.
—, El líder transformador, Aguilar, Santiago, 2010.
—, *La alta rentabilidad de la felicidad*, Aguilar, Santiago de Chile, 2011.
Flores, Fernando, *Creando organizaciones para el futuro*, Dolmen, Santiago de Chile, 1996.
Flores, Pedro, *El líder coach*, Forja, Santiago, 2011.
Frank, Ana, *El diario de Ana Frank*, Pehuén, Santiago de Chile, 2002.
Frankl, Víktor, *Ante el vacío existencial*, Herder, Barcelona, 1984.
—, *El hombre en busca de sentido*, Herder, Barcelona, 1986.
Freud, Sigmund, *El chiste y su relación con lo inconsciente*, Ediciones Ercilla, Santiago, 1936.
—, *Psicoanálisis de la sociedad contemporánea*, Fondo de Cultura Económica, México, 1956.
—, *El corazón del hombre*, Fondo de Cultura Económica, México, 1992.
—, *Los textos fundamentales del psicoanálisis*, Altaya, Barcelona, 1997.
—, *La atracción de la vida (aforismo y opiniones)*, Paidós, Buenos Aires, 2003.
—, *Tener o ser*, Fondo de Cultura Económica, México, 2004.
Frondizi, Risieri, *¿Qué son los valores?*, Fondo de Cultura Económica, México, 2007.

Galeano, Eduardo, *Las palabras andantes*, Catálogos, Buenos Aires, 2005.
García, Daniela, *Elegí vivir*, Grijalbo, Santiago, 2012.
García, Manuel, *Lecciones preliminares de filosofía*, Losada, Buenos Aires, 1957.
Godin, Seth, *¡Hazlo!*, Ediciones B, Barcelona, 2012.
Goleman, Daniel, *El espíritu creativo*, Vergara, Buenos Aires, 2000.
Golhaber, Gerald, *Comunicación organizacional*, Diana, México, 2001,
Grotberg, Edith, *et al.*, *Resiliencia, construyendo en adversidad*, Ceanim, Santiago, 1996.
Guerra, Samuel, *Bases para la competitividad*, Abyayala, Quito, 2004.
Guix, Xavier, *Querer es poder*, Ediciones B, Barcelona, 2013.
Haidt, Jonathan, *La hipótesis de la felicidad*, Gedisa, Barcelona, 2006.
Haiman, Franklyn, *Dirección de grupos (teoría y práctica)*, Limusa-Wiley, México, 1972.
Hardin, Russell, *Confianza y confiabilidad*, Fondo de Cultura Económica, México, 2010.
Henderson, Edith, *La resiliencia en el mundo de hoy*, Gedisa, Buenos Aires, 2008.
Holden, Philip, *Ética para managers*, Paidós, Barcelona, 2001.
Ibáñez, Claudio, *Los 33 de Atacama y su rescate*, Origo Ediciones, Santiago, 2010.
—, *Nuestro lado luminoso*, Ediciones Instituto Chileno de Psicología Positiva, Santiago de Chile, 2011.
Innerarity, Daniel, *Ética de la hospitalidad*, Península, Barcelona, 2008.
Jahoda, Gustav, *Psicología de la superstición*, Herder, Barcelona, 1976.
Jericó, Pilar, *No Miedo*, Alienta, Barcelona, 2006.
La felicidad, cómo hallarla, Watchtower Bible and Tract Society of New York, Inc, 1980.
Karp, H. B, *Guía para el líder del cambio*, Cuatro Vientos, Santiago de Chile, 1996.
Lavelle, Louis, *Acerca del acto*, Universidad de Playa Ancha, Valparaíso, 2001.
Leal, Francisco, *Bajo tierra, mineros que conmovieron al mundo*, Forja, Santiago de Chile, 2010.
Lewis, Hunter, *La cuestión de los valores humanos*, Gedisa, Barcelona, 1998.
Loi, Isidoro, *El cuerpo y sus miembros*, Grijalbo, Santiago, 2010.
López, Ricardo, *La creatividad*, Editorial Universitaria, Santiago de Chile, 1999.
—, *Creatividad con todas sus letras*, Editorial Universitaria, Santiago de Chile, 2008.
Manucci, Marcelo, *La estrategia de los cuatro círculos*, Norma, Bogotá, 2006.
Marín, Lucas, *La comunicación en las empresas y en las organizaciones*, Bosch, Barcelona, 1997.
Marina, José Antonio, *Anatomía del miedo*, Anagrama, Barcelona, 2007.
Martín, Kathleen, *El libro de los símbolos*, Taschen, Barcelona, 2011.
Maturana, Humberto, *El sentido de lo humano*, JC Sáez, Santiago de Chile, 1991.
—, *Emociones y lenguaje*, JC Saéz, Santiago de Chile, 2005.
—, *El árbol del conocimiento*, Editorial Universitaria, Santiago de Chile, 2006.
—, *Amor y juego*, JC Sáez, Santiago de Chile, 2011.
—, *La objetividad*, JC Sáez, Santiago, 2011.
Melillo, Aldo, y Suárez, Elbio, *Resiliencia, descubriendo las propias fortalezas*, Paidós, Buenos Aires, 2003.
Mischel, Walter, *Psicología del potencial humano*, Gedisa, Barcelona, 2007.
Moliner, María, *Diccionario de uso español*, Gredos, Madrid, 2007.
Monlau, Pedro, *Diccionario etimológico de la lengua castellana*, Ateneo, Buenos Aires, 1953.

Murillo, José, *Confianza lúcida*, Uqbar, Santiago de Chile, 2012.
Nietzsche, Friedrich, *El caminante y su sombra*, Edimat Libros, Madrid, 2008.
—, *La gaya ciencia*, Edimat Libros, Madrid, 2010.
Nobel, Steve, *Deja de sufrir en el trabajo*, Urano, Barcelona, 2013.
Nogler, Herbert, *Guía de la autogestión*, De Vecchi, Barcelona, 2006.
Nonaka, Ikujiro, y Takeuchi, Hirotaka, *La organización creadora*, Oxford, 1999.
Nouwen, Henri, *La gratitud, corazón de la plegaria*, Agape, Buenos Aires, 2013.
Olalla, Julio, *El ritual del coaching*, Newfield Ediciones, Santiago de Chile, 2008.
Osho, *Inteligencia*, Debolsillo, Buenos Aires, 2012.
—, *Cambio*, Debolsillo, Barcelona, 2012.
—, *Miedo*, Debolsillo, Santiago, 2013.
Palao, Pedro, *Diccionario de mitología*, Edimat Libros, Madrid, 2006.
Patterson, Kerry, *et. al.*, *Conversaciones cruciales*, Empresa activa, Barcelona, 2004.
Peña y Lillo, Sergio, *El temor y la felicidad*, Editorial Universitaria, Santiago de Chile, 1990.
Peñalver, Ovidio, *Emociones colectivas*, Alienta, Barcelona, 2009.
Peressón, Mario, *Educar en positivo*, Abyayala, Quito, 2006.
Peters, Tom, *El seminario de Tom Peters*, Colección revista negocio, São Paulo, 1995.
Porzecanski, Teresa, *El cuerpo y sus espejos*, Planeta, Montevideo, 2008.
Pratt, Henry, *Diccionario de sociología*, Fondo de Cultura Económica, México, 1960.
Prestigiacomo, Raquel, *Estudios discursivos sobre el humor*, Atuel, Buenos Aires, 2001.
Punset, Eduardo, *Hablemos de felicidad*, Urano, Barcelona, 2012.
Real Academia de la Lengua, *Diccionario de la lengua española*, RAE, Madrid, 2012.
Rey, Alan, *Comunicar*, V&R, Buenos Aires, 2006.
Rhodes, David, “Saque ventaja en una crisis”, *Harvard Business Review*, 2009.
Ricard, Matthieu, *En defensa de la felicidad*, Urano, Barcelona, 2011.
Rioseco, Paola, *Miedo, el enemigo que hemos creado*, Edición independiente, Santiago de Chile, 2011.
Robin, Corey, *El miedo, historia de una idea política*, Fondo de Cultura Económica, México, 2010.
Robinson, Dave, y Garratt, Chris, *Ética para todos*, Paidós, Barcelona, 2005.
Rodríguez, Darío, y Arnold, Marcelo, *Sociedad y teoría de sistemas*, Editorial Universitaria, Santiago de Chile, 2007.
—, *Comunicaciones de la organización*, Ediciones Universidad Católica de Chile, Santiago de Chile, 2007.
Rodríguez, Mauro, *Psicología de las relaciones humanas*, Pax, México, 1985.
Rogers, Carl, *El proceso de convertirse en persona*, Paidós, Barcelona, 1982.
Russell, Bertrand, *Diccionario del hombre contemporáneo*, Rueda Editor, Buenos Aires, 1963.
Rychlowski, Bruno, *Lecciones de filosofía*, Editorial Salesiana, Santiago de Chile, 1964.
Sanabria, José Rubén, *Ética*, Editorial Porrúa, Ciudad de México, 1971.
Schnake, Adriana, *Los diálogos del cuerpo*, Cuatro Vientos, Santiago de Chile, 1995.
Schopenhauer, Arturo, *El arte de vivir bien*, Central, Buenos Aires, 1957.
Schvarstein, Leonardo, *Psicología social de las organizaciones*, Paidós, Buenos Aires, 2002.
Schvarstein, Leonardo, y Leopold, Luis, *Trabajo y subjetividad*, Paidós, Buenos Aires, 2005.

Schwalb, Valeria, *Todos somos resilientes*, Paidós, Buenos Aires, 2012.
Scribano, Adrián, *Cuerpo(s), subjetividad(es) y conflicto(s)*, Clacso coediciones-Ediciones Ciccus, Buenos Aires, 2009.
Sepúlveda, Alfredo, y Aravena, Francisco, *Nuestro terremoto*, Universidad Alberto Hurtado, Santiago, 2011.
Sepúlveda, Emma, *Setenta días de noche*, Catalonia, Santiago de Chile, 2010.
Seligman, Martin, *La auténtica felicidad*, Zeta, Barcelona, 2011.
Senge, Peter, *La quinta disciplina en la práctica*, Granica, Barcelona, 1995.
Serrano, Margarita, Castro, Borja, Serrano, Paula, y Ortiz, Valeria, *Terremoto después del terremoto*, Uqbar Editores (y Comunidad Mujer), Santiago de Chile, 2011.
Shahar, Tal Ben, *Ganar felicidad*, Del nuevo extremo, Barcelona, 2008.
Siebert, Al, *La Resiliencia*, Alienta optimiza, Barcelona, 2007.
Signos y símbolos, Cosar Editores, Santiago de Chile, 2008.
Simpson, María Gabriela, *Resiliencia sociocultural*, Bonum, Buenos Aires, 2010.
Subirina, Miriam, *Indagación apreciativa*, Kairós, Barcelona, 2013.
Tillich, Paul, *Moralidad y algo más*, América 2000, Buenos Aires, 1974.
Towkiewicz, Stanislas, *La adolescencia robada*, LOM, Santiago de Chile, 2001.
Trungpa, Chögyam, *Sonríe al miedo*, Kairós, Barcelona, 2011.
Van, Wilson, *La profundidad natural en el hombre*, Cuatro Vientos, Santiago de Chile, 1977.
Varela, Francisco, *El fenómeno de la vida*, JC Sáez, Santiago de Chile, 2010.
Vargas, Diana Victoria, «La narrativa, factor que transforma la cultura en la organización», *Razón y palabra*, México, 2012.
Varona, Federico, *La interpretación apreciativa*, Uninorte, Madrid, 2009.
Vásconez, Belén, *La construcción social del miedo*, Abyayala, Quito, 2005.
Véliz, Fernando, *Comunicar*, Océano-Gedisa, Barcelona, 2011.
Vergara, Carlos, *Operación San Lorenzo*, La Tercera Ediciones, Santiago de Chile, 2010.
Verri, Pietro, *Meditaciones sobre la felicidad*, Orientación integral humana, Buenos Aires, 1946.
Villafañe, Justo, *Quiero trabajar aquí*, Prentice Hall, Madrid, 2006.
Vujicic, Nick, *Una vida sin límites*, Aguilar, Santiago de Chile, 2013.
Wigodski, Teodoro, *Ética en los negocios*, JC Sáez Editor, Santiago de Chile, 2010.
Wolk, Leonardo, *Coaching, el arte de soplar brasas en acción*, Gran Aldea Ediciones, Buenos Aires, 2008.
Wyss, Dieter, *Las escuelas de psicología profunda*, Gredos, Madrid, 1975.
Zecchetto, Victorino, *Educomunicación*, Abyayala, Quito, 2011.
Zolli, Andrew, *Resilience*, Free Press, Nueva York, 2012.

SITIOS WEB

http://smpmanizales.blogspot.com
www.newfield.cl
www.frasesypensamientos.com
http://www.apa.org/helpcenter/willpower-spanish.pdf
www.razonypalabra.org.mx